Taïkan Jyoji

Tagebuch eines Zen-Meisters, der aus dem Westen kam

Taïkan Jyoji

Tagebuch eines Zen-Meisters, der aus dem Westen kam

Aus dem Französischen von Peter Wild

Benziger Verlag
Zürich und Düsseldorf

Titel der französischen Originalausgabe:
Itinéraire d'un maître zen venu d'Occident

Die Deutsche Bibliothek – CIP-Einheitsaufnahme

Jyoji, Taïkan:
Tagebuch eines Zen-Meisters, der aus dem Westen kam /
Taïkan Jyoji. Aus dem Franz. von Peter Wild. –
Zürich ; Düsseldorf : Benziger, 1997
Einheitssacht.: Itinéraire d'un maître zen venu d'Occident <dt.>
ISBN 3-545-20136-8

Printed in Spain
ISBN 3-545-20136-8

Inhalt

Vorwort

Dieses Buch habe ich auf der Grundlage jener Notizen geschrieben, die ich mir während meines Aufenthalts im Kloster Shofuku-ji in Kobe, Japan, aufzeichnete. Während sieben Jahren (von 1968 bis 1975) übte ich in diesem Kloster Zen unter der Leitung von Yamada Mumon Roshi, bis er mir den Auftrag gab, nach Europa zurückzukehren und dort zu versuchen, die Tradition des Rinzai-Zen weiterzuvermitteln.

Daß schon kurz nach meinem Eintritt im Shofuku-ji in mir die Idee lebendig wurde, meine Erfahrungen mit dem Zen schriftlich festzuhalten, kam eher aus einem spontanen Bedürfnis und weniger aus einer vorbedachten Absicht. Den weitaus größten Teil dieser Aufzeichnungen machte ich mir Tag für Tag, mehr oder weniger versteckt, im Kloster und zu gewissen Zeiten in einem *Kissaten* (japanisches Tee-Haus), wenn ich dort alle zehn Tage an einem Erholungsnachmittag Bilanz über meinen Einsatz zog. Ich hatte das Bedürfnis, die Dinge einfach so niederzuschreiben. Die Notizen waren nicht für eine spätere Zeit oder für andere Menschen gedacht.

Ausgenommen die allererste Zeit meines Aufenthalts im Shofuku-ji, notierte ich mir alle *Sanzen* (persönliche Unterredung) mit Meister Mumon sehr genau. Ich sagte mir, daß mir das eines Tages von Nutzen sein könnte. Als ich sie später wieder las, merkte ich aber, daß das, was mir Mumon Roshi gesagt hatte, nur für *mich* Gültigkeit hatte und nur für jenen Moment, in dem er es mir sagte. Und was für mich Gültigkeit hatte, mußte für einen anderen nicht dieselbe Verbindlichkeit besitzen. Denn was mein Meister mir sagte, sagte er in bezug auf mich und das, worüber ich mich mit ihm unterhalten hatte. Dennoch entschied ich mich dafür, einige dieser Sanzen stehenzulassen, damit die

Leserinnen und Leser einen Eindruck bekommen von dieser sehr speziellen Lehrmethode des Rinzai-Zen, diesem direkten Gespräch zwischen Meister und Schüler.

Diese Notizen schlummerten mehrere Jahre. Im Januar 1991 spürte ich, daß nun die Zeit gekommen war, sie mir wieder vorzunehmen und anhand von ihnen meine Erfahrungen mit Zen zu dokumentieren. Ich möchte festhalten, daß ich dabei ausschließlich vom *Rinzai-Zen* spreche, da ich nur diese Tradition kennengelernt und nur in dieser Art und Weise geübt habe, und auch das nur in dem einen Kloster und nur bei dem einen Meister.

Der erste Teil, «Der Nebel des Nicht-Wissens», erzählt von meinen ersten Schritten in der Zen-Welt. Er umfaßt die ersten beiden Jahre meines Aufenthalts, von der Zulassung zum Klosterleben im April 1968 bis zur Mönchsweihe am 8. April 1970. Diesen Teil schrieb ich mit Hilfe meiner Tagebuchnotizen. Am Anfang litt ich unter der Härte und dem besonderen Rhythmus dieses asketischen Lebens und profitierte von den kurzen Momenten der Ruhe, um mich davon zu erholen. Doch dann benutzte ich diese Momente auch für meine Notizen, ohne zu wissen oder im voraus festzulegen, was ihr Ziel sein sollte. Vielleicht hatte ich unbewußt schon die Idee, daß sie mir später für ein Buch nützlich sein könnten.

Die fünf Jahre nach meiner Mönchsweihe bilden den Inhalt des zweiten Teils, «Der zeitlose Spiegel»; er stützt sich im wesentlichen auf die Notizen, die ich mir Tag für Tag machte. Ich beklage mich in diesen Aufzeichnungen oft über die Kälte im Winter und die ermüdenden Strapazen in allen Jahreszeiten. Ich hätte mich auf die paar «eindrücklichsten» Klagen beschränken und Wiederholungen vermeiden können. Doch ich zog es vor, sie in großer Anzahl stehenzulassen, denn sie machen den sehr «körperlichen» Aspekt der Zen-Praxis und den täglichen Neubeginn bewußt. In der Spur dieser Klagen zeichnet sich im Verlauf der Zeit allmählich eine innere Entwicklung ab, wie mir scheint.

Im Shofuku-ji brauchte ich vorerst zwei Jahre, um «mich zu finden»: Ich trennte mich vom alten Kram meines Ego, der mein Leben verstellte, und entdeckte dann, daß die mystische Erfahrung, die Erfahrung des eigenen Selbst, in diesem Leben das war, was mir vermutlich am meisten am Herzen lag. Von dieser Zeit an sah ich den Weg klarer, den ich zu wählen und dann bis zu seinem Ende zu gehen hatte. Mein wahrer Weg hätte auch das Klempnerhandwerk sein können, und ich wäre ein glücklicher Klempner gewesen, oder Lastwagenfahrer oder Markensammler. Denn die Praxis des *Zazen* (Zen-Meditation) hilft dem Menschen, seine wahre Natur zu entdecken. In meinem eigenen Fall erhielt nun Zen selber die Priorität.

Eines Tages bat ich meinen Meister um eine Unterredung und teilte ihm meinen Wunsch mit, buddhistischer Mönch zu werden. Einige Zeit später fand die Mönchsweihe statt, und ich wurde *Unsui* (Novize). Man kann die Ordination zum buddhistischen Mönch nicht vom Noviziat trennen, das Noviziat ist der Anfang. Ich brauchte allerdings zwei Jahre Klosterleben, um sicher zu sein, daß ich diesen Weg weitergehen wollte.

Dann dauerte es noch einmal fünf Jahre, bis ich eine Erfahrung machte, die mein Meister als genügend beweiskräftig betrachtete, um mir die Lehrerlaubnis zu übertragen. Er sandte mich in den Westen zurück, damit ich anderen vermittelte, was er mich gelehrt und selber von seinem Meister erhalten hatte. – Ein Meister wird sich nie damit brüsten, er habe einem Schüler etwas beigebracht oder in dessen Entwicklung eine wichtige Rolle gespielt. Es herrscht zwischen Schüler und Lehrer eine große Unabhängigkeit. Ein Schüler meinte, nachdem er seinen Meister aufgesucht hatte: «Ich kam zu ihm mit leeren Händen, mit leeren Händen kehre ich zurück.»

Die Art und Weise, wie Zen lehrt, hat nichts mit einer intellektuellen Erkenntnis zu tun. Es handelt sich vielmehr um eine Tradition, die unabhängig von Erklärungen und Texten weitergegeben wird: *I shin den shin* (von Herz zu Herz). Zen hat nichts zu tun mit einer Geheimlehre oder mit einer Lehre, die nur für eine bestimmte Elite vorgesehen ist, oder gar mit der Initiation von ein paar Privilegierten; wer so etwas vermutet, liegt falsch. Was man aber wissen muß: Es gibt keinen Meister, der sich nicht einer harten Askese ausgesetzt hat, etwa nach dem Beispiel Buddhas, der während sechs Jahren mehr oder weniger ununterbrochen Zazen übte, oder nach dem Vorbild Bodhidharmas, der neun Jahre vor einer Mauer saß und Zazen praktizierte. Die Zen-Lehre selbst ist von einer absoluten Klarheit, nichts ist verborgen. Der große Unterschied zwischen der theoretischen Erkenntnis und der spirituellen Weisheit besteht darin, daß die theoretische Erkenntnis über den Intellekt weitergegeben wird, während die spirituelle Weisheit erfahren und mit dem ganzen Wesen erfaßt werden muß, mit Dasein und Herz, mit Körper und Geist.

Das einzige Ziel der Zen-Praxis ist, «seine wahre Natur zu sehen» oder, anders gesagt, diese wahre Natur zu erreichen. In ein Zen-Kloster tritt man nur aus dem einen Grund ein: Man will zum Erwachen gelangen. Ob man es erreicht, ist eine andere Frage, denn das Leben ist kurz und der Weg zu dieser Verwandlung sehr lang. Da alle nur über wenig Zeit verfügen, herrscht in den Zen-Klöstern eine extreme Strenge. Eine intensive Disziplin gibt den Ton an, eine Disziplin, die von den Mönchen selber ausgeht und von ihnen aufrechterhalten wird. Hier beschützt nicht die Klosterregel den Mönch, sondern der Mönch beschützt die Regel.

Auch wenn man betont, daß es sich bei Zen um eine Praxis jenseits von Worten und Texten handelt, ist klar ersichtlich, daß man sich auf diesen Weg nur schwer ganz ohne Worte, Erklärungen und Theorien einlassen kann. Auf jeden Fall darf man nicht in die Fallen tappen, die die Wörter stellen, und nicht glauben, man würde Zen nun kennen, nachdem man eines oder mehrere Bücher über Zen gelesen und verdaut hat. Die Lektüre von Zen-Büchern allein erlaubt nicht, die wahre Natur wahrzunehmen. In dem Maß, als man sich an Wörtern festmacht, ist man auch ihr Gefangener. Die Wörter sind nie das Leben, aber sie können helfen, es zu erklären. Eine intellektuelle Überfülle, die sich dem Anhäufen von Wissen verdankt, bringt einen auf dem Weg zur Realisierung des eigenen Selbst keinen Zoll weiter. Hui-neng, der sechste Patriarch des Zen (638–713), hat diesbezüglich gesagt: «Die Bücher halten in Gefäßen das Wasser gefangen, das als Quelle in jedem von uns lebt.» Wenn die Zen-Meister immer wieder Ansprachen halten, Konferenzen leiten, Bücher oder Artikel über Zen schreiben, so tun sie dies in der Absicht, einen Leser oder eine Zuhörerin anzuregen, sich auf den Weg zu begeben. Wenn man übt, treten die Theorien allmählich zurück und machen einer intuitiven Erkenntnis Platz, die es uns – mit einfachen Worten ausgedrückt – erlaubt, dic Dinge in ihrer kosmischen Realität zu sehen.

Man sagt oft, Zen sei ein Ziel ohne Ziel. Das heißt: Man darf aus dem Ziel nicht das Ziel eines egoistischen Wunsches machen. Man muß durch eine sehr strenge Disziplin hindurchgehen, um die Grenzen des Ego hinter sich zu lassen.

Der Lebensrhythmus eines Zen-Klosters ist fordernd und hart: Man steht um vier Uhr in der Frühe auf und legt sich um elf Uhr am Abend hin. Fünf Stunden Schlaf können letzten Endes genügen; ich muß aber dennoch gestehen, daß ich mindestens drei Jahre brauchte, bis ich die Angst verlor, so früh am Morgen aufzustehen und mich erst zu so später Stunde hinzulegen.

In einem gewissen Sinn ist die intensive Praxis von Zazen, d. h. von sieben bis fünfzehn Stunden Zazen pro Tag, nur in einer Gruppe zu schaffen. Wenn die Menschen in einer Gruppe ihre Energien zusammenfließen lassen, wird möglich, was ein einzelner nicht zustande bringt. Vielleicht denken Sie: Weshalb überhaupt diese Strenge und Härte? Damit man sich von dieser Strenge und Härte befreit. Eine derartige «Disziplin» ist nur Werkzeug, nicht Selbstzweck. Über sie und vor allem dank der eigenen Kraft kann man seine wahre Natur entdecken und ohne die Hilfe von bestimmten Prinzipien leben; ich meine, ohne bestimmte moralische Vorgaben, die von außen kommen oder von jemand anderem vorgeschrieben werden und genau festlegen, was gut und was nicht gut ist. Erwarten wir nichts von außen! An uns selber ist es, den ersten Schritt, die erste Bewegung, die erste Geste zu tun. Notwendig ist, daß wir selber beginnen, ohne von außen etwas zu erwarten.

Im Westen und auch an anderen Orten schreibt man uns unsere Lebensart vor: Das macht man, das macht man nicht – das ist gut, das ist schlecht. Nur ganz wenige Dinge werden wirklich in ihrem eigenen Wert wahrgenommen. Buddhas Lehre befreit uns davon, etwas zu wissen, bloß weil wir davon gehört haben, oder die Wahrheit nur vom Hörensagen zu kennen. Aus dieser langen und geduldigen Suche nach seiner wahren Natur im eigenen Innern entsteht ein Lebensstil, der ihr ganz entspricht, auch wenn er von Mensch zu Mensch variiert. Es gibt Leute, die behaupten, daß sie viel Schlaf brauchen. Vielleicht fliehen sie vor ihrem Leben oder ihrer Angst und retten sich in den Schlaf; andere leiden unter Schlaflosigkeit. Vielleicht ist weder der eine noch der andere Fall ganz normal. Denn man müßte doch die Anzahl der Stunden Schlaf, die man braucht, spüren können: Man legt sich hin, wenn man müde ist, und man steht auf, wenn man nicht mehr schläfrig ist. Wenn jemand nicht mehr vom Wertungssystem seines Ich abhängig ist, dann und erst dann kann er sich als frei bezeichnen. Dann trinkt er, wenn er Durst hat, schläft er, wenn er müde ist. Das alles wird dann nicht mehr von den launischen Wünschen des Ich diktiert. So gesehen, ist Zen eine eigentliche Lebenskunst. Die große Erfahrung des Zen besteht allerdings darin, daß es nicht mehr eine Erfahrung als solche gibt und man von den sogenannten Erfahrungen freigekommen ist. Dann hat man auf dem Weg zu sich eine entscheidende Runde hinter sich und beginnt von neuem. Aber eben: Eine solche Runde schafft man nicht von einem Tag auf den andern. Deswegen ist es für den Zen notwendig, sich dem Zazen mit überkreuzten Beinen auszusetzen.

Ein Buch über Zen schreibt man, weil man zur Praxis anregen möchte. Wenn mein Buch auch nur eine Person dazu bringt, Zen zu praktizieren, hat es seinen Zweck erfüllt. Der einzige Grund, der mich dazu verleitet hat, diese Aufzeichnungen zu veröffentlichen, ist der Wunsch, deutlich zu machen, mit welchen Schwierigkeiten man rechnen muß, wenn man Zen oder irgendeine andere Disziplin praktiziert. Das heißt: Es gilt auch zu zeigen, daß diese innere Suche nicht gelingen kann, wenn sich jemand gemütlich in der Schlagsahne wälzt.

Das Herz der Zen-Praxis ist das *Erwachen,* die tiefe Erfahrung der eigenen Person. Diese «tiefe Erfahrung der eigenen Person» kann sich ohne eine lange und geduldige Anstrengung nicht einstellen. Der Grund, weshalb in der ganzen Geschichte des Zen immer wieder die Anstrengung, die Härte und die Disziplin in den Vordergrund gestellt werden, liegt letztlich darin, daß der Mensch ein Hindernis braucht, an dem er sich messen kann; und indem er sich mit ihm mißt, werden ihm sein Maß und seine wahren Dimensionen bewußt. Das Bemühen der Zen-Meister ist es, mit ihren verschiedenen Techniken und Methoden, die normalerweise auf der Askese aufbauen, bewußt werden zu lassen, daß jeder in sich selber diese Erkenntnis schon besitzt. Und am Ende dieses asketischen Wegs, wenn der Augenblick gekommen ist, bewirken sie irgend etwas, das die Frucht zum Fallen bringt – und auch die Askese. Denn wenn man den Nagel eingeschlagen hat, braucht man den Hammer nicht mehr.

Teil 1: Der Nebel des Nicht-Wissens

Ich wurde geboren,
und das hatte alles andere zur Folge…

Viktor Segalen

Der Eintritt ins Kloster Shofuku-ji

Ich war stets unterwegs und hatte schon immer die fixe Idee: zu verreisen. Ich erinnere mich an die schulfreien Tage meiner Kinderzeit: Ich entfaltete die Weltkarte meines Vaters. Tokio, Singapur, Shanghai – diese Namen zogen mich an. Als Jugendlicher träumte ich davon, weit wegzufahren, und später verwirklichte ich diesen Traum, sobald es mir möglich war. Heute kenne ich Shanghai noch immer nicht, und ich nehme an, daß ich diese Stadt nie kennenlernen werde.

In meiner Erinnerung sehe ich mich in der Transsibirischen Eisenbahn. Es ist April 1968.

Hinter mir liegen vier schmerzvolle Monate. Ich habe eine schwierige Zeit durchlebt, eine Zeit mit vielen inneren Qualen. Mein Geist glühte von einer unglaublichen Fiebrigkeit. Ich hatte den Plan, mich als Journalist zu versuchen, und Japan schien mir ein noch wenig bekanntes Thema zu sein. Von einem ersten, auf drei Jahre festgelegten Aufenthalt erhoffte ich mir den Stoff für Artikel über dieses Land. Aber schließlich gelang es mir nur, in einer Frauenzeitschrift den einen Artikel über das Blumenstecken unterzubringen. Zweifellos war es für mich wichtig, da hindurchzugehen. Die Zeitabschnitte, in denen sich wesentliche Veränderungen abspielen, sind immer verworren und schmerzvoll. Nun aber ist meine Entscheidung, ins Zen-Kloster Shofuku-ji einzutreten, gefallen, und ich fühle mich bessser in meiner Haut. Eine Entscheidung fällen heißt sich innerlich erleichtern.

Es ist Nacht. Der Zug fährt irgendwo zwischen Moskau und dem Baikalsee. Während der letzten beiden Monate versuchte ich zu Hause jeden Abend, im Stil von Zazen zu meditieren. Der Schaffner hat die Sitzbänke der einzelnen Abteile bereits in Liegen verwandelt. Ich habe den Eindruck, daß meine Nachbarn jetzt schlafen. Ich setze mich hin und nehme den Lotussitz ein. Mein Kopf berührt das obere Bett, aber das macht nichts. Der Zug rollt. Alle schlafen, scheint es. Nach einer Viertelstunde habe ich große Schmerzen in den Knien und Beinen. Ich möchte aufhören, aber ich muß noch etwas durchhalten, bis zwanzig Minuten. Denn im Kloster Shofuku-ji dauern, so hat man mir gesagt, die einzelnen Meditationen dreißig Minuten.

Der Zug fährt, langsam, und die Zeit vergeht, langsam. Die Aufenthalte in den Bahnhöfen nehmen kein Ende.

Ich erinnere mich: Jede Nacht, wenn die anderen schlafen, wiederhole ich dasselbe. Der linke Fuß kommt auf den rechten Oberschenkel, der rechte Fuß kommt auf den linken Oberschenkel. Und jede Nacht schmerzen mich nach einer Viertelstunde die Beine.

Irkutsk ist nach mehreren Reisetagen mit der Bahn erreicht. Nun muß ich das Flugzeug nehmen. Die Russen lassen keine Fremden durch das Gebiet zwischen Irkutsk und Chabarowsk. Dann geht es weiter von Chabarowsk nach Nachodka bei Wladivostok, und ab hier nehme ich das Schiff. Doch zuvor finden noch die russischen Zollformalitäten statt, die kein Ende nehmen wollen. Schließlich dauert es noch ein paar Tage, um von Nachodka nach Yokohama zu fahren.

Noch ein paar Tage, während denen ich, sobald die Nacht hereingebrochen ist, mich abmühe, meine Knie beweglicher zu machen.

Die Ungeduld, endlich anzukommen, ist größer als die Angst vor dem, was kommen wird. Ich habe unbegrenztes Vertrauen in mich. Ich bin tatsächlich ebenso entschlossen wie ahnungslos.

Ich gleite zum zweitenmal durch die Tsugaru-Straße, links die Insel Hokkaido, jetzt im April noch ganz weiß vom Schnee, und rechts die Insel Honshu. Je weiter wir Richtung Yokohama kommen, desto wärmer wird die Luft. Jetzt, da ich diesen Abschnitt schreibe, gibt es nur noch wenige konkrete Erinnerungen an jene Reise. Einmal mehr bin ich bei der Einfahrt in den Hafen enttäuscht: diese Stadt mit ihrem klangvollen Namen... und mit ihrer so ganz anderen Realität!

Ich bin in Genf losgefahren und habe nun Japan erreicht, über Zürich, Wien, Prag, Warschau, Moskau – eine Reise von zwei Wochen, zumeist mit der Bahn. Nun bleibt mir noch die Fahrt nach Kobe.

Kobe liegt auf einem Landstreifen zwischen dem Meer im Süden und den hohen Hügelzügen im Norden. Kobe ist ein wichtiger Hafen; Kobe ist für Japan, was Marseille für Frankreich ist. Heute sind die beiden Städte übrigens Partnerstädte.

Kaum in der Stadt, nehme ich ein Taxi und verlange «Shofuku-ji». Das ist alles, was ich dem Taxifahrer sagen kann; zum Glück weiß er, wo sich das Kloster befindet. Ich steige aus, nehme meinen Koffer. Es ist meine erste Begegnung mit dem Shofuku-ji. Ich sehe vor mir die Fassade, die Klosteranlage als Ganzes kann ich nicht sehen. Ich steige die Treppe hoch, gehe ein paar Schritte und stehe vor der Tür: den Koffer in der Hand, Anzug, Krawatte, weißes Hemd. Es ist ungefähr vier Uhr nachmittags, der 25. oder 26. April 1968. Mein Herz fährt eine Supergeschwindigkeit. Ich habe nicht den Mut anzuklopfen, als aus einem Vorhof ein Mönch auftaucht, in der Hand einen Mülleimer. Diesen Mönch habe ich vor drei Jahren in Tokio bei meinem Freund André Moisy kurz gesehen. Daß er hier ist, gibt mir etwas Sicherheit. Er fragt mich, was ich will. Und ich antworte ihm auf englisch, daß ich in diesem Kloster zugelassen werden möchte. Er lacht und bittet mich, kurz zu warten. Er stellt seinen Mülleimer hin und geht durch den Vorhof zurück. Dann kommt er wieder, öffnet die Tür und führt mich in einen Raum, der ein Empfangszimmer für Besucher sein muß, ganz und gar leer. Er lädt mich ein, es mir bequem zu machen, d. h., mich am Boden auf ein Kissen zu setzen. Dann wieder: warten.

Ich erinnere mich: Es tritt ein anderer Mönch ein, den Kopf rasiert, ein unfreundliches Gesicht. Es handelt sich um den Vorsteher des Klosters *(Shika)*. Der Mönch mit dem Mülleimer muß ihm von meiner Absicht erzählt haben. Denn der Shikasan streckt mir ein Blatt Papier entgegen, damit ich meinen Namen, mein Alter, meine Adresse und meine Nationalität hinschreibe. Schließlich fragt er mich, wieviel Zeit ich hier verbringen wolle. Er stellt seine Fragen ohne ein Lächeln, mit einer strengen, vielleicht sogar feindlichen Miene. Dann verläßt er mit meinen Angaben den Raum. Fünf Minuten später kommt mich ein anderer Mönch holen. Wir durchqueren verschiedene Gänge entlang kleiner, trockener Gärten bis zu einem Gebäude, auf das er hinweist: «This is the *zendo*» (Meditationshalle). Hier sind Mönche eifrig an der Arbeit; vor und im Zendo herrscht ein Kommen und Gehen, es ist die Stunde, da die Gemeinschaftsräume gereinigt werden.

Der Mönch, der mich begleitet, betritt den Zendo, und ich, den Koffer in der Hand, folge ihm. Irgend jemand schnauzt mich an, denn einen Zendo betritt man nicht mit Schuhen. Ich gehe wieder aus dem Raum, und irgend jemand schimpft, denn man steht nicht auf die Schwelle des Zendo, man überschreitet sie. Der Mönch wendet sich an den Verantwortlichen des Zendo, vermutlich teilt er ihm meine Ankunft mit. Dann betrete ich erneut den Zendo, die bloßen Füße in Strohsandalen, in Anzug und Krawatte und mit Koffer, und gehe zum Platz, den man mir zuweist. Seit meiner Ankunft vor der Klosterpforte und dem Augenblick, da man mir jetzt einen Platz zuweist, ist vermutlich nicht einmal eine halbe Stunde vergangen. Vom Kloster im eigentlichen Sinn habe ich nichts gesehen. Ich komme mir vor wie im Nebel, bin voller Ängste und aufgeregt wie vor einem Anstellungsgespräch. Aber es ist geschafft: Ich bin zugelassen worden. Der Ort ist mir noch unbekannt, und tatsächlich werde ich mehrere Jahre brauchen, bis ich die Kraft und die ästhetische Kargheit des Ortes wahrnehme.

Ich bin der totale Anfänger. Von der Organisation des klösterlichen Lebens habe ich fast gar keine Vorstellung. Ich weiß zwar, daß man früh aufsteht und Zazen übt, doch von den Rahmenbedingungen weiß ich nichts. Ich stelle mir vor, daß ein

Mönch Zazen übt, wenn er Lust dazu hat, daß man früh aufsteht, aber auch liegenbleiben kann, wenn man den Wunsch dazu hat; daß man auch persönlichen Beschäftigungen frei nachgehen kann.

Später zeigt man mir, wo ich meinen Koffer hinstellen kann, mein Handtuch, meine Zahnbürste, man zeigt mir, wo sich die Aborte befinden. Die Reinigungsarbeiten sind abgeschlossen, einige Mönche sitzen auf den Zazen-Kissen, andere schwatzen vor der Halle, der eine oder andere liest. In einem bestimmten Augenblick sagt mir ein Mönch, den ich bis jetzt noch nicht gesehen habe: «It's time to sit.» Tatsächlich haben die einzelnen ihre persönlichen Beschäftigungen beendet und sich auf ihre Sitzkissen begeben.

Die Mönche setzen sich, einer neben den andern, den Kopf rasiert, in ihrem *Koromo,* einem blauen Kleid, das bis auf die Knöchel reicht. In zwei Reihen sitzen sie sich gegenüber. Und ich, noch mit meinen Haaren, meinem Anzug, meinem Hemd und meiner Krawatte.

Alle sitzen, die Beine überkreuzt, die Augen halb geschlossen. Der eine oder andere schaukelt leicht nach vorn und zurück, vielleicht dösen sie. Ich war nicht auf der Toilette, ich hatte nicht gewagt hinzugehen; nun sollte ich, aber ich habe immer noch nicht den Mut. Ich sage mir: Sobald einer hinausgeht, gehe ich ihm nach. Minuten vergehen. Ich weiß nicht, ob man aufstehen und sich die Beine vertreten darf.

Dann ein Rauschen von draußen... Plötzlich werden die beiden Schiebetüren mit viel Getöse geöffnet, und vier Mönche kommen in den Zendo. Zwei gehen an mir vorbei und setzen sich auf die vordersten Plätze der Reihe, die beiden andern setzen sich ans Ende der Reihe mir gegenüber. Dann werden auch die beiden anderen Schiebetüren im vorderen Teil des Zendo mit viel Getöse geöffnet. Sobald die vier Mönche sitzen, ertönt eine Holzklapper, dann, kurz danach, dreimal eine kleine Glocke.

Ich sage mir, daß das Ganze vielleicht doch ernster gemeint ist, als ich annahm. Die Sitzhaltung bringt die Falte meiner Hose durcheinander. Ich versuche mit dem Atem zurechtzukommen und denke an alles Mögliche; es kommen vor allem Erinnerungen an meine Reisen in Südostasien. Ohne Unterbrechung ziehen in meinem Kopf die Bilder vorbei.

Nach einer langen, langen Zeit ertönt eine kleine Glocke, dann zweimal die Klapper. Alle erheben sich und verlassen den Raum. Im Gänsemarsch umkreisen wir fünf bis zehn Minuten lang den Zendo. Dann geht jeder wieder schweigend an seinen Platz, und das Zazen beginnt von neuem.

Die nächste Meditationseinheit kommt mir kürzer vor, auch die Unterbrechung, vielleicht etwa eine Minute. Niemand außer mir bewegt sich.

Am Beginn einer neuen Meditationseinheit erheben sich plötzlich alle mit einem Satz, rennen los und verlassen wie ein Mann die vordere Tür. Ich denke, daß ich das ebenfalls tun sollte. Doch ein Mönch hält mich am Ärmel fest und befiehlt mir auf japanisch: «Nein, du nicht!» Ohne Widerrede setze ich mich wieder hin und warte in Zazen. Die Mönche kommen, im Abstand von ein paar Minuten, einer nach dem anderen wieder zurück und setzen sich auf ihre Kissen.

Die Meditationseinheiten ziehen vorbei, sie dauern jeweils etwa eine halbe Stunde. Die einen kommen mir länger vor, die anderen kürzer. Ich habe Schmerzen in den Beinen. Die beiden Zeichen der Holzklapper verkünden das Ende des Zazen. Diejenigen, die die Tür mit viel Lärm geöffnet haben, schieben sie ebenso geräuschvoll zu, als sie den Zendo verlassen. Es ist einundzwanzig Uhr; ich denke, daß der Abend offiziell beendet ist und man nun machen kann, was man will. Doch man signalisiert mir, daß man noch bis einundzwanzig Uhr dreißig warten muß, bis man schlafen gehen kann.

Einundzwanzig Uhr dreißig, Bettruhe. Das bedeutet allerdings nicht, sich einen Pyjama anzuziehen und sich hinzulegen, sondern umfaßt eine ganze Zeremonie; ich werde sie später im Detail beschreiben. Gleich nachdem wir uns hingelegt haben, geht ein Durcheinander los, alles im Schweigen. Die stehen wieder auf! Was wollen sie? Ich stehe im Nebel und verstehe nichts von dem, was abläuft. Tatsächlich: Die stehen auf, um Zazen zu üben, und zwar draußen!

Um vier Uhr in der Frühe erklingt vorerst weit weg eine Glocke und nähert sich schnell dem Zendo; derjenige, der die Glocke läutet, scheint zu rennen. Bei der Armee muß man sich beim Aufstehen beeilen, aber man findet doch Zeit, noch recht viele Dinge zu erledigen. Hier herrscht, sobald im Zendo das Licht angezündet worden ist, das große Rennen. Es geht nicht darum, mal ein Auge zu öffnen, fünf Minuten zu warten, das zweite Auge zu öffnen, sich noch mal für fünf Minuten dem Schlaf zu überlassen, bevor man dann aufsteht. So etwas hatte ich mir nicht vorstellen können: Man hat kaum drei Minuten Zeit, um seine Matratze zusammenzurollen und zurückzulegen, sich anzuziehen, den Platz für die Meditation einzurichten, zu pullern (an festere Dinge ist nicht zu denken, die sind später an der Reihe...), etwas kaltes Wasser über das Gesicht und die Stirn (die erst im Nacken zu Ende ist... wegen des rasierten Schädels) laufen zu lassen, in den Zendo zurückzukehren und auf seinem Kissen Platz zu nehmen.

Wir sitzen, als ob wir uns nie hingelegt hätten, alle Mönche im Koromo, den Schädel rasiert, die Füße nackt, und ich im Anzug, weißes Hemd, Krawatte, mit meinen Haaren... und die Füße nackt! Ich komme mir in dieser Aufmachung lächerlich vor.

Die vier Oberen treten ein, was wie üblich verbunden ist mit dem großen Lärm der Schiebetüren. Auf ein Zeichen der Holzklapper hin stehen alle auf und begeben sich in eines der zahlreichen Gebäude der Klosteranlage: in den *Hondo*. Was werden sie dort tun? Ich weiß es nicht.

Der Hondo ist ein weiter Raum, der Boden bedeckt mit Tatami. Die Mönche setzen sich an der Stelle, die für sie vorgesehen ist, nebeneinander, in mehreren Reihen, ich komme zuletzt. Ich frage mich, was wir in diesem Gebäude tun werden, morgens um vier Uhr: Werden wir das Frühstück einnehmen?

In einer Ecke des Hondo schlägt ein Mönch mit einer Art Polizeiknüppel, nur größer, auf eine gewaltige, umgedrehte Glocke. Welch ein Klang! Er stimmt eine Litanei an, die alle auf das Zeichen einer anderen Glocke hin gemeinsam weitersingen. Die einzelnen Silben werden dabei in ihrem Rhythmus vorgegeben, und zwar durch den Mönch am *Mokugyo* («Holzfisch»). Dieses Instrument besteht aus einer länglichen, ausgehöhlten Holzkugel und wird mit einem schmalen Stock angeschlagen, an dessen Ende sich ein kindskopfgroßer Stoffball befindet.

Ich erlebe zum erstenmal den Gesang von *Sutras,* eine Feier von dreißig bis vierzig Minuten. Ich wage nicht, mich zu bewegen, noch nach rechts oder links zu schauen. Ich lasse mich die ersten zehn Minuten vom eintönigen Gesang wegtragen, dann von den Schmerzen in den Beinen.

Plötzlich stehen alle auf und werfen sich dreimal zu Boden. Ich übernehme die Bewegungen.

Wir begeben uns zurück in den Zendo. Für ein paar Augenblicke setzen wir uns auf die Kissen. Dann greifen alle nach verschiedenen Schalen und gehen, wieder im Gänsemarsch, zum Refektorium am anderen Ende des Klosters. Es geht durch schmale, gedeckte Gänge, die sich auf kleine Zen-Gärten öffnen. Ich immer als der letzte.

Das Refektorium besteht aus einem rechteckigen, kargen, nicht sehr großen Raum; Tatami liegen um niedrige Bänke, die als Tische dienen und vor denen man sich zu den Mahlzeiten hinsetzt. Damit in diesem eher kleinen Raum dreißig Personen Platz finden, muß man sich sehr eng zusammensetzen.

Wir setzen uns – zwei Mönche sitzen bereits – in den Fersensitz vor die Gefäße aus Holz. Es werden Sutras gesungen, und die Mönche, die Dienst haben, verteilen die Nahrung: Reissuppe, viel Wasser und wenig Reis. Dann *Takuan*, Steckrüben, die mehrere Monate in Kleie und Salz eingelegt waren. Und heißes Wasser.

Ich habe noch nicht einmal die Hälfte von dem, was man mir geschöpft hat, gegessen – haben Sie schon einmal mit Stäbchen

Suppe gegessen? –, als zum zweitenmal aufgetragen wird. Der dritte «Gang» dürfte eher symbolisch gemeint sein, denn der Mönch geht mit dem Suppentopf so schnell vorüber, daß man sich unmöglich noch einmal bedienen kann. Am Ende wird heißes Wasser ausgeschenkt. Damit werden die Schalen gereinigt, dann wird es getrunken.

Als alle die Schalen bereits wieder in ihr kleines Tuch eingepackt haben, bin ich immer noch am Essen. Es wird ein Sutra gesungen, das den Hungrigen Geistern gewidmet ist; und es werden vor jede Schale drei bis sieben Reiskörner gelegt. Am Ende der Mahlzeit sammelt sie einer der Mönche, die Dienst haben, ein und spendet sie anschließend den Karpfen im Klosterteich. Oder er spendet sie sich selbst.

Die Zeremonie des Frühstücks ist beendet. Ein Mönch schreit los, vermutlich damit ich mich beeile. Alle stehen auf, und ich habe noch Nahrung in meiner Schale.

Zurück im Zendo, setzt man sich wieder hin, diesmal den Fenstern zugewandt, für ein sogenanntes «freies Zazen». Nach kurzem sind alle eingeschlafen außer mir, ich kann sitzend nicht schlafen. Mit der Zeit wachen die Mönche, einer nach dem andern, wieder auf und ziehen die Arbeitskleidung an. Sie drängen, daß ich mich ebenfalls umziehe. Ihre Gesichter scheinen zu bedeuten, daß sich mein Anzug und mein weißes Hemd bestens für die Arbeit eignen!

Der *Samu* (Handarbeit) von acht Uhr bis zehn Uhr dreißig beginnt systematisch mit dem Harken des äußeren Zen-Gartens mit Hilfe von Bambusrechen, die *Kumade* (Bärenpfote) genannt werden. Anschließend geht man zu jenen Arbeiten über, die zum Unterhalt des Klosters notwendig sind: Zum Beispiel wird Holz gehackt für das Bad und für die Küche. Die Handarbeit ist ein wesentlicher Teil der Zen-Praxis. Was das Leben ausmacht, findet man nicht im Zazen, aber Zazen erleichtert den Zugang zu dem, was das Leben ausmacht. Die Handarbeit wird in derselben geistigen Haltung vollzogen wie die Meditation: in Schweigen und Konzentration. Bei der Handarbeit kann man seinen

Körper einsetzen, seine zehn Finger gebrauchen und die Klosteranlage pflegen. Alle Arbeiten, die nicht ein spezielles Fachwissen voraussetzen, werden von den Mönchen selber durchgeführt. Was mich zu Anfang am meisten erstaunt hat, ist die Fähigkeit der Mönche, eine mühsame Arbeit gemeinsam anzupacken und durchzuführen. Wenn es zum Beispiel darum geht, den Garten im Bereich des Tempels zu jäten, machen sich alle an die Arbeit, und eine Aufgabe, die eine einzelne Person mehrere Tage lang beschäftigt hätte, läßt sich gemeinsam an einem oder zwei Morgen erledigen: dank der Energien, die zusammengeflossen sind.

Sobald der Samu zu Ende ist, begibt man sich von neuem in den Zendo. Die Mönche vertauschen die Arbeitskleidung wieder mit dem Koromo, ich behalte mein Kostüm: Anzug, weißes Hemd, Krawatte.

Um zehn Uhr dreißig ist Mittagessen im *Jigido* (Refektorium), mit Selbstbedienung; die Holzgefäße stehen in der Mitte des Raums. Reis..., er ist nicht weiß, Miso-Suppe, eine Platte mit Gemüse, Takuan, grüner Tee. Daß die Mahlzeiten Tag für Tag sehr karg sind und Kalorien, Vitamine und Proteine fehlen – die westlichen Ernährungskriterien werden hier nicht sehr zur Kenntnis genommen –, hindert niemanden, streng zu leben. Die Mahlzeit wird hinuntergeschlungen, und es geht zurück in den Zendo. Freies Zazen in Richtung Fenster, jeder döst auf seinem Kissen vor sich hin außer mir. Ich kann nur im Liegen schlafen, aber das ist verboten.

Um dreizehn Uhr geht der Samu weiter, und zwar bis sechzehn Uhr. Man setzt die Arbeit des Vormittags fort.

Um sechzehn Uhr zurück in den Zendo, Wechsel der Kleider, dann in das Refektorium für das Abendessen. In den Zen-Klöstern ißt man früh, recht früh. Das Abendessen besteht aus den Resten des Mittagessens mit Ausnahme der Gemüseplatte. Wenn der Koch nicht den Ärger der Mönche auf sich ziehen will, ist er daran interessiert, für das Mittagessen mehr vorzubereiten, als es braucht; so bleiben ihm die Reste für den Abend. Die

Mahlzeiten werden immer in einem strengen Schweigen eingenommen. Weil man möglichst keinen Lärm machen will, auch nicht mit dem Essen, verschlingt man alles unzerkaut.

Nach dem Abendessen sehe ich, daß alle, die bereits vor mir aus dem Refektorium zurückgekehrt sind, sich mit Eifer den Reinigungsarbeiten widmen: der Reinigung des Zendo, seiner Umgebung, der Latrinen. Da ich mir nicht sicher bin, was ich zu tun habe, bleibe ich und tue nichts. Einer der Mönche, der mich beobachtet, fährt mich an. Ich verstehe nicht, was er mir sagen will, aber ich kapiere, daß auch ich mich sofort an die Arbeit machen muß. Die Tageszeit scheint nun der Zeit meines Eintritts zu entsprechen: vor vierundzwanzig Stunden.

Nach den Reinigungsarbeiten und vor dem abendlichen Zazen bleibt etwas freie Zeit. Einige junge Mönche, die etwas Englisch sprechen, kommen auf mich zu und fragen mich nach meinem Alter, meinem Namen und meiner Nationalität. Ich erfahre von ihnen, daß wir uns jetzt in einer Phase des *Ko-sesshin (Sesshin:* Zeit der intensiven Praxis) befinden, in einem kleinen Sesshin, und daß dabei der Tag vor allem dem Samu gehört. Anschließend wird es drei Tage Unterbrechung geben und vom 1. bis 7. Mai ein *O-sesshin* (großes Sesshin). Der Akzent wird dann ganz auf dem Zazen liegen. Ich frage, ob ich mir die Haare abrasieren und mir einen Koromo ausleihen kann. Man antwortet mir, daß ich bis zum 29. warten muß. Der 29. ist der Tag der Rasur – tatsächlich, im Sinn eines Ritus, alle Tage, die mit einer vier oder einer neun enden. Bis dahin würde ich also in meinem Anzug Zazen üben und darauf achten, wie ich die Bügelfalte am besten bewahren konnte…

Die Mönche beginnen, wieder ihre Meditationshaltung einzunehmen. Und ich frage mich, da das Zazen erst um achtzehn Uhr anfängt, inwieweit es notwendig ist, sich schon zwanzig Minuten früher hinzusetzen. Sind sie übereifrig. Leisten sie sich Überstunden? Mir scheint es zu genügen, fünf Minuten vor Beginn in den Zendo zu kommen, und ich vertrödle die Zeit im kleinen Garten direkt vor dem Zendo. Schon bald donnert aus dem Innern des Zendo eine Stimme ohne Gesicht los: Auch ich muß mich hinsetzen. Hier wird nicht erklärt, hier wird geschrien.

Ein paar Minuten später nehmen noch andere Mönche, die ich am ersten Tag nicht wahrgenommen habe, ihren Platz ein, auch jener Mönch mit dem Mülleimer, der mich bei meiner Ankunft in Empfang genommen hat.

Ich ziehe daraus die Folgerung, daß es im Kloster zwei Sorten von Mönchen gibt: Die einen beschäftigen sich mit administrativen Aufgaben, und die anderen leben im Zendo. Der Zendo ist ein Ort, wo man schläft, Zazen übt und lebt. Donnerndes Getöse: Die hinteren Türen werden geöffnet, und die Oberen marschieren ein.

Donnerndes Getöse: Die vorderen Türen werden geöffnet. Die Holzklapper, dann die Zeichen der Glocke. Tiefe Meditation. Auf jeden Fall machen die Mönche, die in den zwei Reihen nebeneinander sitzen, diesen Eindruck.

Was wußte ich vom Zen? Streng genommen nichts. Bevor ich mich 1964 für meinen ersten Japanaufenthalt einschiffte, kannte ich nicht einmal das Wort. An was denken sie nun, diese Mönche? Der Zen, erklärte man mir, ist das Nicht-Denken. Aber wie geht das: nicht-denken, seine Gedanken stoppen? Alle sitzen sie, bewegungslos wie Statuen. Denken sie nun an das Nicht-Denken, oder können sie einfach so aufhören zu denken? Ich jedenfalls weiß nicht, wie das gehen soll. Ich warte darauf, daß die Zeit vergeht. Ich denke an meine neue Situation, obwohl ich mir alle Mühe gebe, nicht daran zu denken. In diesen ersten Tagen war ich derjenige, der nichts versteht. Man gestand mir nicht einmal das Recht zu, so richtig angeschrien zu werden, denn hier ist Angeschrienwerden etwas Besonderes. Es bedeutet, daß man existiert.

Das Kloster Shofuku-ji liegt auf den ersten Hügeln von Kobe. Es ist auf die Initiative Bankeïs hin, eines berühmten Meisters des 17. Jahrhunderts, gebaut worden. In Japan ist Bankeï einer der bekanntesten Zen-Meister. Im Alter von zwölf Jahren stieß er in einem konfuzianistischen Buch auf einen Satz, der ihn beunruhigte: «Der Weg des Großen Wissens besteht im Wissen, wie man die lichtvolle Tugend zum Leuchten bringen kann.» Die paar Konfuzianisten, die er befragte, konnten ihm keine Antwort geben, gaben ihm aber den Rat, sich an einen Zen-Meister zu wenden. In seiner Umgebung konnte er leider keinen finden. Deshalb blieb für ihn dieses Problem lange Zeit ungelöst. Eines Tages aber schlug ihm ein Zen-Mönch vor, Zazen zu praktizieren, um die lichtvolle Tugend kennenzulernen. Und er übte mehrere Jahre lang, ohne sich zu schonen, er ging bis an die Grenze seiner Kräfte und aß kaum mehr etwas. Dann wurde er schwer krank, sein Zustand verschlechterte sich dermaßen, daß er während einer Woche nur noch Reiswasser zu sich nehmen konnte. Er hatte sich aufgegeben und wollte sterben, als, gegen alle Erwartungen, in ihm der Gedanke wach wurde, daß sich alles auf dem Nicht-Geborenen gründete. Von einem Augenblick auf den anderen entdeckte er wieder seine Lebensfreude und seinen Appetit. Doja, ein chinesischer Zen-Meister, der sich eben in Nagasaki aufhielt, anerkannte als erster die Echtheit von Bankeïs Erwachen. Ab jetzt tauchte der oder das Nicht-Geborene ständig in seinen Ansprachen auf. Er verkündete diesen Begriff nun überall bis zu seinem Tod.

Damals befand sich Shofuku-ji ganz abseits von der Stadt. Heute reichen die nächsten Häuser bis an den unteren Teil des Grundstücks, und man kann die Geräusche, die aus der Stadt aufsteigen, gedämpft hören.

Was sollte ich während der ersten Zazen anderes tun als auf diese Geräusche zu achten? Das Kreischen einer Bremse, das Signal des Feuerwehrautos, die Schiffssirene, die Stimmen von Kindern, die im äußeren Garten des Klosters spielen.

Die erste Meditation am Abend dauert lang, genau eine Stunde. Und niemand bewegt sich. Der eine oder andere Körper schaukelt kaum wahrnehmbar von links nach rechts, von vorn nach hinten; sie dösen. Und ich habe Schmerzen in den Beinen. Ich würde meine Sitzhaltung gern verändern, aber ich wage nicht, mich zu bewegen. Schließlich bewege ich mich doch, in Millimeterarbeit, ohne daß jemand etwas wahrnimmt. Aber ich merke, daß es schmerzhafter ist, mich zu bewegen, als unbeweglich zu bleiben.

Ich muß mich an der Klosterpforte des Shofuku-ji am 25. oder 26. April 1968 gemeldet haben, wahrscheinlich am Ende eines kleinen Sesshin. Und diese Meditation mußte eines der letzten Zazen sein.

Am 28. April – wie immer am 28. eines Monats, sagt man mir – ist der Tag des *Takuhatsu* (Bettelgang). Ich darf mich den Mönchen aber nicht anschließen.

Am 29. ist der Tag der Rasur. Wie man es mir angekündigt hat, erhalte ich die Tonsur. Meine erste Reaktion besteht darin, daß ich am Kopf friere und mir entblößt vorkomme. Wenn wir zu unserem ursprünglichen Wesen vorstoßen wollen, müssen wir vieles aufgeben: alles, was unnötig ist. Man beginnt bei den Haaren: Im Rahmen eines Zen-Klosters stören sie nur. Wenn man sie abschneidet, braucht man sich nicht mehr mit ihnen zu beschäftigen. Die Haare sind eine Zierde und brauchen Pflege. Zum Wesentlichen kommen verlangt wegzulassen, was nicht wirklich nötig ist. Ohne Haare braucht man kein Shampoo mehr, keinen Kamm, keine Bürste, kein Haarwasser, keinen Frisör.

Doji, der Mönch mit dem Eimer, hat für mich einen Koromo aufgetrieben. So kann ich endlich meine Hose wegräumen, die mich an den Knien eingeengt hat.

Am Tag darauf, am 30. April, gilt der Nachmittag als frei. Der Mönch Doji lädt mich ein, ihn zu begleiten. Wir fahren ans Meer Richtung Tarumi, etwa eine halbe Stunde Fahrzeit mit der Bahn von Kobe entfernt. Ich freue mich darüber, daß Doji mir diesen Ausflug vorgeschlagen hat. Ich kann mich dabei informieren über die Organisation des Lebens im Kloster, auch über das große Sesshin, das bevorsteht, und natürlich über Meister Mumon, den ich bis jetzt noch gar nicht gesehen habe.

Doch ich werde enttäuscht. Will Doji, daß ich selber und allmählich entdecke, wie es im Shofuku-ji zu- und hergeht? Oder versteht er die Fragen nicht, die ich ihm auf englisch stelle? Wenn ich ihn frage: «Wie läuft ein Sesshin ab?», antwortet er nur: «Viel Zazen.»

«Ist es hart?»

«Just sitting.»

«Kann ich den Meister treffen?»

«Vielleicht.»

«Wann?»

«Weiß ich nicht.»

Ich beharre nicht auf meinen Fragen, ich werde nichts aus ihm herausbringen. Ich muß es selber entdecken; ich befürchte, daß das zur Lehrmethode des Zen gehört.

Wir sprechen deshalb von anderen Dingen. Seit etwa elf Jahren ist er hier. Für eine Zeit von sechs Monaten ist er der Koch des Klosters. Heute leitet er den Tempel Ryuko-ji im Bunkyoku-Quartier von Tokio.

Wir kehren nach Kobe zurück, und bevor wir ins Kloster zurückgehen, führt er mich noch in ein *Kissaten* (Teehaus) mit dem Namen G-Sen. Über Jahre werde ich an den freien Nachmittagen dorthin zurückkommen und schreiben. Dieses Teehaus gibt es heute noch, und bei jeder nur möglichen Gelegenheit trinke ich dort Tee.

Am Abend herrscht im Zendo eine bedrückende, unruhige Atmosphäre. Zwei, drei Mönche flüstern miteinander. Dann holt etwa eine halbe Stunde vor der Bettruhe ein Mönch zu meinem großen Erstaunen unter der Nische des Buddha eine Flasche Sake hervor. Er schenkt jedem von uns ein Glas voll ein: zur Ermutigung. Dann folgen die Ermahnungen der Oberen für das Sesshin; alle Mönche hören zu, in einer religiösen, zumindest feierlichen Art und Weise. Das Glas Sake erinnert mich an die Henkersmahlzeit. Die Angst vor dem Sesshin muß mir stark in den Knochen stecken.

Wir sitzen auf unseren Meditationskissen. Ich wußte nicht,

daß ich mich vor der Zeit der Bettruhe hätte rasieren sollen. Genau um einundzwanzig Uhr dreißig das Getöse der Türen, und die Oberen treten ein. Das Zeichen der Holzklapper, die Zeichen der Glocke: Zazen.

Nach ein paar Minuten schreit der Obere der rechten Reihe: «Haï!» Alle Mönche beugen sich nach vorn, legen ihre Hände vor dem Kissen auf die Holzleiste; sie beugen sich so stark vor, daß ihre Stirn die Hände berührt. Sie verharren mehrere Minuten lang in dieser Position; wobei es fast unmöglich ist, in dieser Position zu atmen. Der Obere ermahnt uns, im kommenden Sesshin unser Bestes zu geben, und schließt, indem er wieder schreit: «Haï!» Dann schreit der andere Obere, der letzte der linken Reihe: «Haï!», und hält ebenfalls eine kurze Ansprache, am Ende schreit er wieder: «Haï!» Wir richten uns mit knallroten Köpfen auf.

Man singt ein Sutra. Alle ziehen ihren Koromo aus – vielleicht ist noch zu sagen, daß man unter dem Koromo einen Kimono trägt –, entrollen ihre Matratze und legen sich auf den Rücken. Die Oberen verlassen den Zendo. Die Zeremonie der Bettruhe ist abgeschlossen.

Ich kann nicht schlafen. Die Angst vor dem kommenden Sesshin hält mich wach.

1. Mai 1968. Tausende von Kilometern von hier proben Leute die Revolution. Ich beginne meine eigene, in einem gewissen Sinn. Die Glocke mit dem Wecksignal weckte mich nicht, denn ich schlief nicht. Ich wäre gern etwas früher aufgestanden, um etwas Vorsprung zu haben, aber ich durfte nicht. Wenn man schläft, schläft man, auch wenn man nicht schläft… Also: Es ist verboten aufzustehen, bevor die Lampe im Zendo angemacht wird.

Das erste Sesshin

Licht. Kampfvorbereitungen. Wegräumen der Matratzen. Klo. Zazen.

Die Oberen betreten den Zendo, dann begeben wir uns in den Hondo. Rezitation der Sutras. Nach einiger Zeit erscheint der Meister: Yamada Mumon. Mein Herz pocht. Er richtet sich in der Mitte des Hondo ein und beginnt die Proskynese. Er trägt einen ockerfarbenen Koromo, ist klein, hat einen dünnen, grauen Kinnbart; seine wenigen Haare läßt er wachsen. Er erinnert an einen alten taoistischen Weisen. Die Rezitation der Sutras dauert an, er kümmert sich um nichts und vollzieht in gesetzter, ruhiger Art seine Bewegungen. Da ich nicht mitsinge, schaue ich ihm zu. Von diesem jugendlichen Alten von fast siebzig Jahren geht der Eindruck einer großen Leichtigkeit aus.

Nach der Rezitation der Sutras verläßt der Meister als erster den Raum, und alle folgen ihm. Wie ich später feststellen konnte, schaut der Meister, wenn er jeweils am Morgen den Hondo verläßt, nie jemanden an. Doch an diesem Morgen – vermutlich hat ihm der Shikasan mitgeteilt, daß jemand aus dem Westen in seinem Kloster weilt – wirft er mir einen Blick zu, der wirklich wie ein Blitz einschlägt. Ich vermute, daß wir in den Zendo zurückkehren, doch an einer Weggabelung nehmen wir jenen Weg, der zur Pagode hinaufführt. Vor den Grabsteinen, in deren Mitte sich auch der Grabstein des Klostergründers befindet, rezitieren wir Sutras. Es ist noch Nacht. Dann ziehen wir weiter; an der Weggabelung geht der Meister gerade aus, und wir kehren in den Zendo zurück. Zazen. Gesang von Sutras. Proskynese. Zazen.

Dann nimmt jeder seine Tasse und stellt sie vor sich hin. Ein Mönch schenkt einen Aufguß ein: *Umeboshi* (wörtlich: getrocknete Pflaumen). Getrocknete Pflaumen werden in Salz eingelegt, dann püriert und mit heißem Wasser aufgegossen. Ein köstliches Getränk, das die Speiseröhre blankputzt.

Im Refektorium. Die Zeremonie des Frühstücks beginnt. Das beste Mittel, um im Rhythmus zu bleiben und Verweise zu vermeiden, besteht darin, alles genau so zu machen wie der Mönch vor mir. Wenn er seine Stäbchen hinlegt, lege ich auch meine hin. Wenn er seine Schale ergreift, ergreife ich auch meine. Wenn er ißt, esse ich auch, und so weiter. Die Genauigkeit der Bewegungen jener Mönche, die bedienen, fasziniert mich. Während meines ersten Japanaufenthalts hatte ich Gelegenheit, an einer Tee-Zeremonie teilzunehmen. Ich empfand sie als schrecklich kompliziert; doch das war gar nichts im Vergleich mit der Frühstücks-Zeremonie im Shofuku-ji. Wir sitzen auf den Tatami. Die Bänke mit einer Höhe von etwa dreißig Zentimetern dienen uns als Tische. Wir stellen dort unsere Schalen auf, die ineinander geschachtelt werden können, und zwar fünf Schalen. Drei von ihnen brauchen wir, die größte ganz rechts, die kleinste ganz links. Ich habe mich lange Zeit gefragt, weshalb man über fünf Schalen verfügt, wenn drei genügen. Der Grund mag darin liegen, daß es gelegentlich ein zusätzliches Gericht gibt. Denn normalerweise gilt im Zen, daß man seinen Besitz nicht zur Schau stellt.

Am Ende der Mahlzeit fährt ein Mönch mit einem feuchten Schwamm über die Bänke, um sie von den Essensspuren zu reinigen, und der andere Mönch, der Dienst hat, stellt die Bänke in eine Ecke des Refektoriums. Es.wird ein kurzes Sutra gesungen. Dann ist die Zeremonie des *Saiza* (Frühstück) beendet.

Wir essen jeden Tag mehr oder weniger dasselbe. Daran gewöhnte ich mich schnell und ohne Schwierigkeiten. Auch damals in Tokio aß ich während sechs Monaten immer das gleiche Gericht (sautierte Sojasprossen) im selben Restaurant. Das ist eine Form, einfach zu leben. Daß man in einem Zen-Kloster nichts anderes wählen kann, als was einem täglich zum Essen vorgesetzt wird, und das Vorgesetzte nicht groß variiert wird, bewirkt, daß man seine Vorliebe gar nicht erst zeigen oder etwas wählen, d. h. unnötig denken muß. Die Reissuppe des Frühstücks, *Okayu,* hat ihren spezifischen Geschmack dadurch, daß sie nach nichts schmeckt, sie hat den Geschmack des fehlenden Geschmacks, und sie schmeckt immer gleich. Tatsächlich gibt es immer zwei *Tenzo* (Köche), die das Essen zubereiten, und zwar einen älteren und einen neuen, so daß der Geschmack perfekt weitergegeben wird, obwohl das «Personal» wechselt.

Zurück in den Zendo. Zazen, zweifellos bis gegen sieben Uhr; es ist schwer zu schätzen, denn niemand hat eine Uhr. Ende des Zazen, die Oberen gehen weg. Im Zendo drehen alle ihr Kissen in Richtung Fenster und entspannen sich ein wenig.

Gegen sieben Uhr dreißig Ende der Ruhezeit. Man darf den Abort aufsuchen (und diesmal erledigen, was man zu erledigen hat...), die Zähne putzen, kurzum: Man hat Gelegenheit, sich frisch zu machen, darf sich aber nicht zuviel Zeit lassen. Denn um sieben Uhr fünfundvierzig muß man auf dem Sitzkissen sein. Das gilt immer, das ist eine Regel, von der man nicht abweichen darf: Man muß eine Viertelstunde bevor Zazen beginnt, bereit und am Platz sein, ebenso wie man einen Wagen warmlaufen läßt. Wenn diejenigen, die das Zazen leiten, um acht Uhr in den Zendo kommen, sollte jeder bereits in einem Zustand intensiver Sammlung sein. Schon bevor das eigentliche Zazen beginnt, habe ich bereits Schmerzen in meinen Beinen. Punkt acht Uhr steigen die vier Oberen in den Schacht. Man könnte meinen, sie hätten Angst, daß ihr Auftreten nicht wahrgenommen würde, doch kein Problem! Dieser Lärm!

Das Zazen beginnt und setzt sich fort, eine halbe Stunde nach der anderen, markiert durch eine kurze Unterbrechung von ein oder zwei Minuten, bis zehn Uhr dreißig. Die ersten zehn Minuten jeder Einheit fallen mir leicht, doch dann schmerzen mich die Beine. Aber es ist noch erträglich.

Zehn Uhr dreißig: Mahlzeit. Es tut gut, sich auf dem Weg zum Refektorium die Beine zu vertreten! Während der großen Sesshin werden die Mahlzeiten am Mittag und am Abend ebenso feierlich eingenommen wie das Frühstück. Wenn die Zeremonie des Frühstücks bereits in vielerlei Hinsicht sehr komplex ist, so erscheint sie im Vergleich mit dem Mittagessen fast einfach. Der Ablauf des Mittagessens ist wegen der zusätzlichen Gerichte schwerer im Gedächtnis zu behalten. Und es kommt öfters vor, daß einer der Mönche, die bedienen, durch einen Oberen gescholten wird, wenn er sich etwa im Ablauf der Verteilung irrt.

Zurück in den Zendo. Klo? Später. Man hätte vorher gehen sollen. Vorher? Wann denn? Zazen unter Aufsicht, dann freies Zazen Richtung Fenster. Um zwölf Uhr dreißig kann ich heimlich aus dem Raum; um zwölf Uhr fünfundvierzig muß ich wieder am Platz sein für das Zazen um dreizehn Uhr.

Dreizehn Uhr: Einzug der Oberen. Ein Zeichen der Holzklapper, dann viermal die Glocke. Das Zazen beginnt. Aus der Ferne, aus der Richtung des Hondo, ertönt eine Glocke. Die Mönche springen alle zugleich auf, und ich tue es ihnen nach, werde aber wieder zurückgehalten: «Mada» («Noch nicht»). Ich setze mich verärgert wieder hin. Wie soll ich dieses «Mada» verstehen? Ich bleibe allein, fast allein, im Zendo zurück, die einzigen, die noch da sind, sind die Oberen, die das Zazen leiten. Nach dreißig bis vierzig Minuten sind alle Mönche wieder zurück. Die Schmerzen in meinen Beinen sind noch stärker geworden.

Kurz nach dem Beginn der nächsten Einheit erheben sich zwei Mönche und ergreifen den *Keisaku,* einen flachen Stock. Sie halten ihn kerzengerade vor sich und bleiben fünf bis zehn Minuten bewegungslos stehen. Die Mönche bewegen sich während des Sitzens normalerweise nicht, während der Meditation mit dem Keisaku bewegen sie sich noch weniger, und ihre Angst ist begründet... Ich merke, wie mich die Situation einschüchtert. Dann beginnen die Schläge. Derjenige, der schlägt, und der andere, der geschlagen wird, grüßen sich zuerst gleichzeitig. Päng, päng, zwei Schläge auf die eine Schulter, päng, päng, zwei Schläge auf die andere Schulter. Und die beiden grüßen sich erneut. Durch diese Geste entschuldigt sich derjenige, der geschlagen hat, dafür, daß er es getan hat, und der andere, der geschlagen wurde, bedankt sich bei ihm für die Schläge. Nun bin ich an der Reihe und mache es wie die andern. Nach den Schlägen bin ich überrascht, daß es nicht so schrecklich ist, wie ich es mir vorgestellt habe. Im Gegenteil, ich fühle mich besser, vermutlich weil sich der Schmerz verlagert hat: In den Beinen habe ich keine Schmerzen mehr, dafür in den Schultern. Dann ändert sich das wieder, ich habe Schmerzen in den Beinen. Die beiden Mönche legen die Stöcke zurück und setzen sich. Langes, ganz langes Zazen. Der Schmerz hat sich nun im ganzen Körper verteilt, ich habe Schmerzen nicht nur in den Knien, sondern auch in den Hüften, in den Fußgelenken, im Lendenbereich. Fünfzehn Uhr dreißig: Ende des Zazen.

Wir begeben uns in den Hondo für die Nachmittagsrezitation der Sutras. Ist die Sitzhaltung auf dem Kissen schon schmerzhaft, so ist sie es noch viel mehr, wenn man direkt auf dem Tatami sitzt. Der Mönch am Mokugyo skandiert die Sutras im Stil eines verrückt gewordenen Metronoms. Da der Meister nicht daran teilnimmt, werden die Sutras in zwanzig Minuten heruntergesungen. Zurück in den Zendo. Es wird noch ein kurzes Sutra rezitiert, dann das Abendessen, dabei werden keine Sutras rezitiert. Zurück in den Zendo. Reinigung.

Danach klopfe ich an die Tür eines kleinen Baus, der zwischen dem Zendo und den Aborten liegt; hier wohnen die Oberen. Ich frage Jisha auf englisch und füge die drei Worte Japanisch an, die ich kenne: «Wann kann ich den Meister sehen?» «Mada, mada» («Später, später»). «Aber wann denn?» «Atode» («Nachher»). Das bringt mich aus der Fassung: Später? Später am Abend? Später in drei Monaten? Ich bedanke mich, leicht verärgert. Gleich danach versuche ich mein Glück bei einem andern Mönch. Und er antwortet mir, daß die Laien vorerst sechs Monate in Ruhe sitzen müssen, bevor sie die Erlaubnis erhalten, an den *Sanzen* (persönliche Unterredung mit dem Meister) teilzunehmen. Dann würde ich also nicht nur dieses Sesshin hinter mich bringen müssen, ohne den Meister zu sehen, ich würde ihn auf jeden Fall erst in sechs Monaten treffen können. Welche Enttäuschung! Denn meine Absicht ist es ja, nur sechs Monate hier zu leben. D. h.: Ich würde abreisen, ohne den Meister persönlich gesehen zu haben.

Siebzehn Uhr fünfundvierzig. Vorbereitung auf die Vorbereitung des abendlichen Zazen. Die erste Einheit dauert von achtzehn Uhr bis neunzehn Uhr. Mir steht das Wasser bis zum Hals. Seit morgens vier Uhr bin ich auf den Beinen, d. h. am Sitzen.

Die erste Stunde, die mir sehr schwerfällt. Zehn Minuten *Kinhin,* eine Art von Zazen im Gehen. Während des Kin-hin geht man um den Zendo herum, schaut nicht nach rechts und nicht nach links, die Hände auf der Höhe des Sonnengeflechts. Und man macht möglichst kein Geräusch. Ein leises Geräusch ergibt sich allerdings durch die Reibung des weiten Koromo. Alle benützen diese Zeit, um ihre Bedürfnisse zu verrichten, aber ich gehe; das ist das beste Mittel, um meinen Bedürfnissen entgegenzukommen. Mit leerer Blase und gestärkten Beinen zurück in den Zendo. Holzklapper. Glocke.

Ich höre das Geräusch von schleppenden Schritten, die vom Hondo herankommen. Mein Auge sucht, und ich sehe den Meister eintreten. Er geht langsam vor, beobachtet jeden Mönch und schätzt ihn ab, wie ein Oberst seine Truppe abschreitet. Und wir stehen vor ihm stramm, auch wenn wir sitzen und tun, als ob wir in *Samadhi* wären. Als er sich hinsetzt, begreife ich, wem das Kissen gehört, das bisher noch nicht besetzt worden war.

Achtzehn Uhr dreißig. Der Meister verschwindet. Kurz danach Sanzen – für die anderen ... Ich bleibe sitzen, ganz allein oder fast allein im Zendo. Nur noch die beiden Oberen, der erste der rechten Reihe und der letzte der linken Reihe, sind im Raum. Ich könnte schwören, daß sie mich beobachten. Wie bei den früheren Sanzen kommen die Mönche in einer langsamen, ausgedehnten Prozession zurück.

Zazen reiht sich an Zazen. Der Schmerz nimmt zu. Dies gehörte nicht zu meinen Erwartungen. Nun merke ich es und habe den Schaden. Der Schmerz des einen Zazen fügt sich zum

Schmerz des vorangegangenen. Der Schmerz wächst im Lauf der Meditationen. Und ich frage mich: Wie weit kann er noch zunehmen? Wie lange werde ich ihn noch ertragen? Die Reihe der Meditationen läuft wie ab dem Tropfenzähler. Ich winde und krümme mich wie ein Wurm. Ich berühre die Grenze, wo es für mich nicht mehr weitergeht. Kin-hin.

Ich komme zuerst nicht auf meine Beine, dann gelingt es mir doch. Es tut gut, zehn Minuten zu gehen. Zurück in den Zendo. *Sarei,* Tee und ein Brötchen. Den Tee darf man trinken, das Brötchen aber darf man nicht essen. Später.

Holzklapper, Glocke. Hört das denn nie auf? Einundzwanzig Uhr dreißig. Bühnenreifer Abgang der Oberen. Endlich das Ende des Tages. Nach den Oberen gehen auch die Mönche der Klosterverwaltung. Dann eine Überraschung: Mein Fenster öffnet sich, und von außen wird mir ein Brötchen zugeworfen. Wer hat es mir zugedacht? Ich weiß es nicht. Auf jeden Fall tut es gut. Zu so später Stunde ist mein Magen leer. Jeder ißt sein Brötchen, und ich zwei.

Ich habe mich zu früh gefreut: Der Tag ist noch nicht zu Ende. Jetzt kommt noch der *Yaza,* Zazen im Freien, d. h. konkret: im gedeckten Gang vor dem Hondo. Obligatorisch? Obligatorisch. Als ob ich noch nicht genug geleistet hätte!

Kurz vor zweiundzwanzig Uhr richtet man sich wieder auf den Sitzkissen ein. Die Oberen marschieren wieder auf. Der eine von ihnen verbeugt sich dreimal vor der Statue des Manjushri (er ist der Wächter des Zendo, der Bodhisattva der Großen Weisheit). Jemand schlägt auf ein Holzbrett im Rhythmus sieben – fünf – drei, dann singen alle ein Sutra. Anschließend verbeugen sich alle miteinander dreimal. Dann, urplötzlich und in großer Eile, ziehen alle Mönche den Koromo aus, holen aus ihrem Schränkchen unterhalb des Fensters Matratze und Daunendecke, rollen sie aus, legen sich auf die Matratze und wickeln sich in die Daunendecke. Alle liegen auf dem Rücken. Denn das ist die offizielle Stellung, in der man in der Rinzai-Tradition schläft. Diese «Haltung eines Toten» stammt wahrscheinlich aus dem Yoga und vermittelt dem Körper die größtmögliche Entspannung. In der Soto-Tradition des Zen schläft man auf der rechten Seite, in jener Haltung, die Buddha bei seinem Tod innehatte. – Doch von Buddhas Tod sollte man nicht in den Ausdrücken des Sterbens sprechen, es entspricht diesem Geschehen mehr, wenn man sagt, er sei ins Parinirvana eingetreten.

Die Oberen sind weggegangen. Man hat mich gebeten, mich nicht zu bewegen und liegenzubleiben, solange das Zeichen für den Yaza noch nicht gegeben worden ist. Das übersteigt meinen Verstand: Ich verstehe nicht, weshalb man sich hinlegen muß, um wieder aufzustehen und mit Yaza zu beginnen. Warum kann man nicht direkt zu Yaza übergehen?

Es vergehen etwa fünf Minuten. Dann stehen plötzlich alle auf, und zwar auf die stillstmögliche Art und Weise der Welt. Das ist das Signal. Sie ziehen sich wieder an, und ich mache dasselbe. Da ich, von der Zeit her gesehen, der letzte bin, der in den Zendo zugelassen wurde, werde ich nun der erste sein, der den Zendo verläßt und sich auf den Platz vor dem Hondo begibt. Das heißt aber auch, daß ich der letzte sein werde, der in den Zendo zurückkehrt.

In einem Zen-Kloster gibt es für alles Spielregeln. Auch das Zu-Bett-Gehen ist eine wahrhafte Zeremonie. Und sich in den Yaza begeben kann man auch nicht, wie man will. Man legt sein Kissen auf seinen Kopf, verbirgt so das Gesicht, aus Bescheidenheit und um ja nicht zu zeigen, daß man eifrig ist. Man öffnet die Tür so leise wie möglich– man will ja nicht auffallen – und geht geräuschlos auf den Platz vor dem Hondo. So und nicht anders hat es zu geschehen, wenn man Yaza üben will. Ich stelle mir das Gesicht einer mit dem Kloster nicht vertrauten Person vor, sie kommt im Fallschirm vom Himmel eben in dem Moment, da sich die Mönche zum Yaza begeben: Jede Minute kommt einer aus dem Zendo, das gewaltige Kissen bedeckt den Kopf und hängt ihm auf die Schultern.

Der Platz liegt leicht oberhalb eines Zen-Gartens, in dessen rechtem Teil eine sehr schöne Steinlaterne steht. Wenn nicht die

Schmerzen in meinen Knien wären und ich nicht meine Probleme hätte – es müßte wunderschön sein, in einem solchen Rahmen Zazen zu üben. Zum Glück schaut niemand auf unsere Sitzhaltung. Ich nehme deshalb eine sehr ungezwungene Haltung ein und warte, daß die Zeit vergeht. Ich kann nicht mehr. Seit bald neunzehn Stunden – am Stück! – bin ich auf den Beinen, d. h., seit vier Uhr morgens bin ich am Sitzen. Um dreiundzwanzig Uhr geht einer der Oberen vorbei, vermutlich kontrolliert er, ob jemand fehlt. Dann die Geräusche der Koromo … Einer nach dem anderen gehen die Mönche zurück, um sich hinzulegen. Bis ich an der Reihe bin, dauert es noch eine Viertelstunde. Mit anderen Worten: Von meiner Schlafenszeit (weniger als fünf Stunden) wird nochmals eine Viertelstunde weggeknabbert.

In der Tradition betont man, daß der Unsui bei einem Tag, der um vier Uhr beginnt und um dreiundzwanzig Uhr zu Ende geht, frei (!!!) sei. Frei – einverstanden, aber frei in welcher Hinsicht? Mir scheint: frei, nicht mehr zu schlafen. In der Ch'an-Tradition gab es Mönche, die sich ihr ganzes Leben lang nicht mehr hinlegten. Sie blieben in der Meditationshaltung sitzen und behalfen sich mit einem Brett, das am einen Ende ihrem Kinn angepaßt war und auf das sie im Sitzen den Kopf abstützten. Auch in *Mystiques et magiciens du Tibet,* einem Buch von Alexandra David-Néel, liest man von Eremiten, die immer auf ihren Meditationshockern sitzenblieben, d. h. auf einem Brett von der Größe eines Quadratmeters.

In der Zen-Tradition erhält man beim Klostereintritt eine blaue Daunendecke, eine Matratze und eine Wolldecke. Mit ihnen sollte man sich, so gut es geht, fürs Schlafen einrichten, doch die eine Seite bleibt immer unbedeckt. Und im Winter gibt es weder Socken noch Fußwärmer.

Ich liege, aber ich kann nicht schlafen. Ich gehe noch einmal den Tag durch und denke an die Tage, die mich noch erwarten. Was mache ich eigentlich hier? Ist das nun Zen? Im Licht dieses ersten Sesshin-Tages hat sich die Vorstellung, die ich mir bis vor kurzem von der Meditation gemacht hatte, gründlich geändert. Viele Leute haben vom Sinn dieser Meditation eine falsche Vorstellung. Wenn man von Meditation spricht, bringen die Leute das mit etwas Geistigem zusammen. In Wirklichkeit ist die Zen-Meditation etwas Körperliches. Das begreife ich bereits an diesem ersten Abend. Ich hatte vor dem Sesshin erwartet, daß die Pause zwischen den Zazen-Einheiten den Schmerz verklingen lassen würde und ich den Zähler wieder auf Null stellen könnte, um frisch und gut vorbereitet die nächste Einheit zu beginnen. Aber ich merkte bereits, daß es nicht so lief. Der Schmerz, den ich während der zweiten Meditation erlebte, kam zum Schmerz der ersten Meditation hinzu, und der Schmerz der dritten Meditation legte sich zu den Schmerzen der ersten beiden Meditationen hinzu – und so weiter bis ans Ende des Tages.

Diese Nacht wache ich oft auf, um ja nicht von der Weckglocke überrascht zu werden. Dauernd glaube ich, es sei schon Zeit. Dann, endlich, läutet sie.

Zweiter Tag des Sesshin. Von der Taille bis zu den Füßen fühle ich mich erschlagen. Ich dachte, daß ich mich in der Nacht erholen könnte, doch das ist nicht der Fall. Ich beginne diesen zweiten Tag mit total leeren Batterien. Ich habe überall Schmerzen: im Körper, in allen Gelenken, in den Muskeln, in den Sehnen und in den Nerven. Im Hondo die Zeremonie der Sutra-Rezitation. Der Meister erscheint, macht seine zwanzig Verbeugungen und geht. Genau zur Zeit das Glockenzeichen für das Sanzen, die Mönche rennen los. Nur die Verantwortlichen für die Sutras und den Holzfisch (Mokyugo) bleiben – und ich mit meiner Enttäuschung. Die Sutras gehen im selben Moment zu Ende wie das Sanzen.

Beim Frühstück habe ich keinen Hunger. Ich esse ein wenig Reissuppe, aus Vorsicht und um durchzuhalten.

Zurück in den Zendo. Zazen. Um sieben Uhr geht es, ohne daß ich darauf gefaßt bin oder jemand mich entsprechend verständigt hat, in den Hondo. Dort steht ein gewaltiger, hoher Stuhl, seine Sitzfläche, bedeckt mit einem dicken roten Kissen, ist ungefähr auf Kopfhöhe. Nach ein paar Augenblicken tritt der Meister ein; der Shikasan geht ihm voraus, und einer seiner Diener folgt ihm. Der Meister läßt sich auf dem Stuhl nieder. – Dieser Satz bleibt weit hinter der Realität zurück. Denn da die Japaner nichts auf selbstverständliche Art verrichten können, müßte ich eigentlich sagen: Es fand die Zeremonie der Stuhlbesteigung statt. Einige Sutras. Dann taucht der Meister in eine Ansprache ein, die als *Teisho* bezeichnet wird, und er findet kein Ende. Unvorstellbar: Der Vorgang dauert mehr als eine Stunde! Ich bin auf der Folterbank. Der Name «Mumon» setzt sich aus zwei chinesischen Ideogrammen zusammen; das erste bedeutet «ohne», das zweite «Wort» oder auch «Geschwätz»: ohne Worte, ohne Phrasen. Für jemanden, der eigentlich «Wortlos» heißt, spricht er recht energisch und ist alles andere als stumm. Dieses Teisho hat mich nahezu umgebracht. Alle Teisho der ersten Jahre haben mich umgebracht. Und dann, um das Ganze zu krönen: die Zeremonie des Stuhlabstiegs. Dann verschwindet der Meister in den Kulissen. Wir kehren in den Zendo zurück. Und bereits zehn Minuten später geht es mit dem schönsten Zazen weiter. Die wenigen Stunden Schlaf haben mir keine körperlichen Kräfte geschenkt. Es würde weitere Teisho geben, während dieses Sesshin am Morgen des fünften und am Morgen des siebten Tages, allgemein an allen Monatstagen, die mit einer Zwei, einer Fünf oder einer Sieben enden. Ich habe Schmerzen in den Beinen, ganz scheußliche Schmerzen. Bis zu welchem Punkt kann ich in der Schmerzerfahrung gehen?

An diesem Morgen erlebe ich die Hölle. Wenn man wenigstens die Mahlzeiten auf einem Stuhl einnehmen könnte, statt in der Meditationshaltung und erst noch direkt auf dem Boden ohne die «Hilfe» des Kissens. Ich bringe nichts hinunter.

Am Nachmittag macht mich das Zazen fertig. Ich komme an die äußerste Grenze der Schmerzen. Ich kann kaum fünf Sekunden ruhig sitzen. Mein Koromo reißt ein.

Dann die Meditations-Einheit mit dem Keisaku und das absolute Verbot, sich während dieser Zeit zu bewegen. Wie schaffe ich das? Ich bleibe unbeweglich, aber nur fünf Minuten. Das ist alles, was ich fertigbringe. Dummerweise verrücke ich meine Beine, aber eine mögliche Strafe und daß ich vielleicht angeschrien werde – alles ist egal. Dann die Schläge, jeder der Reihe nach, auch ich. Ich gebe nach und breche zusammen, äußerlich und innerlich. Meine Tränen fließen bis zum Ende des Zazen, auch bei der folgenden Meditation beginne ich zu weinen, so stark sind meine Schmerzen. Und das Zazen am Abend ist noch schlimmer. Ich erlebe mich auf Golgatha; ja, wirklich, Golgatha konnte nicht schlimmer sein. Von diesem zweiten bis zum letzten Tag weine ich wie ein Kind, das hinfällt und sich weh tut. Wenn ich heute daran zurückdenke, sage ich mir, daß ich nur deshalb geblieben bin, weil mir die Möglichkeit, wegzufahren, gar nicht in den Sinn gekommen ist. Ich denke, daß ich diese Möglichkeit damals vergessen mußte. Und solche Erfahrungen gibt es. Ich habe wirklich nicht daran gedacht, wegzufahren, andernfalls hätte ich es getan. Nicht einmal ans Wegfahren denken! Denn ich hätte jederzeit gehen und mir sagen können: «Zen, das ist nichts für mich!» Doch ich bin geblieben, vermutlich ahnte ich, daß hinter diesem Schmerz etwas verborgen war, das Wirklichkeit werden wollte. Ich verstand es, ohne wissensmäßig darüber zu verfügen, in einer absoluten Art: Es gab nur diese eine Möglichkeit: zu bleiben. Und doch …

Über meinen kraftlosen Körper wird mir meine Wertlosigkeit bewußt. Ein trauriges Bekenntnis vor sich selber. Ich mache eine elende Figur, bin ein bedeutungsloser Statist.

Vor dem letzten Zazen die Meditationseinheit mit dem Tee und der Verteilung der Brötchen.

Nach dem letzten Zazen öffnet sich mein Fenster, wie gestern. Der unbekannte Mönch wirft mir diskret sein Brötchen zu. Wer kann er sein? Auf jeden Fall gibt es jemanden, der mit mir Erbarmen hat. Ich bin wirklich umsorgt.

Die Ansprache am zweiten Morgen und das Yaza am zweiten Abend gehören zum Schlimmsten, was ich durchgemacht habe.

Der dritte Tag gleicht dem zweiten. Vom ersten Zazen an

weine ich. – Um Ihnen die Wiederholungen zu ersparen, möchte ich es ein für allemal sagen: Es bleibt so bis ans Ende des Sesshin. – Mein Koromo bekommt überall Risse, er kann endgültig nicht mehr geflickt werden.

Am vierten Tag gibt es nach dem Frühstück eine angenehme Überraschung: kein Zazen. Es ist der Tag der Rasur. Auch das ist ein ganzes Ritual: Je zu zweit, die Alten mit den Alten, die Neuen mit den Neuen, rasiert man sich gegenseitig den Schädel. Sehr zum Glück besitze ich kein Rasiermesser, sehr zum Glück für mein Gegenüber! Im Sog meiner Müdigkeit hätte ich ihn sicher skalpiert! Nach der Rasur die Reinigungsarbeiten, dann das Bad. Alle fünf Tage. Ich stellte mir vor, daß mir diese Unterbrechung samt Bad guttun würde. Doch dem ist nicht so. Sobald wir am Nachmittag das Zazen wieder aufnehmen, bin ich wieder in der selben Verfassung. Es gibt keine größeren Schmerzen.

Am fünften Tag dieselbe Katastrophe.

Der Morgen des sechsten Tages bringt mir eine beglückende Überraschung: Der Morgen gehört dem Takuhatsu, d. h. der Übung des Bettelns. Da ich diesmal einen Koromo trage und mein Kopf kahl ist, kann ich sicher daran teilnehmen. Und ich ziehe es dem Zazen bei weitem vor.

In geflochtenen Strohsandalen, ohne Socken, Sommer wie Winter, und mit einem Hut aus Binsen ziehen wir los. Beim Takuhatsu marschiert man in einer Reihe, einer hinter dem anderen, zwischen den einzelnen eine Distanz von etwa zehn Metern, die Hände auf der Höhe des Sonnengeflechts. Und im Gehen schreit man: «Hoooooo.» Mit diesem Ruf signalisieren die Mönche den Leuten, die etwas geben möchten, daß sie kommen: Sie können ihre Gaben bringen. Dieser Ruf «Hoooooo» ist keine eigentliche Bitte, er dient mehr dazu, die Aufmerksamkeit der Leute zu gewinnen. Und es besteht auch keinerlei Verpflichtung: Jene, die etwas geben wollen, spenden. Vielleicht müßte man eher sagen: Mit diesem Ruf gibt man den Leuten die Gelegenheit, etwas zu spenden. Und wir, wir gehen ganz einfach unseren Weg, einen Weg, der nicht dem Zufall überlassen, sondern genau festgelegt ist; er dauert etwa drei Stunden. Von acht Uhr bis elf Uhr «spazieren» wir, wenn man so will, in den Straßen von Kobe.

Dieses «Hoooooo» beeinflußt ganz stark das körperliche Befinden. Es kommt zu einer Art Freisetzung innerer Blockaden, und zwar nicht auf unkontrollierte, sondern auf organisierte Weise. Wenn dieses «Hoooooo» ununterbrochen hervorgebracht wird, wirkt sich dies auch heilsam auf die Lungen, die Stimmbänder und die Kehle aus. Es ist vor allem eine Übung des Atems, eine Übung der Konzentration, die das *Hara* (den Bereich unterhalb des Bauchnabels, wo wie in einem Kessel die Energie am Kochen ist) entfaltet. Seit dieser Übung des Takuhatsu habe ich nie mehr an Angina gelitten.

Was den Hut betrifft, so dient er offensichtlich als Schutz vor der Witterung, sowohl gegen die Sonne als auch gegen den Regen. Aber er hat noch eine andere Funktion. Der Hut reicht bis zu den Augen: Wir können den Himmel nicht sehen, und der Hut bedeckt unser Gesicht. Als Folge davon kommt der Spender nicht in Versuchung, seine Gabe dem zu geben, der das schönere Gesicht hat. Jeder Mönch trägt eine Tasche für die Gaben bei sich, normalerweise handelt es sich um Geld, gelegentlich um Reis. Jeder Bettelgang bringt im Schnitt etwas weniger als sechzig Mark pro Person ein. Alle Gaben gehen ans Kloster, für den einzelnen Mönch ist nichts vorgesehen. Die Übung des Takuhatsu findet pro Monat zehnmal statt, im Schnitt also wird alle drei Tage ein Vormittag dafür eingesetzt. Es handelt sich in erster Linie um eine asketische Übung, denn die Einnahmen aus dem Betteln reichen nicht für den Unterhalt des Klosters.

Gegen elf Uhr sind wir zurück. Dieser Ausflug nach Kobe war für mich eine Wohltat, auch wenn es etwas Zwanghaftes hat, geradeaus zu gehen, ohne nach rechts oder links zu schauen, ohne auf die Schaufenster oder auf die Leute zu achten.

Nach dem Takuhatsu gibt es eine spezielle Mahlzeit. Der Klosterordnung entsprechend, tischt man uns *Udon* auf, das sind dicke Nudeln, etwa so breit wie der kleine Finger, speziell für die Mönche des Shofuku-ji angefertigt; sie sind dreißig bis vierzig Zentimeter lang und schwimmen in heißem Wasser. Man verschlingt sie schlürfend, eine nach der andern, indem man sie an- und einsaugt. Es handelt sich um einen Schlürfmarathon, bei dem die Kleckserei auf Koromo und Gesicht nicht zu vermeiden ist. Wenn die anderen Mahlzeiten in einem absoluten Schweigen verlaufen müssen, so verlangt die Zeremonie der Udon den größtmöglichen Lärm.

Am Nachmittag beginnt wieder das Zazen und mit ihm auch der Schmerz in den Beinen. Es wäre genauer, vom Schmerz im ganzen Körper zu schreiben. Auch wenn der Schmerz in den Beinen am stärksten wahrnehmbar ist, so befindet er sich letztlich doch überall. Morgen: das Ende des Sesshin. Das scheint noch weit weg zu liegen. Durchhalten. Ich darf mit keinerlei Erleichterung rechnen. Zazen üben ist jetzt nichts anderes, als auf das Ende des Sesshin zuzugehen. Schlecht und recht darauf zu warten, daß es endlich zu Ende geht, daß die Meditationen vorbeiziehen, eine nach der anderen, auch wenn mir die Sekunden wie Minuten vorkommen und die Minuten wie Stunden. Ich bin unfähig, wirklich unfähig, mich zu konzentrieren und Zazen im eigentlichen Sinn zu üben. Und ich weine vor Schmerzen. So sieht mein Zazen aus. Auch wenn es sehr demütigend ist: Das war alles, was ich zustande brachte.

Der siebte und letzte Tag bricht an. Das gibt mir ein wenig Hoffnung, ein Stückchen Mut. Ich sehe, wie der Tag sich am Ende des Tunnels abzuzeichnen beginnt. Meine Tränen bedrücken mich, aber ich habe nur die Tränen, um durchzuhalten, bis zum Ende durchzuhalten, bis zur Erlösung… zur vorläufigen Erlösung.

Dann wird es Abend, und – welch ein Geschenk! – die letzte halbe Stunde Zazen wird fallengelassen. Das letzte Glockenzeichen, das letzte Zeichen der Holzklapper. Ich kehre aus der Hölle zurück.

Ich habe meinen Koromo buchstäblich in Stücke gerissen.

Sieben Tage lang war ich immer im kalten Schweiß, der Koromo ist «durchgeschwitzt» … Und er ist wirklich nicht mehr zu retten, der Koromo. Doch Doji bringt vom Speicher einen anderen, den sicher ein ehemaliger Mönch zurückgelassen hat. Ich bin nicht nur in Tränen zerflossen, auch sonst: Von neunundsechzig Kilo bin ich auf zweiundsechzig gekommen, ich habe gewissermaßen jeden Tag ein Kilo verflüssigt.

Die Vorgeschichte meines Eintritts in das Zen-Kloster

Seit meiner frühen Jugend beschäftigte ich mich intensiv damit, wie ich meinem Leben einen Sinn geben könnte, ohne daß ich im übrigen genau gewußt hätte, wie ich so etwas anpacken sollte. Als Jugendlicher war ich auf der Suche, aber ich wußte nicht, was ich suchen sollte. Vermutlich war ich auf der Suche nach mir selber: Wer bin ich? Diese Frage stellte ich mir immer wieder. Wie fast alle Leute hatte auch ich seit der Kindheit den christlichen Religionsunterricht besucht, doch konnte ich mir die Aussagen der Kirchenleute über die Existenz Gottes nie zu eigen machen. Meine Mutter, Katholikin, und mein Vater, Protestant, beschlossen gemeinsam, mich nicht taufen zu lassen; sobald ich ins entscheidungsfähige Alter kommen würde, sollte ich selber die eine oder andere Konfession wählen können. So entging ich beiden Kirchen. Dank dieser Tatsache habe ich es leichter als all jene, die man möglichst schnell getauft hat, ohne sie nach ihrer Meinung zu fragen. Als Erwachsener entschied ich mich dann, mich nicht zu entscheiden. Dennoch drängten die Geheimnisse des Lebens und des Todes, die mich plagten, immer mehr zu einer Lösung. Es schien mir durchaus auch richtig, mich für eine Antwort an die Religionen zu wenden. Denn wenn auch die Naturwissenschaft das Phänomen des Todes beschreiben kann, so kann sie doch von der Angst vor dem Tod nicht befreien.

Zuerst wandte ich mich an einen protestantischen Pastor und stellte ihm meine Fragen. Etwas später suchte ich aus denselben Gründen einen katholischen Priester auf. Ich war durch keine bestimmte Lehre geprägt und hörte ihnen offen und bereitwillig zu. Doch was sie mir sagten, klang nach einer auswendig gelernten Lektion und nicht nach dem Ergebnis einer gelebten Erfahrung. Das war Vorgekautes. Sie selbst hatten mir eigentlich nichts vorzusetzen. Ihr eigener Geist war schal. Ich würde deshalb versuchen, ohne sie meine Antworten zu finden; so lautete mein abschließendes Urteil.

Im Westen kommen sich die Menschen, wenn sie erwachsen sind und körperlich nicht mehr größer werden, gern als abgeschlossen und vollendet vor. Um die spirituelle Vollendung kümmert man sich wenig. Es scheint, daß sich die Menschen in Asien etwas mehr darum bemühen, aus Instinkt, aus Intuition, vielleicht auch durch den Druck der tausendjährigen Tradition, die zu diesem Zweck entstanden ist. Wenn die Japaner nach der Arbeit nach Hause kommen, ziehen sie ihre Schuhe aus und widmen sich zuerst einen Moment lang der Stille.

Kurz nach meiner Ankunft in Tokio im Jahr 1964 entdeckte ich den Surrealismus. Die *Manifestes du surréalisme* von André Breton wurden für mich zu einem fundamentalen Werk. Als ich sie las, wurde mir klar, daß es «etwas anderes» gab und ich die Möglichkeit hatte, zu diesem anderen zu gelangen. Breton spricht von diesem Zugang mit folgenden Worten: «Ein rein psychischer Automatismus, durch den man – sei es im Sprechen, sei es im Schreiben, sei es auf irgendeine andere Art – das reale Funktionieren des Denkens zum Ausdruck bringen kann.» Obwohl ich damals nicht fähig war, es mit dem Verstand zu erfassen, so war dieses reale Funktionieren des Denkens für mich dasjenige, was ich am meisten verstehen wollte. An einer anderen Stelle, im Rahmen der Definition des Surrealismus, schreibt André Breton von einem «Diktat der Gedanken ohne jegliche Kontrolle der Vernunft, jenseits ästhetischer oder moralischer Absichten». Und an einer weiteren Stelle: «Der Surrealismus tendiert dazu, alle anderen psychischen Mechanismen zu Fall zu bringen und sich an ihrer Stelle für die Lösung der Hauptprobleme des Lebens anzubieten.» Auch wenn der Surrealismus nur eine begrenzte Möglichkeit der Befreiung anbietet, war er für mich doch der erste Kontakt mit dem Absoluten. Dank ihm beschäftigte ich mich ein erstes Mal mit mir selbst und mit meinem Denken.

Ich war nach Japan gekommen, um Architektur zu studieren. Doch unterrichtete ich schließlich in Tokio, zwei bis drei Stunden am Tag, in Privatschulen Französisch. Diese Arbeit erlaubte es mir bestens, für meine Bedürfnisse aufzukommen. Während meiner freien Stunden widmete ich mich seitenweise dem automatischen Schreiben. Der Impuls dazu kam aus der folgenden Stelle der *Manifestes:* «Holen Sie sich etwas zum Schreiben, richten Sie sich an einem Platz ein, der für die Konzentration Ihres Geistes auf Sie selbst möglichst günstig ist, versetzen Sie sich, so gut Sie können, in einen passiven, empfänglichen Zustand. Vergessen Sie Ihre geistigen Anlagen, Ihre Talente und die aller anderen. Schreiben Sie schnell, ohne daß Sie sich ein Thema vorgeben, so schnell, daß Ihnen vom Geschriebenen nichts im Gedächtnis bleibt und Sie das Geschriebene nicht nachlesen können. Der erste Satz kommt von allein und so, wie er in jenem Moment wahr ist; es ist ein Satz, der unserem bewußten Denken fremd ist; er will nichts anderes, als sich äußern.» Auf diese Art war ich plötzlich auf der Jagd nach meinem Denken. Ich befand mich in einem Zustand, den man als «zweiten Zustand» bezeichnete; man nennt ihn *zweiten* Zustand, weil man für seine Definition nichts anderes gefunden hat. Ich denke heute, daß es diese Übungen waren, die mir den Zugang zum Zen überhaupt ermöglicht haben. Im Zen ist es wichtig zu beobachten, wie die Dinge ablaufen und die Komponenten der einzelnen Situationen sich verketten. Das hilft uns, ein Bewußtsein für die Unvermeidlichkeit der Ereignisse zu entwickeln und zu erkennen: Wenn man sich so und nicht anders verhält, ist das nicht einfach Zufall. In den Dingen und in ihren Verkettungen gibt es immer einen tiefen Grund. Jede Bewegung, jede Handlung, jeder Gedanke hat Folgen, deren Auswirkungen wir nur selten ermessen.

In dieser Zeit las ich – in einer eigentlichen Raserei kultureller Art – an einem Tag manchmal ein bis zwei Bücher, besonders die Autoren, die André Breton in seiner *Anthologie de l'humour noir* versammelt hatte. Ich ging viel ins Kino. Zudem hatte ich mich an die Ölmalerei herangewagt und traf jeden Tag meine Freunde im *Fugetsudo* (so hieß das Café, das unser Hauptquartier war): André Moisy, Ken Takeuchi, Tom Sorrenson. Die großen Auserwählten meiner künstlerischen Landschaft waren Antonin Artaud, Samuel Beckett, Louis-Ferdinand Céline, Luis Buñuel, Max Ernst, Giacometti… Texte wie der folgende, nochmals von André Breton, berührten mich ganz stark: «Denken wir daran: Der Surrealismus will unsere psychische Kraft ganz in Beschlag nehmen, und zwar durch ein Mittel, das in nichts anderem besteht als im schwindelerregenden Abstieg in uns selbst, in systematischer Erhellung der verborgenen Orte in uns und der allmählichen Verdunkelung aller anderen Orte, im ständigen Gang in einem verbotenen Bereich.»

Es war im Oktober 1964, als ich das Café Fugetsudo entdeckte. Dieses einmalige Lokal war die japanische Entsprechung des *Deux Magots*, jenes berühmten Pariser Cafés, das seine glanzvolle Zeit in den fünfziger Jahren hatte. Im Fugetsudo trafen sich japanische Intellektuelle, Künstler, Homosexuelle, Männer wie Frauen. Im Februar 1965 sah ich eines Tages einen Mönch eintreten, mit kahlem Kopf und westlichem Gesicht. Sein Auftreten beeindruckte mich. Er setzte sich in meine Nähe. Neugierig sprach ich ihn auf englisch an, ich wollte mehr über ihn erfahren. So vernahm ich, daß er Franzose war, seit vier Monaten in einem Zen-Kloster lebte und jetzt, während einer Unterbrechung der Übungszeit, in Tokio weilte. Er sprach in einem Tonfall von Zen, der mir innere Räume eröffnete; seine Aussagen faszinierten mich. In den zwei Monaten, die er in Tokio verbrachte, sahen wir uns öfter. Dann, eines Tages, teilte er mir mit, daß er nun ins Kloster zurückkehren würde, zu Fuß von Tokio nach Kobe. Diese Reise von einem Monat, bei Tagesabschnitten von etwa zwanzig Kilometern, unternahm er gemeinsam mit einem japanischen Mönch aus dem Shofuku-ji. Wir wollten uns bei seiner Rückkehr im August wieder treffen. Und er schlug mir vor, ich sollte ihm schreiben, wenn ich Lust auf ein Sesshin hätte, er würde mich im Kloster einführen. Dieses Sesshin, an dem ich wirklich teilnehmen wollte, machte ich jedoch nicht. Die Zeit dafür war noch nicht gekommen.

Bald darauf nahm mich André Moisy mit zu sich nach Hause, nach Fujimidai am Rand von Tokio. Er bewohnte ein Atelier, das ihm Shindo Tsuji, ein Bildhauer und Professor an der Kunstakademie in Kioto, zur Verfügung gestellt hatte. Die Statuen von Tsuji waren voller Augen, die uns unaufhörlich anschauten; sie bildeten rund um den Raum eine Art Kreis. Es war ein Augusttag, sehr warm und feucht, und die Zikaden lärmten. André erklärte mir die beiden Formen von Zazen, das Zählen der Atemzüge und die Konzentration auf die Silbe Mu, im Sinne eines Mantra, nicht im Sinne eines Koan. Ich war offensichtlich unfähig, mich auf das Zählen der Atemzüge oder auf die Silbe Mu zu konzentrieren, aber ich versuchte es, indem ich zwischen den beiden Methoden abwechselte. Ich erinnere mich, daß ich in eine Art Nebel des Nicht-Wissens geriet (den zu durchdringen sicher Jahre dauern würde...) und zu zittern begann. Als André das Zazen abschloß, klapperte ich vor Kälte mit den Zähnen. Mitten in der Hitze des japanischen Sommers war ich regelrecht steifgefroren.

Gegen Ende August 1967 hatte ich das Gefühl, daß mir Japan nichts mehr bringen würde, zumindest nicht der Lebensstil, den ich in diesem Land pflegte. In Japan hatte ich einen Zipfel der westlichen Kultur kennengelernt, während jeder andere mit etwas Sensibilität in dieses Land gefahren wäre, um das traditionelle Japan zu entdecken. Ich verließ Japan, reiste noch einige Zeit quer duch Asien und kehrte nach Europa zurück. Damals dachte ich noch, ich würde mit etwas Zazen zu Hause, im Stil von zwanzig Minuten pro Tag, meine Lebensfragen lösen können. Aber nach etwa zwei Monaten meldeten sich meine Fragen nur noch stärker, und ich spürte nun ganz tief, daß ich mit Hilfe des Zen meinem Leben Sinn geben konnte.

Damals begann ich einen Aufenthalt im Kloster Shofuku-ji ins Auge zu fassen. Ich dachte, daß mir sechs Monate im Kloster eine Erfahrung vermitteln würden, die mich genügend prägen könnte. Es galt noch, die Angehörigen von der Notwendigkeit dieses Schrittes zu überzeugen. Aber wozu letztlich? Meine Entscheidung war gefallen, mich würde nichts mehr aufhalten. So verließ ich die Menschen, die ich liebte, meine Freunde, meine Familie, ebenso eine Arbeitsstelle, eine Stadt usw. Eine notwendige Trennung von meinen Leuten. Denn es würde unmöglich sein, anschließend wieder in die früheren Gegebenheiten zurückzukehren. Vorwärts zu gehen, in die Erfahrung eines Zen-Klosters, blieb die einzige Möglichkeit.

Die erste sommerliche Übungszeit im Shofuku-ji

Am 7. Mai 1968 habe ich mein erstes Hindernis überwunden: das erste Sesshin. Mein größter Wunsch ist nun, die direkte Unterweisung durch den Meister zu bekommen. Ich weiß aber nicht, wie man es anzustellen hat, daß man den Roshi in seiner Wohnung sprechen kann. Zu ihm zu gelangen ist alles andere als einfach. Zuerst muß man die entsprechende Bitte an den Verantwortlichen des Zendo richten, der leitet die Bitte an den Verantwortlichen des Zazen weiter, der seinerseits spricht mit dem Shikasan darüber, und dieser wird dann den Meister informieren. Da mein erster Versuch bereits danebenging, weiß ich von vornherein, daß diese Übermittlungsreihe nicht funktionieren wird. Ich habe zudem den Verdacht, daß der Shikasan Fremden gegenüber negativ eingestellt ist. Ich finde es legitim, vom nächsten Sesshin an wie jedermann mein Recht auf das Sanzen geltend zu machen. Denn die Laien, die sich im Kloster melden, wohnen normalerweise ein paar Tage bis ein paar Wochen in einem Zimmer des Verwaltungstrakts, das für diese Zwecke vorgesehen ist. Warum bin ich denn offiziell in den Zendo zugelassen worden? Vermutlich dachte der Shikasan, das wirksamste Mittel, mich wieder loszuwerden, sei, mich von Anfang an in die «Löwengrube» zu werfen – gemeint ist der Zendo, Mumon Roshi hatte ihn so getauft – und so mein Scheitern, den Grund für die Zurückweisung, zu provozieren. Ich zweifle, ob er meine Veranlagung zum Zen wahrgenommen hat, denn am Anfang war ich nicht einmal fähig, wenigstens fünf Minuten bewegungslos zu sitzen. Aber das alles sind Vermutungen.

Da das nächste große Sesshin kurz bevorsteht, kommt mir im Zazen die Idee, Mumon zu schreiben. Ich hoffe, daß ich auf diese Art und Weise bewirken kann, daß die entsprechende Anordnung von oben kommen wird. Ich beschreibe ihm meinen Fall: Für sechs Monate bin ich im Kloster; wenn man nun in meinem Fall die Regel, d. h., daß sich alle Laien vorerst sechs Monate gedulden müssen, bevor sie das Recht auf Sanzen haben, wortwörtlich durchsetzt, werde ich ohne Unterweisung wieder wegfahren. Ich lenke seine Aufmerksamkeit auf die Tatsache, daß ich während des ersten Sesshin die schlimmsten Schwierigkeiten durchgestanden habe und bereit bin, auch in der Zukunft mein Bestes zu geben. Meine Situation stelle eine Ausnahme dar, wäre es deshalb nicht möglich, diese Regel aufzuheben? Ich habe 10 000 Kilometer Fahrt auf mich genommen, um unter seiner Leitung Zen zu üben ...! Ich übergebe den Brief dem Mönch, der für die Einkäufe zuständig ist, und er wirft ihn ein. Ein oder zwei Tage später läßt man mich rufen, der Brief hat die gewünschte Wirkung erzielt. Der Meister gewährt mir ein Gespräch, die formellste Art von Gespräch, die denen vorbehalten ist, die an der direkten Unterweisung, am Sanzen, teilnehmen dürfen. Ich muß mich zum Shikasan begeben, der den Auftrag hat, mich dem Meister vorzustellen. Er führt mich in jenen Teil des Klosters, wo sich das Sanzen abspielt. Bevor wir in das Zimmer eintreten, wirft er sich dreimal auf den Boden und fordert mich auf, dasselbe zu tun. Ich führe es aus. Im Zimmer erwartet mich Mumon Roshi. Vor ihm wirft sich der Shikasan wieder dreimal auf den Boden und befiehlt mir, es ihm gleichzutun, was ich auch mache. Dann befiehlt er mir, mich im *Seiza,* im Fersensitz, dem Meister gegenüber hinzusetzen. Der Shikasan rückt etwas zur Seite, zieht aus seiner Tasche das Blatt Papier, das ich am Tag meiner Ankunft ausgefüllt habe, und übergibt es dem Meister. Mumon Roshi beginnt das Gespräch auf englisch, er will meinen Namen, mein Alter und den Zeitraum erfahren, über den ich für den Zen verfügen kann. Ich antworte ihm. Dann verbeugt sich der Shikasan dreimal und heißt mich erneut, dasselbe zu tun. Wir gehen aus dem Raum und vollziehen ein letztes Mal die drei Verbeugungen. Ich erlebte das

Ganze als sehr eindrücklich und zitterte wie ein Blatt. Das Gespräch beziehungsweise die Vorstellung war sehr schnell vorbeigegangen und hatte kaum ein paar Minuten gedauert.

Am ersten Juni beginnt noch vor Sonnenaufgang das große Sesshin mit dem Gang zur Pagode, und so gibt es an diesem Morgen noch kein Sanzen. Am Nachmittag springen die Mönche los: für das Sanzen, und ich mit ihnen. Und noch einmal hält man mich zurück. Ich verstehe gar nichts mehr, ich hatte mich so darauf gefreut. Man erklärt mir, daß ich am Abend mit dem Sanzen beginnen kann. Dieses Sanzen gleich am Anfang eines Sesshin, *Sosan* genannt, ist etwas Spezielles; an ihm müssen alle Mönche teilnehmen, ausgenommen jene, denen die Erlaubnis für die Gespräche mit dem Meister erst noch erteilt wird. Es findet traditionellerweise am ersten, vierten und siebten Tag eines Sesshin statt.

Am Abend nun kommt der Moment, und wir begeben uns in eine Art längliche, schmale Wartehalle neben dem Hondo und setzen uns nebeneinander in den Fersensitz, mit Blick auf einen kleinen Garten, und warten, bis wir an die Reihe kommen. Ich bin der letzte und warte sicher eine halbe Stunde im Seiza, in einer Stellung, die ich bisher noch nicht ausprobiert habe und die für die Schmerzen in meinen Beinen alles andere als hilfreich ist.

Bis zu meinem Platz dringen gelegentlich Stimmfetzen, gelegentlich die Geräusche von Stockschlägen. Die einzelnen Gespräche scheinen schnell abgeschlossen zu werden. Einmal, ein einziges Mal, und zwar Jahre später, wird ein Mönch Mumon Roshi in eine grandiose Wut versetzen. Sein Wutanfall wird solche Ausmaße annehmen, daß er sogar im Zendo zu hören sein wird, und das erst noch während einer ungewohnt langen Zeitspanne. Dieses unglaubliche Sanzen muß mindestens fünf Minuten gedauert haben, fünf unendliche Minuten, in denen dem armen Mönch zum Erstaunen seiner Kollegen ein Jahrhundertrüffel erteilt wurde. Wahrscheinlich hat dieser Mönch dem Meister in sehr direkter Art verkündet, er habe das *Satori*. Anders kann ich mir einen derartigen Wutanfall von Mumon Roshi gar nicht vorstellen.

Nun bin ich an der Reihe. Ich gehe zum Sanzen-Raum. Beim Eintreten einmal die Verbeugung, nicht dreimal wie am Vorabend, dann im Raum noch einmal die Verbeugung, diesmal vor dem Meister. Ich warte vor ihm, im Seiza.

Seine Frage nimmt mir den Atem (der bereits kurz war): «Was machen Sie hier?» Ich weiß nicht, wie ich die Frage verstehen soll. Heißt sie: «Was machen Sie hier vor mir? Sie würden besser auf Ihrem Meditationskissen sitzen. Sie rauben mir meine Zeit.» Oder: «Was machen Sie in diesem Kloster? Sie gehören doch offensichtlich nicht hierher.» Oder schließlich: «Was machen Sie auf dieser Erde? Haben Sie nicht schon genügend Zeit mit einem sinnlosen Leben verbracht?» Ich weiß keine Antwort, und ich wage nicht zu sagen: «Ich weiß es nicht.» Ich befürchte, daß ich ein ziemlich idiotisches Gesicht gemacht habe. Ich habe nicht den Mut, irgend etwas zu erklären, aus Angst, damit ein noch dümmeres Gesicht zu machen. «In diesem Fall», sagt er, «will ich Ihnen einen Koan geben.

Ein Mönch fragte Joshu: ‹Hat ein Hund die Buddha-Natur?›
Joshu antwortete: ‹Mu.›

Was denken Sie über die Antwort von Joshu: Mu?»

Er richtet seine Augen auf mich und schaut mich durchdringend an. Will er jetzt gleich eine Antwort? Er läutet eine kleine Glocke und signalisiert mit dieser Geste, daß das Gespräch beendet ist beziehungsweise daß er den folgenden Mönch ruft.

Ich verlasse rückwärts den Raum, wie es der Brauch ist, und werfe mich vor der Schwelle ein letztes Mal zu Boden. Mit einem Koan fühle ich mich stark, ich bin überzeugt, daß nun meine Probleme mit dem Zazen gelöst sind. Doch ehrlich gesagt: Jetzt erst beginnt der Ärger: Was soll ich mit diesem Koan? An welchem Ende soll ich ihn anpacken? Und wenn Zen das Nicht-Denken ist, wie soll ich den Koan lösen, ohne an ihn zu denken? Der Meister läßt mich allein, ich muß mir allein zu helfen wissen.

Dann das Sanzen am Abend:
Mumon: «Wie lautet Ihre Antwort?»
Ich habe keine Antwort. Deshalb sage ich: «Ich weiß es nicht.»
Mumon: «Ein Hund oder Sie, das ist dasselbe! Haben Sie die Buddha-Natur? Sie müssen darüber nachdenken und mir antworten.»
Die kleine Glocke.
Das Ganze hat nicht einmal zehn Sekunden gedauert.

Am zweiten Tag des Sesshin stecke ich wieder in den Schmerzen. Der Koan hat sie nicht verdrängt. Ich erleide wieder ein Martyrium. Und ich bin verzweifelt, feststellen zu müssen, daß sich keinerlei Fortschritt eingestellt hat. Ich hatte geglaubt, den Schmerz hinter mir zu haben, im Gegenteil. Die Meditationseinheiten folgen sich bis zu dem Augenblick, da ich nicht mehr kann. Plötzlich, intuitiv, ich weiß nicht, weshalb ich es tue, beginne ich zu hecheln, wie Hunde es tun, wenn ihnen zu heiß ist: den Mund offen, mit hängender Zunge, zwei, drei Minuten lang; das entsprechende Atemgeräusch vermeide ich. Zu meiner größten Überraschung nimmt der Schmerz ab und löst sich dann ganz auf. Mein Bewußtsein ist klar, es stellt sich nichts Tranceartiges ein. Der Schmerz ist einfach verschwunden oder fast verschwunden. Ich habe den Eindruck, im Luftraum zu schwimmen, mein Bewußtsein nimmt den Körper nicht mehr wahr. Dieser angenehme Zustand dauert allerdings nicht lange; aber in mir ist etwas Wichtiges passiert. Es ist meine erste tiefe Erfahrung.

Meine Haltung gegenüber dem Schmerz hatte sich geändert. Es gab zwar noch den realen Schmerz, der fast erträglich war, aber der Schmerz, den das Ego aufgebaut hatte, war weg. Bisher war es vor allem mein Ego gewesen, das gelitten hatte, ich hatte Ego-Schmerzen gehabt. Bis jetzt litt ich am Leiden, jetzt leide ich, Punkt! Von diesem Tag an war meine Reaktion gegenüber dem Schmerz eine völlig andere, und der Schmerz hat eigentlich nie mehr die Oberhand bekommen. Der Schmerz ist selbst kein Ziel, sondern zwingt uns zu Anstrengungen, mit deren Hilfe wir die eigenen Grenzen überschreiten können; und diese Anstrengungen sind notwendig, wenn wir die Zen-Erfahrung erreichen wollen. In diesem Sinn wurde es mir nach einiger Zeit sogar möglich, den Schmerz einzusetzen, um mein Zazen zu vertiefen.

Sanzen:

«Das Denken kann alles. Wenn ich denke, daß ich die Buddha-Natur habe, so habe ich sie. Wenn ich das nicht denke, so habe ich sie nicht.»

Mumon: «Zen hat nichts mit solchen Überlegungen zu tun.»

Die kleine Glocke.

«Ich weiß nicht, welche Bedeutung die Buddha-Natur letztlich besitzt.»

Mumon: «Die Buddha-Natur ist unsere wahre Natur, unsere authentische Natur, unsere eigene Natur.»

Die kleine Glocke.

«Wenn die Buddha-Natur ein Produkt unseres Geistes ist, werde ich sie vielleicht finden. Wenn es sich nicht um ein Produkt unseres Geistes handelt, habe ich keine Buddha-Natur.»

Mumon: «Zen hat nichts mit solchen Überlegungen zu tun.»

Glinglingling.

«Ich habe schreckliche Schmerzen in meinen Beinen.»

Mumon: «Das tut mir leid.»

Glinglingling.

Die Tage gehen vorbei, und ich experimentiere auf verschiedene Art und Weise mit dem Schmerz. Er kommt in Wellen, schwächt sich ab, kommt wieder in Brandungswellen und schwächt sich ab. Im Wellental denke ich an tausendundeine Sache, an meine

Zukunft, an mich selbst, ich denke auch an meine Freundin Ka.

Jeden Abend nach dem Zazen öffnet ein Mönch kurz mein Fenster, wirft sein Brötchen hinein, und ebenso schnell schließt er es wieder. Ich weiß nicht, wer es ist, welches Gesicht zu diesem großherzigen Wohltäter gehört. Ich vermute, daß Doji-san dahintersteckt. Aber er will anonym bleiben, deshalb versuche ich auch gar nicht, mehr darüber zu erfahren. Sicher ist es jemand, der auf dem Weg des Verzichts schon weit fortgeschritten ist. Kaum ist das Zazen vorbei, stürzen sich alle auf das Brötchen. Wie bringt er es fertig, darauf keine Lust mehr zu haben? Welcher Verzicht! Bei genauer Überlegung sage ich mir, daß meine nächsten Nachbarn, die ja diese Szene mitbekommen, eifersüchtig sein müssen, in aller Stille eifersüchtig. Doch verdienen sie das Brötchen so sehr wie ich? Sicher! – Ich bin mir nicht sicher, denn ich habe es unleugbar schwerer als alle andern.

Sanzen:

«Ich kann Ihnen keine Antwort geben. Ich bin zum Sanzen gekommen, weil ich dem Schmerz des Zazen entfliehen wollte.»

Mumon lacht und sagt: «Buddha hat gesagt: Alle menschlichen Wesen haben eine authentische Natur, eine edle Natur. Und Sie?»

Die kleine Glocke.

«Wenn Buddha gesagt hat, daß alle menschlichen Wesen die Buddha-Natur haben, und ich auch ein menschliches Wesen bin, so muß ich sie haben.»

Mumon: «Warum hat dann Joshu mit Mu geantwortet, als ihn der Mönch fragte, ob der Hund die Buddha-Natur hat?»

Die kleine Glocke.

Das Wort «Mu» ist schwer zu übersetzen, es bedeutet ein «nicht», aber ohne die Färbung des Negativen, wie sie Wörtern wie «Leere», «Vakuum», «Nichts» anhaftet. Das Ideogramm

«Mu», das inhaltlich dem Sanskritwort «Shunyata» entspricht, setzt sich aus einem «Bündel Stroh» und, darunter, dem «Feuer» zusammen. Mit anderen Worten: «Mu» ist das, was bleibt, wenn nichts mehr bleibt.

Sanzen:

«Buddha hat erklärt, daß wir alle unsere wahre Natur verwirklichen können. Wenn ich sie also nicht verwirkliche, kann ich mit dem Hund verglichen werden.»

Mumon: «Es nützt nichts, an den Hund zu denken. Sie müssen an sich denken, ausschließlich.»

Die kleine Glocke.

«Wenn ich ausschließlich an mich denke, vermischt sich alles und wird kompliziert, es gerät alles durcheinander.»

Mumon: «An das brauchen Sie nicht zu denken. Es gibt überhaupt nichts zu denken. Es gibt nur Mu.»

Die kleine Glocke.

Zurück in den Zendo. Das Wort «Zendo» kann mit «Zen-Halle» übersetzt werden oder mit «Ort, wo man Zen praktiziert». Zen besteht nun aber nicht nur aus dem Zazen; oder vielleicht müßte ich eher sagen, daß das Zazen verschiedene Formen annehmen kann, im wesentlichen: Zazen, die Rezitation der Sutras, Kin-hin, Essen, Takuhatsu und Samu. Alles, was man macht, sollte man so tun, daß man dabei den Blick ins eigene Innere lenkt.

Der Zendo ist in erster Linie der Ort, wo man diese Haltung lebt. Er besteht aus einer rechteckigen Halle von ungefähr hundertdreißig Quadratmetern. Er besitzt auf der Vorderseite und auf der Rückseite je eine große Öffnung. Auf der vorderen Seite befindet sich an der Außenwand eine dicke, rechteckige Holzplatte, *Han* genannt. Auf ihr steht als Kalligraphie das folgende Gedicht über das Thema der Vergänglichkeit:

«Geburt und Tod sind wichtige Ereignisse.
Wie flüchtig ist doch unser Leben!
Jede Minute ist wertvoll.
Die Zeit wartet auf niemanden.»

Diese Holzplatte wird in ihrer Mitte im Laufe der Zeit ausgehöhlt, weil man mit einem Holzhammer immer wieder auf diese Stelle schlägt. Der Klang dieser Holzplatte bestimmt die einzelnen Elemente des Tagesrhythmus. Diese Holzplatte ist aber zugleich ein Symbol für das Kloster, genauer gesagt: für die innere Suche, der man im Kloster nachgeht. Man muß soweit kommen, daß man dieses Holz durchdringt, d.h., man muß mit Hilfe der Ausdauer soweit kommen, daß man den eigenen Schild durchbricht und sich selbst ans Licht bringt. Dieser Han, der seit achtzig Jahren hier hängt, wird eines Tages durchbrochen werden. Und bei diesem «Durchbruch» wird man das strenge Leben für drei Tage unterbrechen. – Heute ist dieser inzwischen «gelöcherte» Han ausgestellt und hängt direkt oberhalb der Tafel mit den Regeln des Zendo.

Im Innern des Zendo verlaufen an den beiden Längsseiten die Fenster, Schiebefenster mit Papierfeldern. Diese Fenster mit dem Papier anstelle der Scheiben sind im Sommer sehr angenehm und im Winter eine Qual, denn sie werden beim Zazen am Abend immer geöffnet. Unterhalb der Fenster, etwa auf der Höhe von achtzig Zentimetern, erstreckt sich auf beiden Seiten ein Podest mit einer Tiefe von etwa zwei Metern. In der Mitte des Zendo befindet sich der vertiefte Raum von etwa zwei auf fünf Metern. Die beiden Podeste sind mit je fünfzehn Tatami bedeckt, ein Tatami neben dem anderen. Jeder Mönch hat das Anrecht auf ein Tatami, und zwar nicht auf irgendeines. Der Platz wird uns nach der zeitlichen Reihenfolge des Klostereintritts zugeteilt. Wir erben das jeweils frei gewordene Tatami unseres Vorgängers.

Unterhalb der Fenster verläuft auf der ganzen Länge des Zendo ein Sims von etwa fünfzig Zentimetern, er ragt etwa vierzig Zentimeter in den Bereich der Tatami hinein. Auf diesem Sims befinden sich Schränkchen, in denen man die persönlichen Sachen unterbringen kann. Dabei gibt es nicht unbedingt für jede Person ein eigenes Schränkchen. Ich zum Beispiel war von Anfang an gezwungen, mit meinem Nachbarn ein Schränkchen zu teilen.

Darunter, überhängend, ein Fach von etwa einem Meter Breite. Es dient zur Aufbewahrung der zusammengerollten Matratzen und anderer größerer Gegenstände. Ein Vorhang, der sich über die ganze Länge des Zendo hinzieht, verbirgt diese Fächer.

Es gibt keinerlei Heizung. Im Winter ist es im Innern des Zendo wirklich kalt, auch wenn das Klima der Kansai-Region, wo Kobe sich befindet, nicht als rauh gilt. Das Meditieren ist im Winter oft hart, denn Fenster und Türen bleiben offen wie im Sommer. Man lebt dann wirklich in einem Hotel «Durchzug».

Im Innern des Zendo gibt es die kleine Statue des Bodhisattva Manjushri, der traditionellerweise in jeden Meditationsraum gehört. Dieser Bodhisattva wird immer dargestellt, wie er auf einem Löwen sitzt, den er gezähmt hat.

Das Leben im Zendo ist ein Leben in der Gruppe ohne die geringste Möglichkeit eines persönlichen Raums. Man kann sich nicht zurückziehen. Vierundzwanzig auf vierundzwanzig Stunden ist man zusammen, doch die Art des Gruppenkontakts ist je nach Aktivität wieder eine andere. In diesem engen Rahmen muß man lernen, die anderen zu ertragen, den zu ertragen, der rechts von einem schnarcht, und den zu ertragen, der links von einem furzt. Doch:

> «Nicht notwendig sind Hügel und Bäche
> für eine ruhige Meditation.
> Ist der Geist in Ruhe,
> erfrischt sogar das Feuer.»

Dieses Zitat aus der *Anthologie des citations de la Forêt Zen* ist aus verschiedenen Gründen interessant.

Wenn unsere Entschlossenheit genügend stark ist, eine aufbauende, formende Entschlossenheit ist, dann braucht man tatsächlich keinem Ort mehr vorzuwerfen, er sei für die Zen-Praxis ungeeignet. Es ist bequem, die Umgebung anzuklagen; auf diese Art braucht man nicht weiter Zazen zu üben. Wenn die Entschlossenheit genügend tief verwurzelt ist, dann macht die Bombe, die in der Nachbarschaft einschlägt, nicht viel aus. Sicher bietet ein Zen-Kloster oder ein Zen-Zentrum die besten Bedingungen, damit sich eine tiefe Suche entfalten kann. Doch wenn man sein Zazen nicht vertieft, so hat das immer mit dem Ego zu tun, nicht mit dem Ort. Mögliche äußere Hindernisse sollten, wenn sie auftauchen, als Konzentrationshilfen eingesetzt werden. Wenn uns irgend etwas Äußeres vom Zazen ablenkt, will uns das letztlich helfen, unsere Konzentration zu verstärken und zu festigen und dadurch die Aufmerksamkeit von dem, was um uns herum geschieht, wegzulenken. Die strenge, kraftvolle Disziplin in den Klöstern hilft mit, die Ego-Reaktionen abzubauen. Die Disziplin als solche ist nicht das Ziel, sondern ein Werkzeug, das es uns leichter macht, die Hindernisse, die den Zugang zum wahren Selbst versperren, zu überwinden. Das ist der Grund, weshalb man eine Disziplin auferlegt; die Disziplin braucht man nicht zu lieben, sie ist nur ein Werkzeug. Wenn jemand die Disziplin als Disziplin lieben würde, hätte er sozusagen gar kein Verdienst, denn er müßte sich überhaupt nicht anstrengen, sich der Disziplin zu unterstellen. Mit der Zeit stellt man fest, daß man tatsächlich auch mitten in der größten Unruhe Zazen üben kann. «Ist der Geist in Ruhe, erfrischt sogar das Feuer.»

Sanzen:

«Ist Mu dasselbe wie Schmerz?»

Mumon: «Sie müssen Ihren Körper, Ihren Schmerz vergessen. Sie müssen an Joshus Mu denken, nur das.»

Die kleine Glocke.

Nach Hakuin (1686–1769), dem Begründer der aktuellen Rinzai-Tradition (chinesisch: Lin-tsi) des Zen – alle zeitgenössischen japanischen Meister dieser Tradition lassen ihre Übertragungslinie auf Hakuin zurückgehen –, sind für die Zen-Praxis drei Voraussetzungen unbedingt notwendig:

ein tief verwurzelter Glaube,
ein fester Zweifel und
eine unerschütterliche Ausdauer.

Was versteht man unter einem tief verwurzelten Glauben?

Buddha hat eine Lehre, eine Methode, eine Technik, hinterlassen, wie man die Realisierung des eigenen Wesens erreichen kann. Der Mensch ist in eine Bewegung eingespannt, die er nicht umkehren kann: Geburt, Alter, Krankheit, Tod. Eine Bewegung, die niemanden begeistert. Da man aus dieser Bewegung aber nicht aussteigen kann, wie kann man sie wenigstens so leben, daß man ihr nicht unterliegt? Indem man sich von dieser Bewegung löst. Damit das gelingt, braucht man einen tiefen Glauben an die Schritte, die diese Lösung ermöglichen, und einen tiefen Glauben in die eigenen Fähigkeiten. Dieser Glaube hat also nichts mit dem von den Christen gepriesenen Glauben zu tun, mit dem Glauben an ein Wesen, das es außerhalb von uns gibt und zu dem man betet. Seine wahre Natur zu erkennen und die als *Kensho* bezeichnete Erfahrung zu erlangen – das ist das grundsätzliche Ziel der Zen-Praxis. Der ganze Zen beruht auf dieser entscheidenden Erfahrung. Es ist gut, einen großen Glauben zu besitzen: in die Fähigkeiten, das eigene Ziel zu erreichen, und in die Fähigkeiten, den realen Ursprung des Lebens zu erreichen.

Ein fester Zweifel.

Im Zen sagt man: Je tiefer die Frage gestellt wird, desto größer ist anschließend die Verwirklichung. Es geht in diesem Zusammenhang nicht um den Zweifel an den eigenen Voraussetzungen, ob man das Erwachen, das Buddha, die Patriarchen und die Meister gepriesen haben, erreichen kann. Ein solcher Zweifel ist ein Zweifeln an sich selber, das alle Möglichkeiten der Befreiung lähmt. Selbstverständlich kann man im Lauf der Zen-Praxis Zweifel bekommen, diese Zweifel werden im Zen sogar aufgelistet: Zweifel an der Weisheit des Zen, Zweifel an der Lehre des Zen, Zweifel gegenüber dem Lehrer des Zen, Zweifel an den Methoden und Übungen, die in der Praxis vorgeschlagen werden, schließlich – wenn jemand überheblich und ungeduldig ist und in der Praxis Probleme auftauchen – Zweifel an der Ehrlichkeit derjenigen, die den Weg gehen und ihn verstehen. Es ist nicht wesentlich, sich über diese fünf Arten von Zweifel auszulassen oder sich genau auf diese fünf festzulegen; sie bilden einen kleinen Teil jener Hindernisse, denen man im Lauf der Zen-Praxis begegnet. Wichtig ist vielmehr: Diese verschiedenen Formen von Zweifel dürfen auf keinen Fall mit dem «festen Zweifel» verwechselt werden, um den es hier geht. Der feste Zweifel ist die große Frage nach dem Sinn des eigenen Lebens.

Eine unerschütterliche Ausdauer bedeutet: In jedem Augenblick setzt man sich ganz ein; man übt ohne Unterbrechung und ohne zu ermüden.

Diese drei Prinzipien sind, wie einige Leute sicher sagen würden, auch im Alltag anwendbar, wenn man z. B. irgendein Unternehmen zu einem guten Abschluß führen will. Bevor man etwas anpackt, stellt man sich unzählige Fragen und klärt die Probleme, die sich ergeben könnten. Das ist, in einem gewissen Sinn, der Zweifel, aber kein negativer Zweifel, der ein erfolgreiches Voranschreiten verhindert. Dann braucht es einen glühenden Glauben an das, was man unternehmen will. Ohne diesen Glauben ist die Realisierung dessen, was man unternimmt, nicht möglich. Und nur mit einer Ausdauer ohne Schwachstelle, einer Ausdauer, die mit allen Hindernissen fertig wird, kommt man ans Ziel seines Glaubens. Wenn wir regelmäßig Zen praktizieren und diese drei Grundhaltungen fest in uns verankert sind, dann kommen wir vorwärts. Wenn wir uns im übrigen nur schon darum bemühen, diese drei Grundhaltungen in uns aufzubauen, so ist das bereits ein Vorwärtsgehen.

Zen hat überhaupt mit unserem Alltag zu tun. Deshalb hat der berühmte chinesische Zen-Meister Ma-tsu, japanisch: Baso, betont, Zen sei die Art und Weise, wie man den Alltag lebt. Konkret heißt dies: Wenn man schläft, schläft man; wenn man ißt, ißt man. Und wenn man Zazen macht, macht man Zazen und nichts anderes.

Ich gehe zu allen Sanzen, auch wenn ich nichts zu sagen habe. Im letzten Moment finde ich jeweils irgendeine Eselei, die ich dem Meister vorlegen kann.

Sanzen:

«Wenn wirklich alles Mu ist, ist Mu alles. Und alles ist über Mu schon gesagt worden.»

Mumon: «Wo ist Ihre Buddha-Natur?»

«Überall.»

Mumon: «Weshalb war dann Joshus Antwort: Mu?»

Die kleine Glocke.

«Die Atmosphäre dieses Zimmers ist sehr tief.»

Mumon: «Darum geht es nicht. Sie müssen Ihre Buddha-Natur finden.»

Und mein Abgang.

«Ich weiß nicht, wie ich nach meiner Buddha-Natur suchen soll.»

Mumon: «Indem Sie eins sind mit Mu.»

Und ich bin draußen.

Bald beginnt das dritte große Sesshin der sommerlichen Übungszeit. Es ist nun sehr warm. Wir befinden uns mitten in der Regenperiode. In Japan erstreckt sich diese Regenperiode mehr oder weniger vom 1. Juni bis zum 1. Juli und gleicht eher dem Monsunregen als den Wolkenbrüchen in Südostasien, wie ich sie später mehrfach in Kambodscha und Malaysia erleben werde.

Nach der Regenperiode kommt die Zeit der Hitze, einer unerbittlichen, feuchten Hitze, die kaum zu ertragen ist. Sie ist Tag und Nacht ohne Unterschied auf dem Höhepunkt.

Der Schmerz in meinen Beinen schwächt sich gelegentlich ab, aber er beschäftigt mich noch. Während der kleinen Sesshin gelingt es mir zuweilen, mich zu entspannen. Ich finde auch an der Ästhetik des Zen Gefallen, nicht nur an der Architektur der Klosteranlage und an ihren Gärten, sondern auch an der Ästhetik der Askese. Und obwohl ich nach wie vor ein Schlafdefizit habe, schätze ich je länger, desto mehr den Yaza auf dem Platz vor dem Hondo: vor diesem gepflegten Garten mit seinen weise geharkten Kieselwellen. Er liegt da wie ein Mineralienmeer und funkelt in den Vollmondnächten. Und dann steht hier die große Steinlaterne. In keinem der vielen Zen-Gärten, die ich in der Folge noch besuchen werde, habe ich eine schönere Steinlaterne gesehen.

Der Aufstieg zur Pagode, am ersten und am fünfzehnten Tag jeden Monats, ist ein feierliches Ritual. Der Diener trägt eine Papierlaterne und spendet so Licht für die Schritte des Meisters. Die Mönche hinter ihm behelfen sich, so gut es geht, denn morgens um vier Uhr herrscht immer noch dunkle Nacht. Von hier oben sieht man über die Stadt und ihre unzähligen Lichter wie auch, etwas weiter entfernt, über den ununterbrochenen Betrieb des Hafens.

Das große Juli-Sesshin hat begonnen. Schon nach kurzer Zeit ist meine Unterwäsche naß vor Schweiß. Wann wird mein Zazen etwas erträglicher werden? Die Hitze, der Schmerz und das Schlafdefizit schaukeln sich in mir gegenseitig hoch. Wie beneide ich jene Mönche, die es fertigbringen, während des Zazen zu dösen. Sie haben keine Schmerzen in den Beinen. Ich klettere die Strickleiter nach unten, um mich selbst zu erkunden: Im Moment komme ich mir vor wie ein Kanalarbeiter, der im Dreck herumstiefelt. Während des Zazen ist mein Kopf von einem Sturm aus Bildfragmenten erfüllt. Nach den Reinigungsarbeiten und bevor wir das abendliche Zazen beginnen, fülle ich zwei

Eimer mit kaltem Wasser, steige zur Pagode hinauf und bespritze mich, um mich zu erfrischen. Doch nach zwanzig Minuten Zazen sind meine Kleider bis auf den Koromo zum Auswringen naß.

Sanzen:

«Wenn ich versuche, mich auf Mu zu konzentrieren, entzieht es sich meinem Geist sofort. Ich habe den Eindruck, daß ich es nie fassen kann.»

Mumon: «Sie müssen aber Mu fassen. Auf jeden Fall.»

Die kleine Glocke.

An einem Abend fällt mir nach dem Zazen auf, daß sich ein Mönch vor sein Schränkchen stellt und es ganz sorgfältig und ohne Geräusch öffnet. Was hat er vor? Ich kann es nur schwer erkennen, denn er versteckt seine Bewegungen mit den Ärmeln des Koromo. Tatsächlich, er zündet sich verstohlen eine Zigarette an, raucht zwei, drei hastige Züge und löscht sie dann sofort, noch bevor Rauch aufsteigen kann, in einer Schale. Jeden Abend ohne Ausnahme spielt er seine Nummer. Einmal kann ich mich nicht mehr beherrschen und frage ihn, weshalb er das tut, und er antwortet mir einfach: «This is comfort.» Eine eigenartige Vorstellung von Behaglichkeit in diesem speziellen Umfeld eines Klosters!

Daß ich ihn eher unsanft angesprochen habe, hängt mit der Schale zusammen, die er als Aschenbecher benützt und die ich entdeckt habe. Ich bin entsetzt, daß er eine solche Schale dafür einsetzt, denn sie ist von Hakusan, einem der Mönche der Reihe gegenüber, von Hand gestaltet worden. Da mir diese Schale sehr gefällt, suche ich nach einem anderen Gefäß, das ihm als Aschenbecher dienen kann. Er ist mit dem Tausch einverstanden. Diese Schale gibt es immer noch, und es kommt vor, daß ich sie benütze, wenn ich Tee trinke. Hakusan hingegen, ihn gibt es nicht mehr.

Der Mönch Hakusan praktizierte Zen mit sehr viel Ernst und

sprach wenig mit den anderen. Ich mochte ihn wegen seines Eifers, mit dem er Tag für Tag übte. Gelegentlich fiel mir auf, daß er nach dem Sanzen weinte. Als ich eines Tages vom Reiun-in, wo ich in den Zeiten zwischen den Übungsphasen weilte, zurückkam, vernahm ich, daß er gestorben war. Als ich mehr hören wollte, sagte man mir, er hätte sich im Feuer aufgeopfert. Schon seit einigen Jahren beschäftigte er sich mit einem Koan, mit dem er nicht weiterkam. Seine Vorstellung von Leben hieß nun aber, das Erwachen zu erreichen, und wenn er es nicht erreichte, so lohnte es sich seiner Meinung nach nicht weiterzuleben. Er wurde dann etwas Unnützes, ein Wesen ohne Lebenssinn. Da er die Mauer des Koan, die Mauer zu sich selber, nicht durchbrechen konnte, beschloß er, sich im Feuer aufzuopfern. Ich denke, daß er doch einen bestimmten Grad der Verwirklichung schon gehabt haben mußte, um sich überhaupt dessen bewußt zu sein, daß er noch nicht verwirklicht war.

Noch zwei kleine Sesshin, und die Übungszeit des Sommers wird zu Ende sein. Das Klosterleben umfaßt zwei intensive Übungszeiten: eine im Sommer und eine im Winter. Die Übungszeit des Sommers endet am 2. August.

Zwischen den Übungszeiten, wenn die Askese nicht im Vordergrund steht, haben die Mönche die Erlaubnis, für einige Tage nach Hause zu fahren. Wer keine Ahnung hat, wo er hinfahren soll, kann auch im Kloster bleiben und sich um den Unterhalt des Klosters kümmern.

Da ich nicht nach Hause fahren kann, schlägt man mir vor, nach Kioto zu gehen, und zwar in den persönlichen Tempel von Mumon Roshi: den Reiun-in. Hier hält sich der Meister normalerweise auf, sobald die klösterlichen Übungsphasen zu Ende sind. In der Zeit zwischen den Übungszeiten läuft im Shofukuji nichts, oder fast nichts außer eben den Unterhaltsarbeiten des Klosters, so daß die Mönche am Abend auch den Sake trinken, den die dem Kloster verbundenen Laien während des Jahres gespendet haben.

Diese Unterbrechung der Übungszeit ist wesentlich. Sie erlaubt eine Standortbestimmung, läßt bewußt werden, was man geleistet hat und was nach zusätzlicher Anstrengung verlangt. Man hat etwas von einem Wagen, der gestoppt wird, damit man nachtanken kann.

Doch die Übungszeit ist noch nicht zu Ende, und es ist nun schrecklich heiß. Der Samu ist tagsüber fast nicht zu ertragen.

Sanzen:

«Ich versuche das Schmerzgefühl zu töten, indem ich mich auf Mu konzentriere.»

Mumon: «Denken Sie nicht! Mu bedeutet nichts oder Nicht-Denken. Zen hat nichts mit Überlegungen zu tun.»

Die kleine Glocke.

«Zen ist allen Lebewesen gegenüber voller Respekt. Wenn ich nun rund um den Zendo wische, zerstöre ich Ameisen. Was soll ich tun?»

Mumon: «Konzentrieren Sie sich nur auf den Koan. Um die Ameisen brauchen Sie sich nicht zu kümmern.»

Die kleine Glocke.

«Es sind nun gut zwei Monate, seit ich hier bin. Und ich kann in meinem Zazen keinerlei Fortschritt feststellen. Immer denke ich und denke und denke ...»

Mumon: «Konzentrieren Sie sich einfach auf Mu, Mu, Mu.»

Die kleine Glocke.

«Wenn alles eine Illusion ist, dann ergeben alle Illusionen zusammen das Leben.»

Mumon: «So formuliert der Intellekt. Konzentrieren Sie sich einfach auf Mu.»

Die kleine Glocke.

«Alle meine intellektuellen Antworten auf Mu weisen Sie systematisch zurück. Also darf ich keine intellektuelle Antwort auf Mu geben. Mu ist Mu, das ist alles.»

Mumon: «Wozu diese lange Antwort? Seien Sie eins mit Ihrem Koan.»

Die kleine Glocke.

Zur Hitze kommt jetzt noch die Mückenplage hinzu: dicke, fürchterliche Stechmücken, frisch aus den bewaldeten Hügeln der Umgebung. Während des Zazen ist das wirklich nicht mehr auszuhalten. Vor allem während der Meditationseinheit mit dem Keisaku: Niemand darf sich bewegen, und eine dieser Mücken setzt sich ausgerechnet auf meine Nasenspitze... Man kann sich ausmalen, wie ich mich fühle!

Sanzen:

«Gestern abend mußte ich während des Yaza weinen. Es macht mir zu schaffen, daß es zwischen den Mönchen so wenig menschliche Wärme gibt.»

Mumon: «Sie brauchen sich nur auf Mu zu konzentieren. Sie werden in sich selber die Einheit erfahren, wenn Sie eins sind mit Mu, nur so.»

Die kleine Glocke.

Drei Tage vor dem Ende der sommerlichen Übungszeit wird bekanntgegeben: *Kotai soji* (Reinigungsarbeiten wegen des Wechsels). Acht Personen und der Obere leben im Verwaltungstrakt des Klosters: die beiden Köche, die beiden Verantwortlichen der Sutrarezitation, die beiden Verantwortlichen des Klosterunterhalts und die beiden Diener des Meisters. Diese acht Mönche, die aus den Mönchen des Zendo ausgewählt worden sind, erfüllen sechs Monate lang die Aufgabe, die ihnen übertragen worden ist. Dann kehren sie in den Zendo zurück.

Heute ist mir klar: Das Faktum, daß ich Ausländer war, machte damals den Mönchen Probleme. Und doch übertrug man mir zweimal hintereinander die Aufgabe des *Tenzo,* des

Klosterkochs. Das ist eine zentrale Aufgabe. Der Tenzo hat nur wenige Elemente zur Verfügung, und mit denen muß er seine Küche zum Stimmen bringen. Er benützt mehr oder weniger immer dieselben Bestandteile: Reis und Gemüse. Er muß darauf achten, daß die Mahlzeiten immer schmecken, denn das Essen ist wirklich noch das einzige Vergnügen, das im Kloster bleibt. Er muß aber auch darauf achten, daß die Mahlzeiten immer gleich schmecken. Es ist wichtig, daß keine Wahl notwendig wird. Daß man nicht zu wählen braucht, verhindert, daß man reflektiert oder den Vorlieben des Ego nachgeht. Die Küche des Shofuku-ji hat zudem ihre Eigenheit: Der Takuan, der von den Mönchen zubereitet wird, ist einmalig – was nicht bedeutet, daß er der beste Takuan ist. Es gibt für seine Zubereitung einen eigenen Keller, den man wegen seines Geruchs nicht gern aufsucht. Es gibt in Japan kein Zen-Kloster, das nicht seinen eigenen Takuan zubereitet.

Das große Reinemachen also: Alles wird geputzt, von der Pagode, dem höchsten Punkt des Klosters, bis zur Treppe, die zum Klostereingang hinaufführt. Drei Tage Reinigung mit viel Wasser. Das geschieht auf diese Art zweimal im Jahr: immer bevor eine neue Übungszeit beginnt und ebenfalls vor dem Neujahr.

Meister Mumon hatte auf einer großen Holztafel mit chinesischer Tusche eine Kalligraphie gestaltet: die Regeln des Zendo, und diese Holztafel ersetzte die frühere, die mit der Zeit unleserlich geworden war. Die neue Holztafel war oberhalb des Eingangs in den Zendo angebracht worden. Nun beauftragt man mich, diesen Bereich zu reinigen. Und ich lege los, sitze auf einer Leiter und wasche mit einem wasserdurchtränkten Lappen die Westfassade des Zendo. Katastrophe! Die Tusche bekommt Wasser ab und zerläuft auf der Holztafel. Ich habe die Regeln ausgelöscht! Die Oberen schreien, es hagelt Flüche und Beleidigungen, die nicht zu übersetzen sind ... Noch heute sind die Spuren dieser Reinigung sichtbar.

Der erste Sommer im Reiun-in

Im August 1968 erhalte ich nach drei Monaten Klosterleben die Erlaubnis, mich nach Kioto zu begeben, und zwar in den Reiun-in-Tempel, der einen Teil der berühmten Anlage von Myoshin-ji darstellt, des größten Tempelkomplexes des Rinzai-Zen in Japan. Zu dieser Zen-Richtung gehören in Japan, verstreut über das ganze Land, mehr als sechstausend Tempel.

Wenn ich an Shofuku-ji denke, an das, was dieses Kloster mir im ästhetischen und spirituellen Sinn bedeutet, so betrachte ich es als das Kloster aller Klöster. Auf dieselbe Art kann ich auch sagen, das der Reiun-in für mich der Tempel aller Tempel ist. Wenige Zen-Tempel besitzen seine Schönheit. Er hat zudem das Glück, daß er den Tourismus nicht braucht, um überleben zu können; auf diese Art ist er geschützt. Es gibt hier keine Massentouristen, keine albernen Gartenfans, die im Eilschritt von Tempel zu Tempel rennen, um möglichst viel sehen zu können.

Nach der Zeit im Kloster kommt mir das Leben im Reiun-in wie Ferien vor. In diesem Tempel leben Studenten der Rinzai-Universität von Hanazono, die in der Nähe des Myoshin-ji liegt. Am Morgen um fünf Uhr dreißig eine halbe Stunde Sutras. Anschließend die Reinigung der Gänge, sie werden gescheuert; und die Gärten werden gewischt. Das alles nimmt etwa eine Stunde in Anspruch. Nach den Reinigungsarbeiten das Frühstück. Die Studenten gehen dann ihren Studien nach, und ich bin frei. Ich bewohne einen kleinen Raum neben dem Hondo, der normalerweise als Rumpelkammer dient und den ich aufgeräumt habe. Ich verfüge also über eine ganz persönliche Ecke, über ein Kissen und einen niedrigen Tisch. Ich benütze die freie Zeit, um möglichst viele Bücher über Zen zu verschlingen, auf englisch, denn es gibt auf französisch erst wenige fundierte Werke.

Der Verantwortliche des Tempels, Gan-san, ist der erste Schüler von Mumon Roshi, der die Übungszeit der klösterlichen Askese im Shofuku-ji beendet hat. Er übt nun die «Zeit danach», das Nach-*Shugyo:* Er bringt seine spirituelle Erfahrung auf «Hochglanz»; was er im Kloster verwirklicht hat, versucht er nun im alltäglichen Leben anzuwenden. Normalerweise geht man davon aus, daß diese Übungsphase etwa fünf Jahre dauert. – Später wird Gan-san als Nachfolger von Mumon Roshi die Leitung des Shofuku-ji übernehmen, er wird zum Kohno Taïtsu Roshi.

Nach dem Frühstück gehen Gan-san, Chandra (ein anderer Mönch) und ich ins Zenbunka, ein Institut für Zen-Studien, das Mumon Roshi gegründet hat und dessen Gebäude sich gleich an die Universität von Hanazono anschließt. Dort üben wir gemeinsam mit jenen Studenten, die ihre Studien durch die Zen-Praxis ergänzen möchten, eine Stunde lang Zazen.

Tagsüber, wenn die Studenten an der Universität sind, ist der Tempelbereich mehr oder weniger ausgestorben. Tausend Orte, einer so schön wie der andere, stehen mir zur Verfügung, um Zazen zu üben: Ich meditiere vor einer Kiefer, einem Felsen, einem Teich oder einem Miniaturgarten. Und wenn ich für meinen Koan eine Antwort gefunden habe, die ich als zutreffend erachte, bitte ich jeweils Mumon Roshi, mich für ein Sanzen zu empfangen.

In der Nacht übe ich Yaza. Der Vollmond läßt die Tempeldächer leuchten. Ihre Umrisse wie auch die Gestalt der knorrigen Kieferäste im Moosgarten heben sich gegen den hellen Himmel ab.

Tagsüber nehme ich mir zwischen den Zeiten für Zazen, die ich ganz in meinem Rhythmus angehe, auch ausgiebig Raum für die Reflexion. Der Gesang der Grillen läuft auf voller Stärke.

Eines Tages, am Ende einer Meditation, bleibe ich noch auf meinem Kissen sitzen und betrachte meine Umgebung. Mein

Blick fällt auf einen Stein im Zen-Garten. Er ist etwas größer als ein Stein, aber noch nicht ganz ein Fels. Und auf einmal kann ich diesen Stein, den ich zuvor schon unzählige Male gesehen habe, *sehen*. Er ist nicht einfach nur grau. Sein Grau besitzt unglaublich viele Schattierungen. Ich habe noch nie wahrgenommen, daß ein Stein so schön sein kann. Dann, nach einer längeren Zeit, richten sich meine Augen auf das Moos. Oh, dieses Moos, sein außerordentliches Grün! Und die Kiefer, die Rinde der Kiefer! Ich sehe sie plötzlich in Farben, die meine Augen bisher nicht wahrgenommen haben. Ein Jubel! Ich springe in den Garten und gehe mit nackten Füßen durch das Moos. Ich stecke meine Nase ins Moos und umarme den Stein. Daß die Schicht von Nebel und Verworrenheit sich aufgelöst hat, hängt mit den gewaltigen Anstrengungen zusammen, die ich mir in den vergangenen Monaten abverlangt habe. Das ist meine zweite Zen-Erfahrung. Denn in Wirklichkeit hat das Moos schon immer diese Farbe und seine zierliche Form gehabt, und die Steine hatten immer ihre Farbnuancen, aber ich hatte sie nie in ihrer wahren Farbe gesehen.

In Reiun-in und vor allem im Kontakt mit der Rinzai-Universität konnte ich mir nun ein genaueres Bild von den Eigenheiten des Rinzai-Zen machen.

Einige Zeit nach meiner Ankunft im Shofuku-ji hatte ich zwei Mönche von Rinzai-Zen und Soto-Zen reden hören. Und naiv hatte ich gefragt, welche Art von Zen man denn im Shofuku-ji praktizieren würde. Lachend hatten sie mir geantwortet: «Rinzai!» Ich selber hatte nicht zwischen den beiden Richtungen gewählt; Rinzai hatte sich mir schlicht und einfach aufgedrängt.

Die Rinzai-Richtung ist durch den chinesischen Meister Lin-Tsi (japanisch: Rinzai Gigen) gegründet worden und erlebte in China eine große Blüte. Seine Lehre verbreitete sich auch im Japan des zwölften Jahrhunderts und wurde später von den Samurais sehr geschätzt. Zur Zeit gibt es in Japan vierzehn Orden des Rinzai-Zen und unzählige Tempel. Der Rinzai-Zen ist bekannt für die Härte seines Übungswegs und für seine sehr strengen Regeln. Eine seiner Eigenheiten (auch wenn sie nicht überall anzutreffen ist) ist die Arbeit mit dem Koan. Ko bedeutet «öffentlich» und An «Urkunde»; wörtlich heißt Koan also «öffentliche Urkunde», eine «durch die Regierung öffentlich bekanntgegebene Urkunde». Der Koan dient als Werkzeug, um den Geist des Schülers für die Wahrheit zu öffnen. Dank dieser Methode kann er zur selben inneren Erfahrung gelangen wie sein Meister.

Im Rinzai-Zen geschieht die Weitergabe der Koan in einer mündlichen und geheimen Vermittlung vom Meister zum Schüler. Es gibt drei wichtige Koan-Sammlungen, eine einzige ist bisher auf französisch übersetzt worden: *Mumonkan – Die Schranke ohne Tor.* Diese Sammlung von achtundvierzig Koan beginnt mit dem Koan von «Joshus Mu». Dieser Koan gehört zu den drei Basis-Koan, aus denen der Meister für seinen Schüler einen auswählen kann. Der zweite von ihnen lautet: «Vor der Geburt deiner Eltern: Welches ist dein ursprüngliches Gesicht?» Und der dritte: «Wenn man die Hände zusammenschlägt, gibt es einen Ton. Wie klingt der Ton der einen Hand?» Diese Arbeit mit dem Koan ermöglicht es, zu den eigenen Quellen vorzustoßen: Man durchdringt die geheimnisvollen Bedeutungen, zerstört die Welt von Geburt und Tod und läßt seine Neigungen und Leidenschaften hinter sich (ohne sie zu zerstören). – Ich verrate die mündliche Tradition nicht, wenn ich diese Koan bekanntgebe. Was ich erzähle, können alle in japanischen Büchern über Zen selber entdecken.

Es ist schwierig, diese Methode der Selbstbetrachtung westlichen Menschen zugänglich zu machen. Denn sie wird im Westen sehr oft schlecht verstanden und ungenügend erläutert. Es gibt Leute – zum Teil gehören sie zu anderen Zen-Richtungen –, die den Rinzai-Zen und seine Koan in Verruf bringen, ohne daß sie selber fähig sind, ihren Sinn oder ihren Zweck zu erfassen. Jeder Koan ist eine Lehre für sich. Es handelt sich beim Koan nicht nur, wie man das gelegentlich lesen kann, um eine Konzentrationshilfe für den Schüler; er vermittelt auch eine Lehre.

Das genaue Verständnis und der tiefere Sinn eines Koan sind einem Studenten oft nicht zugänglich. Wenn ein Koan in dem Moment, da er ausgesprochen wird, auch durch den Verstand erfaßt wird, muß er anschließend einem langen Reifungsprozeß, einer langen Mazeration ausgesetzt werden, und zwar im Körper und im Geist. Es braucht oft mehrere Tage, sogar mehrere Wochen, bis man den Koan vom Verstand in den Geist und in den Körper gebracht hat. Die Verarbeitung des Koan muß auf zwei Arten geschehen: auf der einen Seite die geistige Konzentration, ohne die die Bedeutung des Koan gar nicht erfaßt werden kann; auf der anderen Seite die Untersuchung, eine Art Gemisch von Konzentration und Nachdenken über den Koan. Die beste und vollkommenste Beschäftigung mit dem Koan stellt sich dann ein, wenn man vom Koan total in Anspruch genommen wird und mit dem Koan eins ist: Vierundzwanzig Stunden auf vierundzwanzig Stunden bilden der Koan und die eigene Person eine Einheit. Der Koan muß zur wichtigsten Sache der Welt werden. Man muß mit dem Koan so umgehen, daß man alle Energien auf ihn lenkt. Wer einen Koan durchläuft, erklimmt eine weitere Stufe in der Selbstverwirklichung.

Es geht also nicht darum, einen Koan intuitiv zu erfassen oder mit logischen Überlegungen zu lösen. Um einen Koan zu durchlaufen, genügt es nicht, ihn zu verstehen, man muß zu diesem Koan *werden.* Die Intuition genügt nicht, die Antwort muß etwas zum Ausdruck bringen, das man lebt. Ein Beispiel: Ein Mann schlägt den Rekord im Tiefseetauchen, indem er mehr als hundertzwanzig Meter tief hinuntersteigt. Dank eines regelmäßigen Trainings kann er eine solche Leistung erbringen. Jeder dazugewonnene Meter ist eine eigene Erfahrung in dem Sinn, als dieser Mensch mit jedem neuen Meter auch etwas in sich selber meistert. Je weiter er in diesem Abenteuer vorstößt – und ist Zen nicht auch ein Abenteuer? –, desto mehr entdeckt er eine neue Welt: Die Arten von Lebewesen, die sich in dreißig Metern Tiefe finden, gibt es in zwanzig Metern Tiefe nicht, und die Arten in fünfzig Metern Tiefe nicht in vierzig Metern Tiefe. Je mehr er fähig ist, in die Tiefe zu gehen, desto mehr vollziehen sein Körper und sein Geist jene Veränderungen mit, die notwendig sind, wenn er den viel größeren Druck aushalten soll. Im Zen ist jeder Koan ein Meter. Wenn Mumon Roshi mir einen Koan gab, war es die Anziehungskraft dieses neuen Koan, die mich dazu brachte, die Anstrengung zustandezubringen, die nötig war, um diesen Meter zu schaffen. Mit jedem Koan verändern sich der Körper und der Geist. Es gibt den Geist nicht ohne den Körper und den Körper nicht ohne den Geist. In keinem einzigen Augenblick des Tages oder der Nacht sind unsere Gedanken frei. Sei es während einer Mahlzeit, einer körperlichen Arbeit, des Bettelgangs, sei es im Stehen, Sitzen oder Liegen: Der Koan muß immer die Mitte der Konzentration-Reflexion bilden. Der Koan muß den Geist ausfüllen – muß sogar zum Geist, zum Körper werden. Ich identifiziere mich mit dem Koan, ich bin der Koan, und ich vergesse, daß ich arbeite, esse oder bettle. Wenn ich im Garten Unkraut jäte, konzentriere ich mich nicht in erster Linie auf das Ausreißen, sondern auf den Koan. Dadurch wird auch das Ausreißen des Unkrauts zur Meditation, zum Zazen.

Wenn jemand einen Koan hinter sich hat, klopft ihm der Meister nicht auf die Schulter, um zu gratulieren, sondern er geht gleich zum nächsten Koan weiter. Auf diese Weise ist es unmöglich, daß jemand einschläft und es sich bequem macht. Grundsätzlich gibt es zwei Antworten auf einen Koan: die eigene Antwort und die tradierte Antwort, die der Meister auch an den Schüler weitergibt. Wenn die eigene Antwort auf einen Koan zum Beispiel lautet: «Heute ist es heiß», so kann die tradierte Antwort vielleicht lauten: «Es ist nicht kalt heute.» Auf jeden Fall ist die Formulierung «Heute ist es heiß» das Ergebnis eines langen Reifeprozesses und bezeugt das richtige und tiefe Verständnis des Koan. Und damit die Tradition weiterlebt, vertraut der Meister seinem Schüler auch die tradierte Formulierung an.

Es gibt etwa dreißig solcher Koan-Tests. Es werden einem Schüler aber nie alle vorgelegt. Der Meister entscheidet, welchen Koan er seinem Schüler gibt. Die Koan sind in einer oder zwei Sammlungen zusammengestellt worden, d. h. nur der Wortlaut der Koan, nie die entsprechenden Antworten. Gelegentlich sprechen Anfänger unter sich über die Koan, die ihnen vorgelegt worden sind, vielleicht geben sie einander auch die Antworten weiter. Unter den auf dem Weg weiter Fortgeschrittenen geschieht das nie.

Viele Meister halten ihre Teisho, ihre Ansprachen, über bestimmte Koan, und oft werden solche Teisho auch veröffentlicht. Wenn ein Meister in seiner Ansprache ein Koan interpretiert, so will er damit seine Schüler in ihrer Übung ermutigen, aber nicht ihnen helfen, die Antwort zu finden. Noch nie hat mir die Lektüre eines Buches oder einer Teisho-Veröffentlichung geholfen, die Antwort auf den Koan zu finden, mit dem ich eben arbeitete. Die Haltung der Meister ist somit durchaus paradox: Sie halten Vorträge über die Koan und verkünden sonst ununterbrochen, daß das echte Verständnis eines Koan nichts mit dem Verstand zu tun hat. In Wirklichkeit wünscht der Meister, daß der Schüler loslassen kann und dem Koan nicht mehr nachjagt. Damit er den Schüler zum Loslassen bringt, fügt er ständig neue Aussagen hinzu. Er übersättigt ihn mit Erklärungen, die ihn nur verwirren, und dann, im richtigen Moment, wenn es zuviel wird, gibt der Schüler nach und läßt los.

Die winterliche Übungszeit

Am Ende des Sommers kehre ich ins Shofuku-ji zurück und beginne das Zen-Training mit einem neuen Blick und einem neuen Herzen. Die Bücher, die ich inzwischen gelesen habe, und die Erfahrung, die ich machen durfte, haben meiner Suche einen neuen Sinn gegeben. Im Reiun-in habe ich auch meine Gesundheit wieder stärken können. Und doch: Bereits beim ersten kleinen Sesshin zu Beginn der Winter-Übungszeit halte ich mir fest: «Geistiger Zustand: unbeschreiblich. Jede Stunde Stimmungswechsel. Ich habe Lust, mit allem aufzuhören. Ich kann mich nicht ausstehen. Mein Kopf wird von Gedanken überschwemmt. Die Sitzhaltung kann ich nicht länger als zwanzig Minuten durchhalten, und auch das nur mit den allergrößten Schwierigkeiten.»

Während der winterlichen Übungszeit beginnen die großen Sesshin jeweils am fünfzehnten des Monats. Ein paar Tage vor dem Beginn des Oktober-Sesshin sehe ich im Zendo einen Neuen, einen Fremden: einen Italiener mit dem Vornamen Luigi, wir nennen ihn Gigi, was auf japanisch «der Alte» heißt (so wie Baba «die Alte» bedeutet). Er ist Bergführer und will einige Zeit bleiben.

In den westlichen Zen-Kreisen war bekannt geworden, daß sich seit ein paar Monaten ein Fremder (ich in diesem Fall) in einem japanischen Kloster aufhielt; das regte ein paar Amerikaner und Europäer an, die selbe Erfahrung zu versuchen – was dazu führte, daß wir bei einer Übungszeit im Shofuku-ji sieben Fremde waren, die Zen übten: Neben mir und dem italienischen Mönch, der den Namen Taïno erhielt, waren es vier oder fünf Amerikaner, ein Mexikaner und ein Franzose. Die Amerikaner verschwanden als erste wieder. Bereits am zweiten Tag der

Übungszeit waren zwei wieder verschwunden. Die anderen hielten ein paar Wochen durch und der Franzose ein Jahr oder etwas mehr. Ich erinnere mich, daß ich ihn im Verlauf seines ersten Sesshin während einer Pause fragte, ob er nicht zu starke Schmerzen in den Beinen verspüren würde. Und er antwortete mir, daß er vor allem während des Kin-hin leichte Schmerzen habe.

15. Oktober: Das große Sesshin und sein entfesselter Zazen-Rhythmus sind wieder da. Ich habe immer noch starke Schmerzen in den Beinen. Ich bin bedrückt. In diesen letzten Wochen hatte ich den Eindruck, wirklich Fortschritte gemacht zu haben und über biegsamere Gelenke zu verfügen. Nun habe ich das beängstigende Gefühl, den Sitz nie einhalten zu können außer mit diesen Dolchstichen in den Beinen.

Dieses Gefühl ist so stark, daß ich schon am ersten Abend den Entschluß fasse, mich nicht mehr zu bewegen, mag kommen, was da will. Auch wenn mir die Beine abfallen, auch auf die Gefahr hin, daß ich auf meinem Kissen draufgehe: Ich ändere an meiner Sitzhaltung nichts.

Auf diese Art fand ich einen neuen Zugang zum Schmerz: Ich versuche nicht mehr, ihn zu fliehen, ich erwarte ihn vielmehr gewappnet. Das ist die einzige Möglichkeit, mein Meditieren zu vertiefen. Trotz der – unvermeidlichen – Schmerzen bewege ich mich nicht. Ich muß über diese Schmerzen hinauskommen, andernfalls haben sie das Sagen. Ich verstehe nun, daß ich den Schmerz beherrschen muß oder von ihm beherrscht werde. Wenn ich nicht beherrscht werden will, gibt es keine andere Wahl, als mich in eine ständige spirituelle Hochspannung zu versetzen und selbst den Ton anzugeben.

Während der winterlichen Übungszeit beginnt das abendliche Zazen um siebzehn Uhr und geht um dreiundzwanzig Uhr zu Ende: sechs Stunden Zazen, die eine Stunde Yaza mit einbegriffen, bis zur Schlafenszeit, und während dieser sechs Stunden immerhin eine kleine halbe Stunde Pause. Ich versuche, mit meinem Koan eins zu sein. Und doch steigen ständig Fragen hoch.

Weshalb sagt der Meister, man müsse mit dem Koan eins sein, seine wahre Natur sehen, seine wahre Natur verwirklichen. – Kensho. Erleuchtung. Satori. Ist es das, was ich ersehne, wenn ich Zen übe? Man muß von einer echten Sehnsucht beseelt sein, es zu erreichen, sonst gelingt es nicht.

Das Sesshin läuft weiter – mit den Schmerzen. Das ist nun meine Art zu meditieren. Intuitiv weiß ich, daß die Vertiefung meiner Meditation aus der Beherrschung des Schmerzes kommt. Es ist nicht zu heiß und nicht zu kalt, genau die richtige Temperatur für Mitte Oktober. Nur am Abend beim Yaza kühlt es etwas ab. Das Sesshin bekommt einen glücklichen Abschluß. Ich bin zufrieden, daß ich diesem Drang, bei zu starken Schmerzen die Stellung meiner Beine zu öffnen, nicht nachgegeben habe.

Nun erzählt man mir etwas, was mich verblüfft: Vom ersten bis zum achten Dezember gibt es im Shofuku-ji und in den anderen Zen-Klöstern der Rinzai-Tradition ein besonders strenges Sesshin: das *Rohatsu*. Dann sind also die Sesshin, die wir abhalten, in Sachen Askese gar nicht das Härteste, was es gibt? Rohatsu, das bedeutet mehr oder weniger ein Nonstop-Zazen. Während acht Tagen schläft man nicht: In der Nacht, und zwar von ein Uhr bis drei Uhr, hat man lediglich das Recht, sich eine Decke über die Schultern zu legen. Und das Licht im Zendo wird während dieser Zeitspanne ausgemacht. Eine einmalige Liebenswürdigkeit!

Aber vorerst kommt noch ein anderes großes Sesshin, das November-Sesshin. Ich durchlebe es mit einem ständigen Schmerz in den Beinen. Aber es gelingen mir kleine Teile des Zazen. Es beginnt nun wirklich kalt zu werden, die Türen und Fenster stehen sperrangelweit offen.

Sanzen:

«Keine Antwort.»

Mumon: «Halten Sie den Ton der großen Klosterglocke fest.»

Die kleine Glocke.

Rohatsu kommt näher, und ich bin innerlich gespalten: Da ist einerseits der Wunsch, die «Mauer» zu durchbrechen, und da ist andererseits aber auch das Unvermögen. Ich bin niedergeschlagen, in einer nihilistischen Haltung. Am liebsten möchte ich während des Rohatsu sterben. Ich habe Angst vor dem Schmerz. Mein Kimono ist zerrissen, und ich erlebe beim Gedanken, ihn zu flicken, Angstzustände.

Am Abend, bevor das Rohatsu-Sesshin beginnt, sind alle im Hondo zu einem Sarei mit dem Meister eingeladen: Gemeint ist, daß wir in zehn Sekunden einen Tee trinken und dann die Ermahnungen des Meisters in Empfang nehmen. Wir sitzen zum Zeichen des Gehorsams vornübergebeugt, die Hände auf dem Tatami und die Stirn auf den Händen, und hören die Ermahnungen: Der Meister fordert uns auf, unser Bestes zu geben, und geht. Dieselben Ermahnungen gibt auch der Shikasan und verschwindet. Wir kehren in den Zendo zurück, wo die beiden Verantwortlichen nacheinander eine kurze Ansprache halten und dann weggehen.

Diese acht Tage, während deren wir nicht schlafen, werden tatsächlich als ein einziger langer Tag betrachtet: der längste Tage nach Zen-Art. Es handelt sich um eine ununterbrochene Meditation; jede Handlung und jede Bewegung, die sie unterbrechen könnten, sind verboten. Es ist verboten, sich zu waschen oder die Zähne zu putzen, die Kleider oder die Unterwäsche zu wechseln usw. Man kann doch problemlos einen Tag lang sein, ohne die Zähne zu putzen, auch wenn dieser Tag dann eine Woche dauert.

Das Ärgste ist der Abend des zweiten Tages. Die Meditation beginnt um siebzehn Uhr und endet um ein Uhr in der Nacht: acht Stunden am Stück. Alles kommt zusammen: die Müdigkeit, der Schmerz, die Kälte. Und ich weiß nicht mehr, welches von den dreien mir am meisten zu schaffen macht. Und dann der Morgen des dritten Tages, um drei Uhr in der Frühe: Es gilt, sich von der Decke zu trennen und den schlapp gewordenen, bis auf die Knochen vom Schmerz durchdrungenen Körper – er hat die

Qualen von achtundvierzig Stunden ununterbrochenem Zazen in sich – wieder in die vorschriftsmäßige Sitzhaltung zu bringen; das ist schlicht und einfach entsetzlich. Und am vierten und fünften Tag erlebe ich es ähnlich.

Es gelingt mir einfach nicht, in der Zazen-Position zu schlafen. Die Japaner hingegen können in allen Stellungen schlafen. Ich habe in der Metro Japaner sogar im Stehen schlafen sehen. Der Schmerz hält mich wach. Und die beiden Stunden Yaza auf dem Platz vor dem Hondo, durch das Vordach geschützt vor Schnee und Regen, aber nicht geschützt vor der Kälte, wollen kein Ende finden. Bis wann werde ich durchhalten? Ein eiskalter Wind durchdringt meinen Körper und durchdringt auch mein Herz.

Vom sechsten Tag an ist die Hoffnung, doch bis zum Ende des Sesshin durchzuhalten, wieder da. Es fällt mir leichter, mein Schicksal zu akzeptieren. Ein Zazen folgt dem nächsten, dazwischen kaum eine Pause von ein bis zwei Minuten, und schon geht es weiter. Der Schmerz kann gar nicht mehr «von neuem einsetzen», er klingt überhaupt nicht mehr ab, ebenso die Müdigkeit. Am Abend wird zweimal Kin-hin, die Meditation im Gehen, geübt: einer hinter dem anderen rund um den Zendo, jedesmal zehn Minuten. Da es zu diesem Zeitpunkt sehr kalt ist und wir wenig Bewegung haben, rennen wir wie die Verrückten. Das wärmt uns auf, wenigstens für eine gute halbe Stunde. Ebenfalls zweimal im Lauf des Abends signalisiert eine Glocke, daß der Meister bereit ist, uns persönlich zu empfangen. Sobald sie erklingt, stürzen dreißig Mönche los, jeder mit dem Wunsch, als erster den Meister sehen zu können. Jeder legt dem Meister die Antwort vor, die er für seinen Koan gefunden hat. Und der Meister gibt seinen Kommentar und zeigt mit einer kleinen Glocke an, daß das Gespräch beendet ist. Sofort läutet der nächste Schüler zweimal die Glocke bei seinem Warteplatz und begibt sich zum Meister. In der Tradition kursiert die Aussage, daß ein Meister bereits an der Art und Weise, wie ein Schüler diese Glocke läutet, den Geisteszustand des Schülers erkennt.

Alle Glieder schmerzen mich, auch das Kreuz und der Hintern wegen des vielen Sitzens. Ich kann mich nicht mehr auf den Koan einlassen. Ich warte nur noch darauf, daß die Zeit vergeht. Alle anderen ertragen offensichtlich diese Herausforderung recht gut; es sieht aus, als ob das Ganze nur für mich eine Qual wäre. Wie machen sie das nur? Am sechsten Tag ist der Drang zu schlafen so groß, daß ich nicht mehr widerstehen kann. Ich schlafe trotz meiner weit geöffneten Augen im Sitzen ein. Am Ende des sechsten Tages beschließt der Shikasan, die Zeit des Yaza auszudehnen und die «gemütliche» Phase von ein Uhr bis drei Uhr in der Frühe fallenzulassen. Eine originelle Idee, um den Eifer anzustacheln und gleich auf den siebten Tag überzuleiten! Die letzten Stunden vergehen langsam und unerbittlich. Das Zazen wird schließlich ausgedehnt bis drei Uhr morgens, bis zu jenem Zeitpunkt, an dem Buddha nach sechs Jahren der Meditation unter dem Bodhibaum die Erleuchtung erlangt hat. Er öffnete seine Augen, sah den Morgenstern und sprach die Worte: «Wie großartig, in allen Dingen und in jedem Menschen die Buddha-Natur zu sehen.»

Die Prüfung kommt zu ihrem Abschluß – noch nicht ganz allerdings. Nach dem letzten Zazen müssen wir uns die Köpfe rasieren. Es ist seit dem letzten Mal eine Woche her. Bei winterlicher Kälte, um drei Uhr morgens, nach acht Tagen ohne Schlaf: Sie dürfen sich die verschiedenartigen Schnittwunden selber ausmalen. Es handelt sich nicht nur um kleine Kratzer, die Haut wird flächig auf-, ja sogar losgerissen … Auch ich war seit einiger Zeit verpflichtet, mich dieser Prozedur auszusetzen. Zudem haben sich in den Gärten, die während des ganzen Sesshin nicht geharkt worden sind, die abgefallenen Blätter angehäuft. So harken wir nach der gegenseitigen Rasur des Kopfes in der Nacht noch die Gärten; was wir bei der Arbeit nicht sehen, erraten wir. Und dann, endlich, haben wir nach acht Tagen das Recht auf unser erstes Bad; es findet in einem öffentlichen Bad (etwa zehn Minuten zu Fuß vom Kloster entfernt) statt, das seit sechs Uhr morgens offen ist. Oh, dieses Bad! Eine ganze

Stunde… eine Wohltat! Wenigstens jetzt muß der Körper nicht auf die eigenen Kalorien zurückgreifen, um sich zu erwärmen. Ich dachte, daß wir uns nach dem Bad hinlegen könnten. Doch davor gibt es noch das Frühstück, und dann um acht Uhr begeben wir uns in den Hondo zur Sutra-Rezitation, um auf diese Art der Erleuchtung Buddhas zu gedenken. Gegen die Gewohnheit rezitieren wir die Sutras nicht im Sitzen, sondern im Gehen (wir ziehen in Spiralformen durch den Raum). Ich denke, daß dies auch besser ist. Wenn wir im Sitzen singen müßten, würden wir alle einschlafen.

Nach dieser Feier findet das traditionelle alljährliche Rohatsu-Foto statt: mit allen Mönchen, die am Sesshin teilgenommen haben, und in ihrer Mitte Mumon Roshi. Dann gehen wir in den Zendo, wo sich ein kleines Ritual abspielt: die Entfernung der Keisaku. Der Keisaku ist ja das Symbol der Disziplin; ein- oder zweimal pro Jahr werden die Keisaku aus dem Zendo entfernt. Dann darf man im Zendo machen, was man will. Mitten am Tag im Zendo machen, was man will, bedeutet vor allem: Man breitet seinen Futon aus und legt sich schlafen.

An diesem Tag darf man auch bis siebzehn Uhr die Stadt aufsuchen. Und keiner von uns, auch ich nicht, geht schlafen. Noch vor ein paar Stunden dachte ich, daß mich ein Tag mehr zugrunde richten würde. Und jetzt, da ich die Gelegenheit zum Schlafen habe, kenne ich nur den einen Wunsch: mich in die Stadt zu begeben. Das Leben mit dem Auge eines Menschen wahrzunehmen, der eine Woche lang ununterbrochen Zazen geübt hat, ist eine so intensive Erfahrung, daß der Wunsch, sich gleich ins Bett zu legen, gar nicht aufkommt.

Das Rohatsu-Sesshin ist mit der außerordentlichen Erfahrung verbunden, daß man nach seinem Abschluß nicht mehr dieselbe Person ist. Man ist nicht mehr wie vor dem Sesshin. Ich erlebe mich voller Energie. Jetzt, da diese Prüfung vorbei ist, habe ich den Eindruck, daß eigentlich die ganze Askese des Klosterlebens keine Schwierigkeiten mehr bereitet.

Ich erinnere mich, daß ich ein Kino besucht habe, wo *Der*

Fremde nach Camus' Roman lief. Geblieben ist mir allerdings nur der eine Satz: «Mit dreißig Jahren zu sterben oder mit sechzig, wo steckt der Unterschied?» Für den Rest der Zeit war der Schlaf dann stärker als ich.

Mein erstes Jahr im Shofuku-ji geht zu Ende

Als ich losfuhr, hatte ich die Absicht, im Shofuku-ji sechs Monate zu verbringen. In ein paar Tagen wird es ein ganzes Jahr sein. Es ist offensichtlich, daß ich noch nichts begriffen habe; das wenigstens begreife ich. Soll ich deshalb meinen Aufenthalt um weitere sechs Monate verlängern? In Wirklichkeit ist meine Entscheidung schon gefallen.

Tiefer Winter, es ist wirklich kalt.

Joshus Mu ist ein Basis-Koan und erlaubt, ins Ego eine erste Bresche zu schlagen. Dies wiederum ermöglicht, mit mehr Freiheit in der Zen-Praxis voranzukommen.

Zum Glück spricht Mumon Roshi englisch, und zwar so gut, daß ich nicht auch noch gegen sprachliche Hindernisse kämpfen muß; die Hindernisse meines Ego genügen vollauf. Das einzige, was ich bisher während des Sanzen zu hören bekommen habe, lautet: «Seien Sie eins mit Mu.» Mit Mu eins zu sein bedeutet, sich selber zu sterben. In diesem Sinn verstehe ich jedenfalls die Beteuerung von Mumon Roshi: «Im Mu müssen Sie Jyoji töten!» Es geht um die Einheit mit dem Universum.

Die Beziehungen zu den Mönchen sind nicht immer einfach. Das Leben in einem Zen-Kloster, vor allem in einem japanischen Zen-Kloster, beruht auf einer hierarchischen Struktur. Wer fünf Minuten früher als Sie ins Kloster gekommen ist, kann in allen Punkten über Sie bestimmen.

Obwohl ich in einer Gemeinschaft lebe, bin ich sehr allein. Wenn Erläuterungen für alle gegeben werden, verstehe ich nichts. Und da ich die Regeln, die im Kloster gelten, nicht kenne, kann ich sie nicht einhalten – wozu ich auch keine große Lust habe. Deshalb werde ich den ganzen Tag angeschnauzt. Daß ich nicht japanisch spreche, trennt mich von den anderen. Doch gilt auch: Sobald man während der Übungszeiten mit aller Präzision den Blick nach innen lenkt, existiert der Kontakt mit den anderen gar nicht mehr.

Ein Mönch beeindruckt mich auf besondere Art, er ist zur Zeit Koch und sitzt am Abend während des Zazen neben mir. Zehn Sekunden nachdem er seine Stellung eingenommen hat, fallen ihm die Augen zu, und er schläft. Man erkennt ein Opfer des Schlafs sofort: Die Haltung des Körpers wird etwas schlaffer. In gewissen Fällen neigt sich der Körper auch leicht nach vorn, oder nach hinten, oder auch zur Seite. Sokan Usui, ein anderer Mönch, lebt seit zwölf Jahren im Kloster. Er ist etwa fünfundvierzig Jahre alt und besitzt eine herzliche Ausstrahlung. Wenn er lacht, beginnt sein ganzes Gesicht zu strahlen. Er gilt als Erleuchteter. Er hat am Krieg teilgenommen, und eine russische Granate hat eine seiner großen Zehen weggerissen; voller Stolz zeigt er, daß sie fehlt. Dieser nicht vorgesehene Mangel macht ihm das Tragen der Tabi bei gewissen Zeremonien zum Problem – ein Tabi ist der Fausthandschuh des Fußes. Ich komme mit Sokan Usui und mit Doji gut zurecht. An den Erholungsnachmittagen gehen wir ein-, zweimal gemeinsam aus. Einer dieser beiden Mönche ist sicher der geheimnisvolle Spender: Nach wie vor erhalte ich nach dem Zazen am Abend mein Brötchen.

Im Winter findet das Abendessen um fünfzehn Uhr dreißig statt, und das Zazen beginnt wieder um siebzehn Uhr. Da es sehr kalt ist und die Mönche beim Abendessen eine beträchtliche Menge Suppe verschlingen, gehen alle nach der ersten Zazen-Einheit pissen. Einer der Mönche kann nicht so lange warten und uriniert während des Zazen in einen Plastiksack, den er sich zwischen die Beine gelegt hat. Zum Glück bin ich nicht sein direkter Nachbar; auch wenn man sich gut konzentrieren kann, ist es sicher nicht angenehm, das Plätschern des

Urins zu hören. Während des Kin-hin geht er jeweils seinen Urinsack leeren.

Apropos leeren: Im Kloster kehrt eine Aufgabe regelmäßig wieder, das Leeren der Latrinen. Sie besitzt den beschönigenden Titel «Auftrag: Curry-Reis», und wird jeweils zu Beginn eines großen Sesshin durch die Neuen ausgeführt. Da es keine Kanalisation gibt, besteht die Aufgabe darin, die Behälter unter den Latrinen zu leeren; ihr Inhalt wird in einen großen, viereckigen Blechkasten geschüttet. Wenn dieser voll ist, transportieren ihn zwei Mönche mit Hilfe von Bambusstangen zum Kompost, wo er geleert wird. Der Kot wird benutzt, um die Gemüsebeete zu düngen. Ich habe im Shofuku-ji Zwiebeln gesehen so groß wie der Kopf eines Babys. «Nichts geht verloren, alles wandelt sich...»

Jeder dritte oder vierte Tag die Bettelrunde in den verschiedenen Quartieren Kobes: die Füße nackt in den Sandalen mit den schmalen Riemen aus geflochtenem Reisstroh, die bis zu den Knöcheln reichen. Sie gleichen den Sandalen der Spartaner. Die Füße sind eiskalt. Wenn ich wie ein Verrückter «hooooo» schreie, gelingt es mir, die Kälte zu vergessen. Nach einer bestimmten Zeitspanne machen wir in einem Shinto-Heiligtum oder in einem buddhistischen Tempel Pause. Man bringt uns grünen Tee, gelegentlich auch Kekse. Während die anderen den Tee trinken, gieße ich ihn mir über die Füße, so kalt ist mir. Ich versuche aus dem Bettelgang eine Art Klangmeditation über das Mu zu machen. Ich strenge mich an, ganz in der Rezitation der Silbe «hooooo» aufzugehen. Das «Hooooo», das wir beim Takuhatsu singen, umfaßt eigentlich drei «Hooooo»: das eine für den Buddha, das zweite für den Dharma und das dritte für den Sangha. «Hooooo» zu schreien ist unsere Art zu predigen.

Da der Takuhatsu während mehrerer Monate dieselbe Route nimmt, begegne ich immer wieder einer kleinen alten Frau. Sie sieht elend aus, und trotz ihrer Armut ist es ihr möglich, mir einen Yen zu geben, damals etwa der Wert von zwei Pfennig. Sie gibt ihn mit viel Großzügigkeit und Eleganz. Das inspiriert mich zu einer tiefen Verneigung, zu einem respektvollen Gruß. Denn meistens werden die größeren Gaben in einer Art Herablassung überreicht, man gibt, um ein gutes Gewissen zu haben. Dann sehe ich die ältere Frau längere Zeit nicht mehr. Und als ich mich nach ihr erkundige, erfahre ich, daß sie gestorben ist und man bei ihr zu Hause ein Vermögen gefunden hat. Sie war Millionärin!

Eines Tages lädt uns eine sehr reiche Familie, die dem Kloster nahesteht, nach dem Bettelgang zu einer echten Fressorgie ein. Da die Unsui im Ruf stehen, viel zu essen, haben sie seit dem Vorabend eine Überfülle von Speisen vorbereitet; jeder Mönch sollte das Recht auf eine fünffache Portion haben. Alles ist erlaubt: Fleisch, Fisch, Sake, Bier, Whisky, Kaffee und Schnäpse. Die meisten Mönche scheinen darauf abzufahren, für mich ist es eine Strafe. Es darf nichts übrigbleiben, alles muß aufgegessen werden. Auch wenn man nicht mehr kann, kann man noch. Bevor wir losziehen, empfiehlt man uns, Plastiktüten mitzunehmen und sie in den Kimono-Ärmeln zu verstecken, um in ihnen die Speisen, die wir nicht mehr verschlingen könnten, zu verstauen. Der Anfang der Mahlzeit vollzieht sich in einem totalen Schweigen. Dann, zu einem bestimmten Zeitpunkt, verkündet einer der Oberen, daß wir den Koromo ausziehen und im Kimono weiterfeiern können – das entspricht dem Öffnen des Gürtels – und nun auch Gespräche erlaubt sind. Keiner fällt unter den Tisch, denn es gibt keine Tische, und wir sitzen auf dem Boden. Ich versuche alle Tricks, so gut ich kann, um nicht mittrinken zu müssen: Ich lasse mein Glas voll, damit man es nicht nachfüllen kann. Doch von Zeit zu Zeit muß auch ich es in einem Zug austrinken. Ich kann mir nicht vorstellen, wo sie das alles verstauen, was sie verschlingen. Gegen vier Uhr dann ist das «Fest» zu Ende. Nun müssen wir zurückkehren, uns sicher auf den Beinen halten und uns so aufführen, als sei nichts gewesen. Ihre roten Köpfe können die Mönche, die getrunken haben, allerdings nicht verbergen. Wir kehren zu Fuß und im

Gänsemarsch zurück. Ich frage mich, wie wir das schaffen, so geradeaus zu gehen. Um fünf Uhr beginnt, als sei nichts gewesen, das Zazen. Die Speisen, die ich hatte hinunterwürgen müssen, machen mir meinen Körper und meinen Geist noch für mehrere Tage schwer. Sind diese reichen Leute, die uns eingeladen hatten, wohl der Meinung, Shofuku-ji und den Mönchen gegenüber eine Verpflichtung eingelöst und ihr Gewissen beruhigt zu haben?

Am 28. Dezember, am Ende eines fünftägigen Sesshin, läßt man mich wissen, daß die drei ersten Tage des neuen Jahres *Josaku* sind, d. h. Tage ohne Disziplin: Man entfernt die Keisaku aus dem Zendo. Das ermutigt mich. Die Mönche bleiben zwar im Kloster, aber sie können, falls sie das wollen, den ganzen Tag schlafen. Man erzählt, daß Leute aus der Gemeinde des Klosters uns sogar einen Fernseher zur Verfügung stellen würden. Und am Abend des 31. Dezembers trifft er auch ein.

Am 31. Dezember legen wir uns nicht schlafen, denn um Mitternacht muß die Glocke feierlich hundertundachtmal angeschlagen werden. Man nimmt an, daß diese Glockenschläge die zerstörerischen Leidenschaften vertreiben. Viele Leute aus dem Viertel nehmen daran teil. Ein Mönch beginnt, dann ein Kind, dann die Leute aus der Menge. Dann erst legen wir uns schlafen. Doch um drei Uhr in der Frühe wird wieder geweckt. Wir rezitieren das erste Sutra des neuen Jahres. Anschließend eine kleine Feier im engeren Kreis mit dem Meister, der sein Neujahrsgedicht vorträgt, dann wird Pflaumenblütentee aufgetragen, ein Hochgenuß. Und man legt sich wieder schlafen. Um acht Uhr erneut Gesang der Sutras, und zwar in einer sehr besonderen Art und Weise: Die Mönche brüllen aus voller Lautstärke das Herzens-Sutra *(Prajna Paramita)*, während das Sutra-Buch wie ein Fächer entfaltet wird. Die Feier dauert etwa eine Stunde, und danach hat man keine Stimme mehr.

Der Januar 1969 ist in Kobe ein sehr kalter Monat. Der Zendo ist buchstäblich ein Eisschrank. Und wenn das Zazen beginnt, wird es noch schlimmer, denn der Wind fegt durch die offenen Türen und Fenster.

Das letzte Sesshin der winterlichen Übungszeit, vom 15. bis zum 21. Januar, gibt mir den Rest. Ich meditiere nicht mehr, ich warte nur noch, daß die Zeit vorbeigeht. Die Kälte macht mich kaputt. Es ist grausam hart; ich habe den Eindruck, daß es mir nie gelingen wird. Welche Anstrengungen müssen denn noch unternommen werden und mit welchem Ziel? Natürlich merke ich, daß sich in mir vieles verändert hat, aber nicht meinen Anstrengungen entsprechend. Wie lange muß ich noch unter dieser inneren Einsamkeit leiden? Wie lange noch bohrt sich mein seelisches Elend in meinen Bauch hinein?

Meine Stimmung schwankt, und ich stelle mir Fragen bezüglich meiner Zukunft. Werde ich das Klosterleben wählen und Mönch werden? Was könnte ich anderes tun? Die Gesellschaft bietet mir nicht viel an, das mir gefällt. Ist der Zen wirklich die Lösung für mich? Ich nehme es an, aber mit wieviel Anstrengung und Leiden ist er verbunden! Sicher, Millionen anderer Wesen leiden auch, aber – werde ich den Mut aufbringen, weiterzufahren, oder werde ich aufgeben? Das letztere kann ich nicht. Solange sich mir keine andere Tür öffnet, muß ich diesen Weg weitergehen. Vielleicht ist Zen schließlich diese Tür.

Ich hätte gern über meine menschliche Urteilskraft voll verfügt, aber wie sollte ich dies anstellen? Ich hatte das Gefühl, daß ich dafür bei mir selber beginnen mußte: über mich voll zu verfügen. Aber um dies zu erreichen, mußte ich vorerst jegliches Verfügen aufgeben, dann erst konnte ich mein Wesen neu aufbauen, und zwar in der richtigen Ordnung.

Welche Trauer an einem Wintertag im Zendo, wenn es regnet!

Als die Zeit der asketischen Strenge unterbrochen wird, begebe ich mich wieder in den Tempel meines Meisters in Kioto. Hier ist es bedeutend kälter als in Kobe, der Reiun-in ist eiskalt. Aber hier erhalte ich wenigstens ein kleines Kohlenbecken, und mit ihm kann ich mir die Nasenspitze aufheizen. Unbeweglich verharre ich, zwanzig Zentimeter entfernt von der glühenden Holzkohle, die mir täglich zugeteilt wird.

Im Februar beginnt es in Kioto zu schneien. Die Gärten sind weiß, die Bäume kahl. In der Kälte übe ich Zazen und folge so, ohne es zu wissen, dem Rat von Henri Michaux: «Wenn es keine Sonne gibt, wisse, im Eis zu reifen.» Regelmäßig bitte ich Mumon Roshi, mich für das Sanzen zu empfangen. Leer zu werden ist für mich nun sehr wesentlich, ich bin davon wie besetzt. Wenn ich gehe, esse, arbeite, pisse, wiederhole ich mit aller Willenskraft meinen Koan, so daß ich nicht mehr weiß, ob ich innerlich das Mu spreche oder ob sich in mir das Mu selber formuliert. Ich suche mein wahres Sein. Ich habe den Eindruck, daß sich all die Dinge, an die ich früher glaubte, die mich zwar funktionieren ließen, aber nicht meiner Befreiung dienten, allmählich auflösen. Ich muß heraufholen, was in meinem Unterbewußtsein versteckt ist, was mir an meinem Wesen noch nicht bewußt geworden ist.

An einem dieser Februarabende ein einmaliges Yaza: Über dem Schnee steigt der Vollmond auf und schenkt den Tempeldächern und den Kiefern im Zen-Garten klare Umrisse.

Eines Tages lädt mich Mumon Roshi ein, mit ihm Tee zu trinken. Will er mir vielleicht Ratschläge erteilen, bestimmte Beobachtungen anbringen oder mich belehren? Er bereitet den puderigen Grüntee in einer wunderschönen Schale zu. Er ist ganz eins mit dem, was er tut. Ich trinke den Tee, den er mir anbietet. Und ich warte darauf, daß er mir etwas sagen wird. Ich habe den Eindruck, daß er gleich sprechen wird. Doch nach einer halben Stunde haben wir immer noch nicht miteinander geredet. Wer weiß, vielleicht hatte er mir nichts zu sagen. Oder wollte er mir eine Schale Tee anbieten, einfach so, um mir eine Schale Tee anzubieten?

Von Zeit zu Zeit gehe ich kurz in die Stadt. Normalerweise suche ich Maruzen auf, ein großes Kaufhaus, wo es auch eine Buchhandlung mit einer guten Abteilung fremdsprachiger

Bücher gibt. Dann setze ich mich in ein traditionelles Kissaten im Zentrum der Stadt, um Grüntee zu trinken. Aber ehrlich gesagt, habe ich immer weniger das Bedürfnis, den Tempelbereich zu verlassen. Ich fühle mich hier wohl. Ich kann Zazen üben, wann ich will, und seit einiger Zeit habe ich zudem *Sumi-e,* die chinesische Tuschmalerei, entdeckt.

Allmählich komme ich zur Auffassung, daß das Leben eines Menschen nicht so sehr Mittel, als vielmehr ein Ziel in sich selbst darstellt. Viele Dinge, die ich gestern noch als wahr betrachtete, haben heute für mich keinen Wert mehr. Ich muß die karmischen Kräfte, die sich meiner Verwirklichung, meiner Erleuchtung, entgegenstellen, überwinden. Und ich habe das Gefühl, daß die Zen-Erfahrung eine so persönliche Erfahrung ist, daß sie niemand anderem mitgeteilt werden kann. Ich lese den Bardo Thödol, *Das tibetanische Totenbuch,* und stoße auf Sätze wie: «Die folgenden fünf Gifte unterjochen die Menschen wie Drogen und binden sie an das Leiden des Lebens in den sechs *Lokas:* die Wollust, der Haß, die Unwissenheit, der Stolz (oder der Egoismus), die Eifersucht.» Oder: «Die vier Bereiche des Elends sind: die Hölle, das Reich der Tiere, das Reich der Hungrigen Geister, das Reich der Titanen (in der Reihenfolge: Angst, Unvernunft, Gier, Niedertracht).»

Im Zen spricht man nie von diesen Dingen. Diese Haltungen, die ja zu unserer Natur gehören, unterdrücken zu wollen richtet sich letztlich gegen die Befreiung. Wenn man diese Bereiche um jeden Preis ausschalten will, verfällt man lediglich dem Gift der Unwissenheit. Der in Japan sehr bekannte Zen-Meister Ikkyu drückt in einem Gedicht aus, wie man über die Leidenschaften hinausgelangen kann: «Ein Erleuchteter, der sich vom Staub befreit, ist noch weit entfernt vom Buddha-Hain. Der Besuch eines Bordells verleiht eine tiefe Weisheit.» Auch heute habe ich nicht viel Vertrauen in einen Menschen, der keine Leidenschaften und keine Schwächen kennt.

Zen muß als eine spezielle Schule des Buddhismus betrachtet werden. Er muß als Mittel gesehen werden, mit dem man das eigene Wesen vervollkommnen und einen Zugang zu seiner wahren Natur finden kann. Er darf aber nie als Religion im Sinn einer Glaubenslehre oder Frömmigkeit aufgefaßt werden.

Um den 15. April herum kehre ich in den Shofuku-ji zurück. In ein paar Tagen, genau am 21., beginnt das kleine Sesshin, das die Übungszeit des Sommers eröffnet. Der höllische Rhythmus wird wieder losgehen. Ich habe Angst davor.

Das zweite Jahr im Shofuku-ji

Heute, am 30. April 1969, ist es nun ein Jahr und ein paar Tage her, daß ich im Shofuku-ji angekommen bin. Am Nachmittag sind wir in einer Prozession zur Pagode gezogen und haben zum Gedächtnis an Bankeï und an die Toten, deren Asche hier verstreut wurde, Sutras rezitiert. Es scheint, daß die Pagode vor ein paar Jahrzehnten errichtet wurde, nachdem in der Nähe des Hafens von Kobe ein Schiff untergegangen war. Bei dieser Katastrophe fanden mehrere hundert Menschen den Tod. Um achtzehn Uhr begeben wir uns in den Hondo, in den Raum für den Sutra-Gesang, und alle haben wir unsere Teetasse mitgebracht. Wir sitzen nebeneinander, die Ältesten als erste, die Neuen zuletzt, und bilden ein Quadrat. Was mich betrifft, so komme ich noch nach den Neuen, denn diese sind feierlich ordinierte Mönche, während ich nur ein ganz gewöhnlicher Laie bin, der das Leben eines Mönchs führt. Nach einer kurzen Zeitspanne tritt Mumon Roshi ein, vor ihm der Shikasan, der ihm «den Weg zeigt», nach ihm sein Diener. Er setzt sich auf das für ihn vorbereitete Kissen. Sobald der Meister bedient worden ist, gießen vier oder fünf Mönche in aller Eile ein wenig Tee in jede Tasse. Auf ein Zeichen hin trinken alle den Tee, lassen die Tasse im Ärmel ihres Koromo verschwinden und beugen sich auf das dröhnende «Haï» des Oberen hin nach vorn, die Hände liegen auf dem Tatami, die Stirn auf den Händen. Der Roshi erläutert, daß nun die sommerliche Übungszeit beginnen wird, jeder sein Bestes geben muß, niemand irgend welche Zerstreuung aufkommen lassen soll usw. Wir richten uns wieder auf, mit hochroten Köpfen. Der Roshi geht, das *So-sarei,* die Teezeremonie des Roshi, ist beendet. Nun ist der Obere an der Reihe, uns Dampf zu machen. Ich verstehe alle zehn Sätze ein Wort, aber das ist unwichtig. Ich habe die Peitsche zu spüren bekommen, das reicht; was er genau gesagt hat, ist kaum von Bedeutung.

Zurück in den Zendo. Die Mönche sitzen herum, schweigen, einige lesen, andere schlafen im Sitzen, ein paar üben Zazen. Einige Klostergestalten sind nicht mehr da. Als ich aus Kioto zurückkehrte, stellte ich fest, daß mein Freund Doji fehlte, und ich vernahm, daß er nach Tokio gefahren war. Dort leitet er nun den Ryuko-ji-Tempel. Sokan (der in einem russischen Gefangenenlager die eine Zehe verloren hatte) hatte von Mumon Roshi den Auftrag erhalten, sich auf Hokkaido, auf die Insel im Norden Japans, zu begeben. Der Meister gab ihm eine ansehnliche Geldsumme, damit er mit dem Geld einen baufälligen Tempel restaurierte. Zwei Jahre später erzählte man mir, daß er die Zeit gemeinsam mit einer Frau in einem Ryokan, einem traditionellen Hotel eines Thermalbads, verbracht und das ihm von Mumon Roshi anvertraute Geld verbraucht hatte. Die Geschichte dieses Mönchs scheint mir eine Zen-Geschichte mit viel Biß zu sein – wie auch das Gespräch mit dem Meister nicht ohne Brisanz gewesen sein muß, als Sokan kam und ihm die Situation offen darlegte.

Die Übungszeit des Sommers beginnt.

Sanzen:

«...»

Mumon: «Wiederholen Sie mit Ihrem ganzen Willen, mit Ihrer ganzen Kraft ständig Mu, nur Mu. An dieser Stelle gibt es nichts. Fahren Sie einfach weiter. An dieser Stelle ereignet sich nichts. Aber an dieser Stelle, da verstehen Sie alles.»

Mit anderen Worten: Ich muß genügend weit gehen, so daß von mir nichts Dunkles mehr übrigbleibt.

Jeden Tag gebe ich dem Meister eine Antwort, meine Antwort. Und jedesmal wird sie zurückgewiesen. Ich muß *die* Antwort geben, nicht eine Antwort. Ich konzentriere mich mit all meinen Kräften und versuche mit dem Universum eins zu sein. Ich muß, koste es, was es wolle, dieses Mu werden, diese Leere. Ich muß durch diesen Koan von Joshus Mu hindurch.

Ich beschließe, aufs Ganze zu gehen. Jeden Abend meditiere ich bis spät in die Nacht. Am Ende des vorgeschriebenen Yaza, wenn alle in den Zendo zurückkehren, bleibe ich sitzen. Ich schlafe nur noch zwei Stunden pro Nacht. Ich kann wahrnehmen, daß sich in mir etwas ereignet: Irgend etwas verliert den Boden unter den Füßen, irgend etwas bricht ein. Ich kann eine Veränderung, eine Erleichterung feststellen. Ich habe den Eindruck, daß ich meinem Ich einen harten Schlag versetzt habe und nun im Innern meines Wesens eine neue, zusätzliche Dimension Gestalt annimmt.

Und dann eines Tages, als ich den Meister im Sanzen sehe, weiß ich, daß er weiß, daß ich weiß; und auch er weiß, daß ich weiß, daß er weiß. Wir befinden uns in einer tiefen Verbundenheit. Er hat mich in die Erfahrung der Leere geführt, in eine Erfahrung, die einem anderen nicht mitgeteilt werden kann, die jeder selber erleben muß. Es ist eine Erfahrung, die nicht intellektueller Art ist, sondern durch das ganze, körperlich-geistige Wesen erfaßt wird in dem Maß, als der Geist eben von der Zehenspitze bis zum Scheitel reicht.

Ich bin heute gut achtundzwanzig Jahre alt, und es erfüllt mich das Gefühl, daß ich außerhalb des Zen vom Leben nichts zu erwarten habe. Ich lebe nun seit einem Jahr im Kloster und weiß jetzt, daß ich hier meine Zeit nicht vertue. Der Zen bietet mir die Möglichkeit, aus meinen inneren Konflikten auszusteigen. Ich leide, also bin ich. Leiden ist etwas allgemein Menschliches, und doch denkt jeder Mensch, daß er allein leidet. Die Zen-Praxis ermöglicht es, daß man auf dem Weg der Befreiung vom Leiden vorankommt. Infolgedessen ist das Leiden auch ein Mittel, an der eigenen Vollendung zu arbeiten. Es wird zum Impuls, das eigene Wesen ständig weiterzuentwickeln. Es erlaubt jedem einzelnen, radikale Veränderungen anzugehen. Dank des Leidens gewinnt man sein Leben, statt es zu verlieren.

Es ist verrückt, wie viel man im Kloster ißt. Man frißt sich voll wie hungrige Ochsen. Ich nehme an, daß dies eine Art Schutz ist, eine Abreaktion, die den Frust ausgleicht. Das Leben, das wir hier führen, ist so hart, daß wir trotz der verschlungenen Mengen gar nicht zunehmen können. Niemand von uns ist fettleibig. Der asketische Lebensstil verhindert das Dickwerden. Buddha selber wird immer als abgezehrt dargestellt. Die sogenannten Buddha-Statuen mit dem dicken Bauch repräsentieren in Wirklichkeit den Glücksgott (japanisch: Hotei), also nicht Buddha im eigentlichen Sinn.

Wir essen vegetarisch oder, genauer gesagt, nur pflanzliche Kost, aber nichts im Sinne von Makrobiotik. Keinerlei tierische Nebenprodukte. Die Speisen werden mit pflanzlichem Öl zubereitet, ausgenommen bei den großen Sesshin, wenn Mönche bedienen und es nicht möglich ist, sich selber so oft zu schöpfen, wie man möchte, füllt man sich die Schalen dermaßen, daß auf der Schale noch mehr Platz findet als in ihr, vor allem bei den Mahlzeiten am Abend. Es darf keine Reste geben, also rein damit.

Das Abendessen, das um fünfzehn Uhr dreißig stattfindet, heißt *Yakuseki,* «heilender Stein». In der Ursprungszeit des Buddhismus in Indien gingen die Mönche am Morgen betteln und durften ab dem Nachmittag bis zum folgenden Tag nichts mehr essen. Ich denke, daß hinter dieser Anweisung die Hygiene steht: Wegen der Hitze verdarb die Nahrung sehr schnell. Als der Buddhismus nach China kam, übernahmen die Mönche diese Regel. Das Klima in China jedoch war, vor allem im Norden, ein ganz anderes als in Indien. Wegen der Kälte wurden die Mönche mit ihrem leeren Magen krank. Sie erhitzten deshalb einen Stein über dem Feuer und legten sich ihn auf den Magen, so daß sie den Eindruck gewannen, etwas Warmes im Magen zu haben. In Japan schließlich hat sich die Regel gewandelt: Der Yakuseki darf nur aus den Resten des Mittagessens bestehen. Wenn der Koch das Mittagessen vorbereitet, achtet er darauf, daß für den Abend genügend übrigbleibt.

Eine kleine Anekdote: Etwa zwei Minuten vom Kloster entfernt befindet sich ein kleiner Tempel: der Myokan-ji. Verantwortlich ist eine alte Nonne, eine Schülerin des Meisters Mumon. Mehrere Frauen üben dort unter seiner Verantwortung Zazen und nehmen jeweils mit den Laien am abendlichen Zazen im Shofuku-ji teil, allerdings im Hondo, da die Frauen den Zendo nicht betreten dürfen. Eine Amerikanerin hat nun die Erlaubnis bekommen, in einem Raum zu leben, der zum Myokan-ji gehört. Seit ein paar Wochen stelle ich bei meinem Zazen-Nachbarn fest – er ist ebenso lang im Kloster wie ich –, daß er während der Meditation mehr als nötig schläft. Trotz des schlagkräftigen Eingreifens des *Jikijitsu,* des Zazen-Verantwortlichen, mit dem Keisaku ändert sich nichts. Ich frage ihn, woher dieses Schlafbedürfnis komme, und er antwortet mir, daß er die Nächte, zwischen Yaza und Wecken in der Frühe, im Myokan-ji verbringe … Am Ende der sommerlichen Übungszeit werden diese Amerikanerin, sie nennt sich Jill, und Sokan (nicht derselbe wie vorhin) verschwinden. Später erfahre ich, daß er in New York eine Ausbildung als Zahnarzt absolviert und dort eine Praxis eröffnet hat und mit dieser Frau zusammenlebt.

Die Sesshin lösen sich ab, die Tage vergehen ebenso schnell wie auch zähflüssig. Um vier Uhr in der Frühe aufzustehen ist nach wie vor etwas Schreckliches. Ich höre, wie die kleine Glocke von weit her kommt, schon beim ersten Klingeln nehme ich sie wahr. Sie weckt zuerst den Meister beziehungsweise seine beiden Assistenten, die den Auftrag haben, ihn zu wecken, dann die Mönche im Verwaltungstrakt. Von diesem Augenblick an nähert sich die kleine Glocke dem Zendo in Riesenschritten. Ich bin bereit, vom Futon aufzuspringen, ich mag es nicht, wenn ich als letzter fertig bin. Das Licht, das Läuten der kleinen Glocke, hopp, auf die Beine, den Futon zusammenrollen, die Kleider anziehen, schnell aufs Klo, eine Handvoll kaltes Wasser ins Gesicht, keine Zeit, sich das Gesicht zu trocknen, den Koromo und den Shukin, eine Art Bauchbinde, anziehen, und ich sitze auf dem Zazen-Kissen.

Es ist mir bewußt, daß ich das klösterliche Leben noch nicht im Griff habe. Ich füge mich ihm. Ich habe weder die Kraft noch den Willen, meine Situation zu verändern, auch nicht die Hoffnung, aus dieser Situation herauszufinden. Ich ahne aber bereits, daß mir die Zen-Praxis, gerade unter dem Aspekt ihrer Härte, helfen wird, hier herauszukommen.

Die Teisho sind während der kleinen Sesshin körperlich erträglich, im Rahmen der großen Sesshin werden sie zum Martyrium. Drei Viertel der Mönche benutzen sie, um zu schlafen. Mumon läßt sich durch nichts beirren und erklärt eine Stunde lang die Koan. Er spricht nicht nur von der Leere, sondern auch in die Leere... Ich verstehe bei diesen Ansprachen nichts. Das einzige, was ich versuchen kann, ist, mich auf den Klang seiner Stimme zu konzentrieren. Einzelne Brosamen dieser Ansprachen teilen sich aber auch mir mit: «Solange man Kensho nicht erreicht hat, ist man nichts. Man muß auf jeden Fall Kensho erreichen; dann wird alles, was man anpackt, wahrhaftig vollzogen. Wenn man Kensho einmal erreicht hat, erhält alles, was man tut, seinen realen Wert. Sonst kommt man nie vom Falschen los, weil der Geist der wertenden Unterscheidung noch nicht aufgelöst worden ist.»

Der Rhythmus des Klosterlebens ist so angelegt, daß er nicht viel Zeit für die Beschäftigung mit sich selber oder für ein intellektuelles Studium übrigläßt. Dahinter steht die berechtigte Überlegung, daß es in der ersten Zeit wichtig ist, in die spirituelle Erfahrung hineinzukommen, und zwar ohne Berücksichtigung einer intellektuellen Verarbeitung dieser Erfahrung. Wenn dann jemand diese Erfahrung gemacht hat, kann er sich auch dem Studium der Texte, der Sutras, der Philosophie und der Lehre widmen. Alles erweist sich dann als ersichtlich und leuchtet ein.

Ich lese deswegen im verborgenen, sozusagen heimlich. Aber ich kann die Ratschläge eines Suzuki oder eines Herrigel oder anderer nicht in die Praxis integrieren. Mein Meditieren nimmt von Zeit zu Zeit eine exaltierte Wendung: Wenn ich ein Kapitel durchgearbeitet habe, glaube ich, alles verstanden zu haben, doch nachher folgt die Entmutigung, und ich bin überzeugt, daß ich es nie schaffen werde. Bisweilen habe ich Lust, meinen Kopf zwischen die Hände zu nehmen und ihn gegen den Pfeiler zu schlagen.

Wir kommen bald ans Ende der sommerlichen Übungszeit. Ich habe immer mehr Mühe, mich dem Übungsprogramm zu widmen und meinen Geist konzentriert zu halten, da sich die Müdigkeit, die Spannung, die Härte der praktischen Arbeit und die erstickende Hitze gegenseitig verstärken.

Um durchzuhalten und vorwärtszukommen, gebe ich mir selber Ziele und Regeln:

1. Ich will auf jeden Fall soweit kommen, daß ich die Aufmerksamkeit im Hara sammle.
2. Ich bin nicht ungeduldig im Hinblick auf bestimmte Resultate.
3. Ich meditiere für mich und kümmere mich nicht um das, was um mich herum geschieht.
4. Ich halte mir den Koan ständig gegenwärtig.

Im Koan über das Mu heißt es, die Freiheit eines Zen-Mönchs bestehe darin, zu essen, wenn er hungrig ist, und zu schlafen, wenn er Schlaf braucht. Ich sehe keine Möglichkeit, wie ich diese Aussage im Rahmen der harten Askese umsetzen könnte. Oder ist hier von der Freiheit eines Tempelleiters die Rede, der nach dem Noviziat wieder nach Hause geht und in seinem Leben nun die Grundsätze anwendet, die er, nach dem Einblick in seine wahre Natur, im Kloster noch vertieft hat?

Sanzen:

Mumon: «Bis wohin reicht die Leere?»

Antwort: «...»

Mumon: «Üben Sie mit noch mehr Eifer!»

Mit noch mehr Eifer üben! Wie soll das aussehen? Ich habe den Eindruck, daß ich mich dauernd mit viel Energie fordere.

Mumon: «Beweisen Sie, daß Sie Mu verstanden haben.»

Ich muß vom Wunsch erfüllt werden, die Wahrheit zu erkennen. Ich muß wirklich von der Haltung der Suche erfüllt werden.

Mumon: «Sterben Sie im Mu sich selber.»

Was kann mir das alles sagen wollen?

An einem Abend am Ende eines kleinen Sesshin beschließen Chusan, Kansan und ich, uns abzusetzen. Eine Viertelstunde nach Schlafbeginn erheben sich drei Schatten ohne jeglichen Lärm von ihren Futons, ziehen sich an und öffnen ganz vorsichtig, Millimeter um Millimeter, die Schiebetür des Zendo.

Wir entscheiden uns für den Weg durch den Garten, im unteren Teil des Klosters, wo wir am wenigsten Gefahr laufen, erwischt zu werden. Die *Geta* aus Holz in den Händen und an den Füßen die Strohsandalen, die kein Geräusch machen, wenn man geht. Wir werden die Strohsandalen in einem Gebüsch verstecken, am unteren Ende der Klostertreppe.

Zuerst suchen wir ein öffentliches Bad auf, um uns zu entspannen. Dann fahren wir im Taxi zum Oseki, einer Art japanischer Kneipe, wo man Sake und Bier trinkt. Alle möglichen Leckerbissen liegen vor uns bereit: Häppchen mit Vogelfleisch, Tofu, Sashimi usw.

Wir bestellen gewärmten Sake, drei kleine Flaschen für den Anfang. Dann, bald danach, drei weitere. Wir sprechen über alles, außer Zen, das kotzt uns an. Dann trinken wir weiter: gewärmten Sake. Wir unterbrechen kurz, um eine Kleinigkeit zu essen. Wir trinken, ein Fläschchen nach dem andern. Japaner, die uns Mönche entdeckt haben, zahlen eine Runde. Sehr angenehm, das können wir nicht zurückweisen. Wir haben auch gar keine Lust, so etwas zurückzuweisen. Und es macht Schule: Andere Gruppen, zum Teil schon recht betrunken, zahlen uns ihrerseits eine Runde. Ich selbst bin mir nicht sicher, ob ich nicht betrunken bin, auf jeden Fall fühle ich mich wohl. Der Abend geht in diesem Stil weiter bis um zwei Uhr in der Nacht. Die Sake-Menge, die wir hinuntergeschüttet haben, muß gegen die drei Liter gehen. Der Sake besitzt einen Alkoholgehalt von etwa fünfzehn Prozent, doch der Zug und das Fassungsvermögen der Mönche sind erstaunlich. Im Freien beschließen wir, noch eine Pizza essen zu gehen, und zwar im «Pinocchio», in der Nähe des Oseki. Denn wir haben noch Hunger. Die Leckerbissen füllen keinen Mönchsbauch. Und zur Pizza einen Becher Rotwein. Es ist fast drei Uhr, wir müssen an die Rückkehr denken.

Wir sind vollständig betrunken – ganz klar, aber betrunken. In dieser Umgebung gibt es keine Taxis, wir müssen zu Fuß zurückkehren, dafür brauchen wir fünfundvierzig Minuten. Vierzig Minuten aufrecht gehen, dann bei der Ankunft im Kloster die Strohsandalen im Gebüsch nicht vergessen, ganz vorsichtig eintreten ohne jeglichen Lärm. In einer Viertelstunde wird die kleine Weckglocke läuten... Sich auf den Futon legen, aber nicht einschlafen, nur nicht einschlafen! Ich habe den Eindruck, daß ich sicher nicht wach werden würde, wenn ich jetzt einschliefe. Ich muß durchhalten, nur nicht einschlafen.

Um vier Uhr wird geweckt. Ich stehe auf, wie wenn nichts wäre, rolle meine Matratze zusammen. Die anderen merken nichts. Und doch: Ich stinke nach Alkohol. Wir begeben uns in den Hondo für die Rezitation der Sutras. Ich schlafe bis zum Sanzen. Meine Antwort für den Meister habe ich mir schon am Vorabend zurechtgelegt, es gibt keinen Grund, nicht zum Sanzen zu gehen. Ich habe eine Alkoholfahne, aber was soll's! Der Meister hört mir nicht bis zum Ende zu, mitten im schönsten Satz läutet er seine kleine Glocke und signalisiert das Ende des Gesprächs.

Die Hitze wirkt bedrückend. Es ist Regenzeit, es regnet ununterbrochen mehrere Stunden, manchmal sogar mehrere Tage. Die Luft ist mit Feuchtigkeit vollgesogen. In dieser schwülen Atmosphäre Zazen zu üben ist unerträglich. Es bleibt einem die Luft weg, auch in der Nacht keinerlei Abkühlung.

Sanzen:

Mumon: «Sprechen Sie innerlich mit all Ihrer Kraft, mit Ihren dreihundertsechzig Knochen, mit Ihren vierundachtzigtausend Poren den Koan. Seien Sie eins mit dem Universum.»

Diese Ermahnung stammt aus Mumons Kommentar – es handelt sich um den Autor der Koan-Sammlung *Die Schranke ohne Tor,* nicht um meinen Meister –, und er betont:

> «Was bedeutet diese Schranke der Altmeister? Nur dieses eine Schriftzeichen: *Mu,* die eine Schranke des Tores der Schule. Deshalb heißt es ‹die Schranke ohne Tor der Zen-Schule›.
>
> Wer hindurchzuschreiten vermochte, kann nicht bloß mit Joshu freundschaftlich verkehren, er wandelt auch Hand in Hand zusammen mit den Altmeistern der Generationslinie von Geschlecht zu Geschlecht; Augenbrauen und Haar einander berührend, schaut er mit gleichen Augen, hört mit gleichen Ohren. Ist dies nicht beglückend? Möchtest du nicht diese Schranke durchschreiten?
>
> Dann erwecke mit den dreihundertsechzig Knochen und Gelenken und mit den vierundachtzigtausend Poren aus Leibeskräften diesen Zweifel, und versenke dich in das eine Wort *Mu!* Trage es mit dir bei Tag und Nacht! Verstehe es nicht als ein leeres Nichts oder als Nichts in bezug auf Sein! Es ist, wie wenn jemand einen glühenden Eisenball verschluckt hat, er möchte ihn ausspeien, kann ihn aber nicht ausspeien.» (Übers.: Heinrich Dumoulin)

Ich packe das letzte große Sesshin der sommerlichen Übungszeit an – im Schweiße meines Körpers.

Mein Zazen wird stumpfsinnig. Wie kann ich bloß meine Gedanken zum Schweigen bringen? Ich habe auf meine Gedanken keinen Einfluß mehr.

Sanzen:

«Wie soll ich mein Verständnis von Mu zum Ausdruck bringen und belegen? Wie soll ich meine wahre Natur finden? Ich kann mich während des Zazen nicht konzentrieren.»

Mumon: «Mu hat solche Überlegungen nicht nötig.»

Mumon: «Seien Sie eins mit dem Himmel und der Erde.»

Mumon: «Seien Sie eins mit dem Universum.»

Mumon: «Wenn Sie Mu verstehen, können Sie Geburt und Tod übersteigen. Wie gehen Sie über Geburt und Tod hinaus?»

«Es gibt keine Worte, um über Geburt und Tod hinauszugehen. Es gibt nur Mu. Auf diese Art kann ich Geburt und Tod hinter mir lassen.»

Mumon: «Geburt und Tod existieren gar nicht.»

Mumon: «Kann man Mu in zwei Teile aufteilen?»

«Wenn ich Mu aufteile, teile ich die Welt auf. Und wenn ich die Welt aufteile, bin ich selbst nicht eins. Und wenn ich selbst nicht eins bin, kann ich nicht Mu sein.»

Mumon: «Zen hat nichts mit solchen Überlegungen zu tun. Die Welt ist eins und zwei.»

Der Erholungsnachmittag alle zehn Tage wirkt sich auf meine Zen-Praxis wohltuend aus. Es tut gut, in das Leben der Stadt einzutauchen! Es dauert nur einen Nachmittag, und es ist unmöglich, dadurch die Konzentration zu verlieren. Auch in diesem wirren Leben der Stadt ist die Wirklichkeit des Lebens zu finden. Doch solange man mit Hilfe der Zen-Praxis nicht eine gute innere Basis geschaffen hat, sollte man es vermeiden, sich auf unnötige Aktivitäten einzulassen.

Ich habe kürzlich in *Face aux verrous* von Henri Michaux eine Textstelle gelesen, die gut in diesen Zusammenhang paßt und die für mich viel Zen enthält: «Indem sie weder das Ziel mit den Umständen noch die Eindrücke mit den Fakten verwechselt, produziert unsere Kuh Blanchette vor allem ihr Porzellan. Sobald es etwas zu vergleichen gibt, sieht sie, wie sehr sie im Recht ist, wie wertlos die Zerstreuungen sind und ohne Tragweite, ohne Tiefe.» Wenn man sich einer spirituellen Suche widmet, so werden nebensächliche Dinge zu Zerstreuungen; beim Zazen ist das Gegenteil der Fall. Wenn man erreichen will, was Zen vorschlägt, muß man sich auch den nebensächlichen Dingen total hingeben.

Am Monatsende gibt mir mein Meister zu verstehen, daß die Verantwortung für die Weitergabe des Zen in Europa bei mir liegen werde. Werde ich einer so großen Aufgabe gewachsen sein? Die gegenwärtige Form der in Japan tradierten Lehrmethode des Zen wird sich sicher verändern müssen, wenn sich Zen in Europa ausbreitet. Für mich ist es nicht einsichtig, daß er mit mir solche Pläne verbindet, da ich selbst noch nicht einmal weiß, wie ich es anzustellen habe, um den Weg wirklich zu beginnen!

Im Reiun-in

Wie gewohnt, wechsle ich in den Tempel meines Meisters in Kioto. Hier ist die Hitze noch schlimmer als in Kobe, doch ich muß mich wenigstens nicht an die drakonische Strenge des Klosterlebens halten.

In Kobe arbeite ich an meiner inneren Entwicklung, hier im Reiun-in lasse ich mir die Veränderungen und Erschütterungen, die sich abgespielt haben, bewußt werden. Im Shofuku-ji ist das Leben so streng, daß ich mir nicht viele Fragen stelle, im Reiun-in dagegen komme ich auf tausend Fragen. Die Angst und die Zerrissenheit – gehören sie zu mir? Oder, wie Maurice Blanchot es in seinem *La Part du feu* sagt: «Zerrissenheit und Angst werden durch die Wirren einer zusammenbrechenden Gesellschaft entstellt.»

Einer der Gründe, weshalb ich im Shofuku-ji eingetreten bin, besteht darin, daß ich für mein Leben keinen Sinn fand: das Leben in einem Zen-Kloster anstelle der früheren Langeweile. Und jetzt, da ich die Hoffnung aufgegeben habe, wird mir gerade dies zur tragfähigsten Hoffnung. Ich versuche mich zu entlasten, doch das ist, bei Gott, schwierig! Die Meditation allein kann mich in meinem Lebensverständnis weiterbringen: die Meditation im Dienst der Entwicklung und die Entwicklung im Dienst der Befreiung, meiner Befreiung vorerst, dann der Befreiung der anderen. Ich betrachte Zen als ein Mittel zur grundsätzlichen Umwandlung der Gesellschaft. Vielleicht habe ich bis in zehn Jahren die Möglichkeit, dann «meine» Kampagne zu starten.

Ich lese. Und die Lektüre bestärkt mich im Wunsch, zu üben. In einer Biographie über Vincent van Gogh lese ich, daß er sich noch sechs bis zehn Jahre gab, um sein Werk zu vollenden. Das war, so dachte er, nach seinem Gefühl noch alles, was sein Körper aushalten würde, schonen wollte er sich auf keinen Fall. Ganz tief in mir habe ich die Absicht, mich nicht zu schonen, aber auch das Gefühl, gar nicht anders handeln zu können. Ich muß mich auflösen, von mir darf nichts übrigbleiben. Mich auflösen, um jeden Preis, nur noch die Leere: Mu werden. Mich nach nichts mehr sehnen als nach dem Nichts. Der Wunsch, daß nichts mehr existiert, weder die Dinge noch die Personen, daß mich nichts mehr betrifft, weder das Wahrnehmbare noch das Nicht-Wahrnehmbare. Für den Moment muß ich mich ganz mit mir beschäftigen; die andern sind später an der Reihe.

Ich widme mich auch der Kalligraphie.

Im vergangenen Winter wartete ich, da ich nicht einzutreten wagte, vor dem Kalligraphie-Raum, um den Meister bei seinem Kommen zu fragen, ob ich zuschauen dürfe. Seine Antwort war: «Sie können mir helfen.» Ich saß dann hinter ihm. Er trug einen weißen Kimono und saß im Fersensitz auf dem Tatami. Vor ihm lagen die großen, weißen Blätter, auf die er schreiben würde. Sein Assistent, ein Mönch, der studierte und im Reiun-in lebte, saß ihm gegenüber, entfernte die vollendeten Blätter und brachte sie in einen anderen Raum, wo er sie zum Trocknen auf Zeitungspapier auslegte. Mumon sprach nichts und schaute niemanden an. Die Tusche floß aus seinem Pinsel, den er führte, als würde er ihn kaum halten. Das eine und andere Mal blickte er mich an und sagte: «Mond», «Leere»; es handelte sich um die Bedeutung der Schriftzeichen, die er eben gemalt hatte. In diesen Augenblicken hatte ich Lust, ihm Fragen zu stellen, ihn nach dem Warum und dem Wie zu fragen. Aber bei Mumon kommen einem die Fragen nicht über die Lippen. Im Zen, zumindest bei Mumon, stellt man keine Fragen, man begnügt sich mit der Lust, eine Frage zu stellen. Es ist mir bewußt, daß ich mich heute ähnlich verhalte. Ich mag es nicht, Erklärungen abzugeben. Ich mag es auch nicht, Erklärungen zu bekommen. Ich betrachtete den Meister in seinem Tun. Ich nahm die Bewegungen seiner Arme und seines Körpers in mich auf, das Kommen und Gehen des Pinsels, das Kommen und Gehen des Atems, seine konzentrierten, regelmäßigen und tiefen Atemzüge, die fülligen und dünnen Striche auf dem Papier. Auf seinem Gesicht konnte ich nichts lesen: Er wirkte weder glücklich noch unglücklich. Er war einfach sehr gesammelt auf das, was er machte. Vielleicht war er glücklich, weil er sehr gesammelt war. Vielleicht brauchte er die Kalligraphie, um sich in einer Tätigkeit zu sammeln?

Die Kalligraphie hat vor allem mit der Gestaltung des Raums zu tun. Die Proportionen müssen respektiert werden. Noch bevor die Buchstaben gezogen werden, muß der Raum, der jedem einzelnen Buchstaben zukommt, im Geist bewußt wahrgenommen werden. Die Kalligraphie ist eine Möglichkeit, zum Ausdruck zu bringen, was man im Rahmen der Zen-Übungen schon verwirklicht hat: eine Möglichkeit der Bewußtwerdung; dadurch wird man wach für die Verwirklichung. Die einzelnen Züge der Schriftzeichen spiegeln die Verfassung desjenigen, der sie geschrieben hat. Im Fernen Osten muß ein Künstler, noch bevor er einen Pinsel zur Hand nimmt, um ein Bild *(Kakemono)* zu malen, im Sinn der alten echten Tuschmalerei ganz in der Natur aufgehen. Er muß sich in der Natur verlieren, mit ihr eins werden. Er muß mit dem Bambus eins werden, wenn es darum geht, den Bambus zu malen, ja er muß selbst zum Bambus werden, damit er dann das Wesen des Bambus wiedergeben kann (ein genaues Abzeichnen allein gilt als wertlos). Ein Künstler, der die chinesische Tuschmalerei oder die Kalligraphie *(Shodo)* übt, muß zu dem werden, was er malt. Das ist das Geheimnis der Künstler im Fernen Osten. Das setzt aber eine lange Innenschau voraus: Man muß den Blick über lange Zeit nach innen wenden, um sich dann allmählich mit dem Pinsel, dem Papier und der Tusche zu identifizieren. In diesem Fall wird Shodo zu einem Weg der Verwirklichung: Man übt dann die Kalligraphie, um der Wirklichkeit näherzukommen. Was man in Form der Kalligraphie gestaltet, wird im Moment des Vollzugs zum Ausdruck des eigenen Wesens.

Ein weißes Blatt nach dem anderen kam an die Reihe. Nach

einer oder zwei Stunden sagte der Meister: «Ich höre auf; der Pinsel ist müde.» Wenn die Kalligraphien abgeschlossen waren, hatte ich aufzuräumen: Die Utensilien mußten gereinigt und wieder geordnet, die Tuschespritzer weggewischt werden. Ich hatte die ganze Schreibausrüstung wieder sauber zu kriegen. Wenn jemand einen traditionellen Übungsweg beschreitet, so weiß er, daß er als Anfänger keine Fragen zu stellen hat. Er führt die Befehle des Meisters aus, gleichgültig, wie sie lauten. Wer die Nase rümpft, verschließt nur seinen Geist.

Noch unzählige Male werde ich bis spät in die Nacht die Tusche des Meisters zubereiten. Die Zubereitung der Tusche dauert etwa zwei bis drei Stunden: Man reibt einen schmalen Ziegel aus getrockneter Tusche auf der Fläche eines Behälters und fügt tropfenweise Wasser hinzu. Dabei sitzt man auf dem Boden entweder in der Stellung des Seiza (Fersensitz) oder des Zazen. Die Zubereitung der Tusche ist als solche schon eine echte Zazen-Übung.

Ich möchte noch kurz von einem Mönch aus dem Kloster Shofuku-ji erzählen, der sich zur Zeit ebenfalls im Reiun-in aufhält und mir sehr sympathisch ist: Wasan. Sein Mönchsname lautet Daïwa oder Taïwa: «der große Frieden». Er redet nie. Ich weiß nicht, weshalb: Ob er nichts zu sagen hat, ob er von Natur aus schweigsam ist oder ob er ein Schweigegelübde abgelegt hat. Er spricht nicht. Tag für Tag: nichts sagen. Er ist ein großer, starker Kerl; wir haben ungefähr dasselbe Alter. Auch Mumon spricht nicht. Will Wasan Mumon imitieren, und spricht er deshalb nicht? Ich möchte fähig sein, ebenfalls nicht zu sprechen, aber das gelingt mir nicht; ich bin zu extravertiert.

Einmal will ich vom Reiun-in aus nach Tokio zu meinem Freund André fahren. Wasan aber will unbedingt, daß ich mich am Samu beteilige. Doch ich habe keine Lust. Er aber will den Samu durchsetzen und zieht mich am Ärmel meines Kimono. Das nervt mich dermaßen, daß ich ihm die Faust ins Gesicht schlage. Wasan sagt nichts und reagiert nicht. Ich benütze die

Gelegenheit und renne weg. Er folgt mir nach, aber ich bin schneller als er und gelange von einer anderen Ecke her in den Reiun-in, hole meine Sachen und fahre nach Tokio. Als ich zehn Tage später zurückkomme, stelle ich fest, daß er während meiner Abwesenheit in mein Zimmer gegangen ist, meine schmutzige Wäsche geholt und gewaschen hat.

Ein andermal, im Shofuku-ji, lädt mich Wasan an einem freien Nachmittag zu einem Ausflug ein. Er will auf den Rokko fahren, einen Berg bei Kobe. Er hat bereits einen großen Rucksack vorbereitet, will mir aber nichts über dessen Inhalt sagen. Vielleicht handelt es sich um ein Picknick. Wir nehmen die Standseilbahn und marschieren noch ungefähr eine Stunde. In einem bestimmten Augenblick beschließt er, daß wir anhalten. Er öffnet den Rucksack und packt mindestens fünfzig kleine Mispelstecklinge aus, und er lädt mich ein, sie einzupflanzen. Das beschäftigt uns den ganzen Nachmittag. Was ist heute wohl aus diesen Mispeln geworden?

Es kam dann eine Zeit im Shofuku-ji, in der es für ihn nicht mehr gut lief. Einer der Oberen hatte sich in den Kopf gesetzt, ihm sein Schweigen auszutreiben. Zudem wurde er während des Zazen das beliebte Ziel des Jikijitsu. Man muß hinzufügen, daß er die meiste Zeit während des Zazen schlief, daß aber auch Shinzensan, der Jikijitsu, wenig kontrollierte. Dieser hatte nun beschlossen, Wasan jedesmal mit dem Keisaku zu schlagen, wenn er während des Zazen schlafen würde. Oft hörte ich nun, wie er sich möglichst geräuschlos erhob, den Keisaku ergriff und mit wuchtigen Schlägen auf den Rücken von Wasan losprügelte. Nahm er ihm vielleicht übel, daß er während des Zazen selber nicht schlafen konnte? Hinzu kam, daß Wasan nie zum Sanzen ging, außer wenn er dazu verpflichtet war. Er gestand mir, daß er den Meister nie aufsuchen würde. Tatsächlich machte er zwar die drei Verbeugungen vor dem Zimmer, blieb dann aber stehen, bis der Meister mit der kleinen Glocke läutete. Dann wiederholte er die drei Verbeugungen und ging. Eines Tages, außerhalb eines Sesshin, ließ Wasan den Deckel jener Schachtel, die seine persönlichen Dinge enthielt, durch den Zendo fliegen. Der Obere verschrieb ihm eine Tracht Prügel (eine Strafe, die *Bassaku* genannt wird), doch er weigerte sich, sie zu akzeptieren. Deshalb wurde er aus dem Zendo ausgeschlossen. Man brachte ihn in den Verwaltungstrakt des Klosters, wo er gemeinsam mit den beiden Tenzo wohnte, bis es auch da nicht mehr ging. Er mußte schließlich den *Tangario* beziehen, jenen Raum, in dem man die fünf Tage verbringt, bevor man in die Klostergemeinschaft aufgenommen wird. Man befahl ihm, bis zu einer weiteren Verfügung dort zu bleiben. In diesem Raum darf man sich nur mit Zazen beschäftigen. Da er sich während des Zazen ständig bewegte, befahl ihm der Shikasan, sich eine mit Wasser gefüllte Tasse auf den Kopf zu stellen und so Zazen zu üben. Er hielt das zwei oder drei Tage lang durch. Dann, eines Morgens, war er verreist. Ich vernahm später, daß er ein anderes Kloster aufgesucht hatte, wo es aber nicht besserging, dann ein weiteres... wieder dieselben Probleme. Dann hörte ich nichts mehr von ihm. Ich nehme auf jeden Fall an, daß ihn der Shikasan, als er ihn in diesen speziellen Raum verwies, offiziös vor die Tür setzte. Denn es war schwierig, ihn aus dem Kloster zu jagen, weil er ein direkter Schüler Mumons war; Wasan mußte diesen Schritt selber wählen. Ich finde sein Ende traurig; wir haben oft gemeinsam geübt, sowohl bei den verlängerten Yaza als auch bei den Nachtwachen im Zendo (Zuiza), wenn es draußen zu kalt war.

Ich habe ein Problem, das ich dringend in Ordnung bringen muß: Ich kann mein Visum nicht mehr verlängern. Ich muß deshalb vor der winterlichen Übungszeit Japan verlassen und in der japanischen Botschaft in Seoul den entsprechenden Antrag stellen. Südkorea ist das nächstgelegene Land, das erlaubt, diesen Antrag zu stellen. Ich verlange deshalb ein Gespräch mit dem Meister, um die Frage zu klären.

Mitte September läßt mich Meister Mumon in sein Büro rufen und überreicht mir ein Täschchen. Er spricht dabei lediglich die Worte: «You may go.» Da ich nicht weiß, was sich im

Täschchen befindet, und ich mir nicht sicher bin, was er mir gesagt hat, gehe ich aus dem Raum, ohne ihm Fragen zu stellen, und kehre in mein Zimmer zurück. Hier entdecke ich, daß das Täschchen ein Flugticket nach Korea, Geld und japanisch beschriebene Blätter, sicher Empfehlungsbriefe, enthält. Ich erfahre nachträglich, daß er sich an Meister Omori Sogen wendet, an seinen spirituellen Bruder in einem gewissen Sinn, und an einen Schüler im Auswärtigen Amt. Dank dieser Bemühungen werde ich leicht zu einem Visum für einen längeren Aufenthalt kommen.

Ich gebe mir einen Monat Zeit, um das Visum zu erlangen, aber in Seoul wird es mir schließlich schon nach ein paar Stunden zugestanden. Ich habe deshalb viel Zeit vor mir und beschließe, quer durchs Land, von Seoul nach Pusan, die Zen-Klöster zu besuchen. Südkorea ist ein recht großes Land und verhältnismäßig dünn besiedelt. Die Klöster liegen sehr abgelegen, ganz im Gegensatz zu Japan, wo sie sich immer inmitten der Städte oder an deren Peripherie befinden. Die koreanischen Klöster sind schön, ganz aus Holz und gelegentlich so alt, daß sich ihre Dachkonstruktionen verzogen haben. Es scheint, daß sie im Winter geheizt werden. Ich habe den Eindruck, daß der Zen in Südkorea etwas «gemütlicher» ist als der in Japan begründete «Samurai-Zen». Es scheint in Südkorea auch nur eine einzige Lehrtradition zu geben.

Überall, wo ich hinkomme, werde ich erwartet und ständig begleitet. Nehmen sie an, daß mein Koromo nur eine Verkleidung darstellt und ich ein Spion bin? Auf jeden Fall bin ich keinen Augenblick allein: Vom Anfang bis zum Ende meiner Rundreise paßt man auf mich auf.

Ich begegne zwei erstaunlichen Meistern. Der erste ist sehr groß, sehr mager und sehr alt. Er kommt mir auf einer Klosterterrasse entgegen, wo ich auf ihn gewartet habe. Und er fragt mich, woher ich komme! Und das ist genau die Frage, vor der ich Respekt habe. Denn wenn ein Zen-Meister einen fragt, woher man kommt, kann man damit rechnen, daß jede Antwort eine falsche Antwort ist und daß sogar keine Antwort die falsche Antwort ist. Ich antworte deshalb mit Banalitäten: Ich komme aus Seoul, ich bin auf dem Weg nach Pusan, irgend so etwas. Ich stottere das alles auf japanisch. Wenn er mich nicht versteht, übersetzt ein Mönch. Und dann auf einmal streckt mir der Meister die Hand entgegen und gibt mir eine Nuß. Während des ganzen Gesprächs hatte er diese Nuß in den Händen gehalten. Diese Nuß habe ich immer noch, irgendwo in einer Schublade.

In einem anderen Kloster die andere Begegnung mit einem Meister. Man führt mich in den Raum des Meisters. Ein Mönch stellt mich vor und sagt dann, zu mir gewandt, falls ich in Sachen Zen Fragen hätte, könnte ich sie nun dem Meister stellen. Und ich beginne ziemlich dumme Fragen zu stellen im Stil von: Was ist Zen? usw.; und während einer Viertelstunde, zwanzig Minuten antwortet er mir sehr freundlich und sehr geduldig. Dann aber, bei irgendeiner Frage, die ich stelle, protestiert er schreiend und jagt mich klar und deutlich hinaus. Er sagt mir, ich solle verschwinden, ich sei ein Nichtsnutz, es sei nicht der Mühe wert, mir noch mehr Zeit und Aufmerksamkeit zu widmen...!

Nach meiner Reise kehre ich für das kleine Sesshin, das die winterliche Übungszeit einleitet, ins Shofuku-ji zurück.

Die Übungszeit des Winters 1969

Wiederum, zum viertenmal, habe ich beschlossen, weitere sechs Monate zu bleiben, und letztlich weiß ich nur, daß ich nach wie vor nichts kapiere…

Start des ersten großen Sesshin. Es gibt einen neuen Jikijitsu (Zazen-Meister), oder genauer gesagt: Die drei Oberen des Shofuku-ji lösen sich in der Aufgabe des Zazen-Meisters ab. Das bedeutet: Jedesmal ist die Art und Weise, wie ich den Keisaku erhalte, neu; der eine schlägt, um zu schlagen, der andere schlägt, um zu unterstützen.

Sanzen:

«Gibt es eine oder mehrere Antworten auf den Koan ‹Mu in zwei Teile aufteilen›?»

Mumon: «Teile auf, teile auf!»

«Mu aufzuteilen bedeutet, Geist und Körper voneinander zu trennen.»

Mumon: «Geist und Körper können nicht voneinander getrennt werden.»

«Ich finde keine Antwort. Können Sie mir weiterhelfen?»

Mumon: «Im Mu steckt das Leben. Und im Leben stecken die subjektive Welt und die objektive Welt.»

«Wenn ich etwas sage, stimmt es nicht. Wenn ich nichts sage, ist es auch nicht gut. Was soll ich denn tun?»

Mumon: «Mu in zwei Teile aufteilen.»

«Wenn Mu von mir ausgeht, ist es gleichzeitig subjektiv und objektiv. In diesem Sinn kann man sagen, daß Mu aufgeteilt ist.»

Mumon: «Zen hat nichts mit solchen Überlegungen oder mit dem Denken zu tun. Zen ist Nicht-Denken.»

«Ich habe keine Antwort gefunden.»
Mumon: «Üben Sie Zazen und Zazen und Zazen. Von da wird die Antwort kommen.»

Ziemlich in Form dank meines Aufenthalts in Kioto, komme ich recht gut durch dieses Sesshin. Zudem ist diese Jahreszeit für die Zen-Praxis sehr geeignet: Der Himmel ist ganz rein und der Mond wunderschön. Traditionellerweise wird diese Zeit von den Japanern für abendliche Feste benutzt.

Sanzen:
«Können Sie mir sagen, worin Zen besteht?»
Mumon: «Teilen Sie Mu in zwei Teile auf. Darin besteht Zen.»

«Ich habe keine Antwort.»
Mumon: «Üben Sie Zazen und nochmals Zazen.»

«Das, was ich sehe: Existiert es, oder existiert es nicht?»
Mumon: «Mu ist die Einheit, das Eine. Und nur das kann man leben. Zerschneiden Sie die Einheit in zwei Teile!»

«Ich denke, daß ich blöd bin. Ich finde einfach keine Antwort auf den Koan.»
Mumon: «Geben Sie in dem Fall mir das Mu. Darin besteht Ihr Koan.»

Der Meister erzählt während eines Teisho, daß sich Mumon Zenji, der Autor des Buches *Die Schranke ohne Tor*, acht Jahre lang vom Morgen bis zum Abend mit dem Koan Mu beschäftigt hat und Bukko Kokushi sechs Jahre. Nach Mumon Roshi braucht man einen Koan nicht möglichst schnell hinter sich zu bringen. Es geht vielmehr darum, seinen Geist und seinen Willen zu sammeln, um Zen zu üben. Aber eben, es gelingt mir nicht, meine Gedanken zu kontrollieren. Wie ein Sturm überfallen sie mich. Und was die asketischen Übungen betrifft, so erleide ich sie, ich habe sie nicht im Griff.

Das Leben in einem Zen-Kloster ist sehr vielfältig und gesund. Durch die Praxis des Zazen und durch die tägliche Arbeit (Samu) werden die Kräfte kanalisiert. Und doch hinterläßt es unweigerlich Frustgefühle: Man gewinnt mit diesem Klosterleben nichts Greifbares. Wenn jemand psychisch nicht stabil ist, kann dieser Frust zu einer inneren Unruhe führen. Aus Kompensation ißt man viel. Auf der anderen Seite beruhigt das viele Essen auch wieder den sexuellen Appetit. Es ist nicht selten, daß man sich drei oder vier Schalen Reis schöpft. Gelegentlich ist es wie eine Art Wettbewerb: Wer verschlingt am meisten? Und der Koch hat die Pflicht, so viel vorzubereiten, wie die Mönche essen möchten. Wenn am Ende einer Mahlzeit ein Mönch noch mehr zu essen wünscht, muß ihm der Koch noch einmal etwas zubereiten. Schlimm sind die Udon, diese fingerdicken Teigwaren bei der Rückkehr vom Takuhatsu, am schlimmsten während des Rohatsu, wenn wir beim Mittagessen gedrängt werden, soviel davon zu essen, daß der Magen fast platzt. Einmal konnte ich die letzte Nudel nicht mehr hinunterkriegen. Ich sah aus wie ein Huhn, das einen zu langen Regenwurm erwischt hat: Das eine Ende hängt ihm noch seitwärts aus dem Schnabel.

Wenn man soviel gegessen hat, kann man während des Zazen nur noch schlafen. Und der Mönch, der für den Keisaku verantwortlich ist, widmet sich ihm aus ganzem Herzen. Was mich betrifft, muß ich allerdings ergänzen, daß ich es vor dem vierten oder fünften Jahr nicht schaffte, während des Zazen zu schlafen.

Wenn sie vom *Hashinkyuji* (freier Nachmittag) zurückkehren, pflegen einige Mönche – auch ich gehörte eine Zeitlang dazu – in Bäckereien Brotkanten *(Etapan)* zu kaufen, das Kilo für vierzig Pfennig. Und sie kaufen sich auch eine Plastiktube Mayonnaise. Bevor sie sich am Abend hinlegen, bereiten sie sich aus den Etapan heimlich ein Mayonnaise-Sandwich. Heute widert mich so etwas an, doch damals im Kontext des Klosters eine Plastiktube Mayonnaise: welch ein Genuß! Zudem hatte man für ein paar Stunden wieder den Magen voll.

Sanzen:

«Das Mu geben. Das Mu geben. Was kann das heißen? Wie kann ich Ihnen das Mu geben, wenn das Mu bedeutet: nichts, leer? Das Nicht-mehr-Wahrnehmbare geben.»

«Wenn Sie mir das Mu zeigen, kann ich Ihnen das Mu geben.»

Mumon: «Ich bin es, der Sie darum gebeten hat.»

«Das Mu kann nicht weitergegeben werden. Wenn man das Mu weitergibt, handelt es sich nicht mehr um das Mu.»

Mumon: «Sie haben Mu noch nicht verstanden.»

«Mu besitzt keinerlei Form. Wie kann ich es jemandem geben?»

Mumon: «Das ist eine rationale Überlegung. Konzentrieren Sie sich auf Mu. Dann stellt sich die Antwort ein. Konzentrieren Sie sich vom Morgen bis zum Abend auf Mu!»

«Ich suche zwar mit allen meinen Kräften und mache genau, was Sie sagen, und dennoch finde ich keine Antwort.»

Mumon: «Alle Zen-Meister brauchten drei bis fünf Jahre, um die Antwort zu finden. Es ist nicht notwendig, sich zu beeilen.»

Mumon: «Wenn Sie Mu verstehen, was tun Sie in Ihrem Alltagsleben?»

Die großen und kleinen Sesshin lösen sich ab. Es beginnt wieder kalt zu werden. Kälte, Schmerz, Müdigkeit – die drei Hauptschwierigkeiten des Zen im Winter. Mein Bettzeug ist zu kurz, meine Füße liegen im Freien. Es gelingt mir nie, mich ganz zuzudecken: sowohl die Füße als auch die Körperseiten. Ich muß unbedingt zum Futonhändler gehen und Futon und Decke verlängern lassen, und zwar ohne daß man es merkt, denn die Futons haben eine vorgeschriebene Größe. Aber ich bin es leid, in diesen Winternächten vor Kälte zu schlottern, obwohl ich mir zum Schlafen fast alle Kleider anziehe.

Rohatsu rückt näher. Die Nacht vor dem Angriff. Im Zendo hört man keinerlei Geräusch. Alle haben Angst. Im Westen überträgt sich die Angst wie ein Gärungsprozeß, jeder spricht lauter als der andere. Hier behält man die Angst für sich, sie geht von keiner Person aus und reißt niemand anderen mit sich.

Um achtzehn Uhr die Rohatsu-Ermahnungen durch den Meister. Mir bleibt: «Man muß bereit sein, während des Rohatsu zu sterben.»

Wieder im Zendo, ordnet jeder seine Sachen, für den Fall, daß ihm etwas zustoßen sollte... Ich selber lege mir wärmere Kleider bereit.

Während des Rohatsu strenge ich mich an, nicht zu denken, vor allem nicht zu denken. Doch die *Mozo* (störende Gedanken oder Bilder) bestimmen mich. Während des Yaza habe ich einmal plötzlich den Eindruck, es sei Tag, ich würde den Steingarten sehen, ich würde sehen, wie die Steine sich allmählich in Erde verwandeln, ich würde mit meinen eigenen Augen sehen, wie das Gras um etwa zehn Zentimeter wächst. Ein andermal verwandelt sich der Holzbalken, der die Kante des Podests bildet und auf dem normalerweise mein Blick ruht, allmählich in eine Eisenbahnschiene. Ich habe selber nichts ausgelöst, die Veränderung ist mir vorerst nicht einmal bewußt. Und dann fährt eine Bahn vorbei! Eine Miniaturbahn freilich, aber immerhin eine Bahn! Solche Phänomene gehören in den Bereich der Mozo. Man sollte ihnen während der Meditation möglichst wenig Beachtung schenken.

Am dritten Tag erhebt sich während der letzten abendlichen Zazen-Einheit der Jikijitsu, der Verantwortliche für die Ordnung im Zendo, und schimpft uns aus: «Nichtsnutz-Mönche!» Und er befiehlt uns, daß wir uns während des Yaza besonders anstrengen. Aufgrund dieser Aufforderung glaubt nun Tensan, ein Mönch mit einer speziellen Gabe an Dummheit, Yaza quantitativ verlängern zu müssen, statt die Übung zu vertiefen. Tensan ist ein Mönch, mit dem ich bisher noch nie in Kontakt kommen konnte; aber im Moment ist er verantwortlich für jene, die zur winterlichen Übungszeit neu hinzugekommen sind, verantwortlich im Sinne von «der Älteste». Statt daß nun Yaza um Mitternacht zu Ende geht, wird es durch ihn unendlich ausgedehnt. Und ich darf, obwohl meine Klostererfahrung bedeutend länger ist als die Erfahrung der zuletzt Gekommenen, auf keinen Fall vor ihnen in den Zendo zurückkehren. Ich warte also, bis sich Tensan, der letzte, dafür entscheidet. Was ich mache, hat nichts mehr mit Zazen zu tun. Ich warte: im Herzen voller Haß und voller Lust, seinen Schädel auf den Fels im Zen-Garten zu hauen. Es gibt nichts Schlimmeres als die verlängerten Yaza; für die eigentliche Zen-Praxis bringen sie nichts. Ich sage mir, daß Tensan, dieser Idiot, die Zeit für Yaza letztlich nur verlängert, um seine Stellung in der Hierarchie zu bekräftigen.

Mein Zazen bleibt an der Oberfläche. Ich erlebe keinerlei Wohlbefinden, keine angenehmen Empfindungen, keine Beruhigung meiner Gedanken. Schmerz, Kälte und Müdigkeit sind das einzige, was ich empfinde, und zwar durchgehend, Tag für Tag. Wenn ich ausharre, so nur deshalb, weil ich überzeugt bin, daß dieses Leiden schöpferisch ist und, irgendwann später, etwas bewirken wird. Stundenlang kann ich mein Zazen überhaupt nicht mehr beeinflussen. Und trotzdem bringe ich am dritten Tag einen Koan hinter mich. Sofort wird mir ein anderer Koan gegeben: «Wenn man Mu verstanden hat, kann man Geburt-und-Tod übersteigen. Wie machen Sie das?»

«Es gibt weder Geburt noch Tod.»

Mumon: «Zen hat nichts mit dieser Art von Erklärungen zu tun.»

Wie soll ich das denn ausdrücken, daß es weder Geburt noch Tod gibt? Warum behauptet man überhaupt, daß es weder Geburt noch Tod gibt? Denn zu einem ganz bestimmten Zeitpunkt bin ich doch geboren worden. Und zu einem ganz bestimmten Zeitpunkt werde ich sterben. Ich denke, daß die Lösung darin liegt, daß man den jeweiligen Augenblick ganz lebt. Doch: Nicht denken! Aber die Gedanken holen mich in einer unglaublichen Geschwindigkeit immer wieder ein. Ich sollte nicht an die kommenden Zazen-Einheiten denken, ich sollte in der gegenwärtigen aufgehen. Schmerzen im ganzen Körper: Von den Zehenspitzen bis zum Scheitel bin ich nur noch erschöpft.

Etwas Trost kommt aus der Tatsache, daß ich während dieses Rohatsu mehrere Koan «knacke». Ich habe allerdings gar nicht das Gefühl, daß ich den dafür notwendigen Einsatz leiste. Am fünften Tag wird mir das folgende Koan gegeben: «Halte den Ton der Glocke aus dem fernen Tempel fest!»

Der Rhythmus hat sich inzwischen eingespielt: Zu Beginn jedes Zazen ziehe ich meine Entschlossenheit auf, wie man eine Pendeluhr aufzieht. Das läuft für kurze Zeit, doch dann steht sie wieder still. Nichts trägt wirklich durch. Was mich vor allem kaputtmacht, ist der Yaza. Würde der Yaza normal, zur vorgesehenen Zeit, zu Ende gehen, wären weniger psychische Probleme vorhanden. Aber daß dieses Arsch von Tensan willkürlich darüber verfügt, wie lange der Yaza dauert, bringt mich zum Explodieren.

Ich müßte nun den Sprung auf die andere Seite schaffen, aber ich bringe diesen Sprung nicht fertig. Ich versuche und versuche es. Und nochmals ein Koan: «Halte die vier Klänge fest!»

Irgendwo ist einmal gesagt worden, daß es das Glück nur im Verzicht gibt. Das interessiert mich nicht. Der Zen kennt die Vorstellung «Verzicht» nicht und setzt sich auch darüber hinweg. Was zählt, ist die Vertiefung des Zazen, nichts anderes. Der Zen spricht nur vom einen: seine wahre Natur sehen, die wahre Natur verwirklichen. Und ich weiß nicht, was das bedeuten soll. Ich glaube, daß all meine Anstrengungen in diese Richtung gehen, und daraus wird dann geschehen, was geschehen soll. Den Zustand des Samadhi zu erreichen, das fasziniert mich.

Die Beweggründe, weshalb man eine asketische Strenge auf sich nimmt, können jemandem, der noch nie versucht hat, seine eigenen Grenzen zu überschreiten, als nicht nachvollziehbar erscheinen. Aber auch die christlichen Mönche führen ein Leben der Askese, deren Echtheit nicht in Frage gestellt werden kann. Eine hohe Anforderung verlangt auch nach einem entsprechend harten Training. Man muß wissen, daß die asketischen Praktiken des Zen stets im Rahmen des menschlich Möglichen bleiben. Wenn wir nun während des Rohatsu vom 1. bis zum 8. Dezember fast ununterbrochen Zazen üben, so ist damit auch der Beweis erbracht, daß der Mensch eine Woche lang nicht zu schlafen braucht.

Dieses Rohatsu schließt mit einem oder zwei Nonstop-Yaza, für mich verbunden mit den folgenden Koan: «Legen Sie ein Seil um den Fujiyama, und bringen Sie ihn hierher!» Dann: «Der Fujiyama muß an die Stelle des Rokko und der Rokko an die Stelle des Fujiyama gesetzt werden.» – Der Rokko ist ein Berg von etwa eintausendzweihundert Metern Höhe und dient, da er nicht weit von Kobe entfernt liegt, als Ausflugsziel für die Menschen dieser Stadt.

Im Anschluß an das Rohatsu-Sesshin haben wir einige «einsatzlose» Tage, d.h. Tage, an denen nicht meditiert wird. Es bleiben der Samu und der Yaza – sie sind freiwillig, aber man sieht es nicht gern, wenn man fernbleibt – und, an gewissen Tagen, der Takuhatsu.

Am 22. Dezember finden wie jedes Jahr die Feierlichkeiten der Wintersonnenwende statt. An diesem Tag sollten die Mönche ein Fest vorbereiten, das Toji-Toya heißt. Zu diesem Fest werden die Gemeindemitglieder und Donatoren, die dem Kloster verbunden sind, und der Meister eingeladen. Jeder sollte eine kleine, wenn möglich lustige und humorvolle Theaterszene einstudieren. Nach der Vorstellung ziehen sich der Meister und die Gäste zurück. Der Zendo aber, der in ein Theater umgewandelt worden ist, wird erst am folgenden Tag wieder aufgeräumt. Um zu feiern, daß die Tage nun wieder länger werden, ißt und vor allem trinkt man in großen Mengen bis spät in die Nacht. Oft bleibt mir nichts anderes übrig, als mitzutrinken, da man mir ein Glas anbietet. Der Koch hat viele kleine Gerichte vorbereitet; diese werden nun in den Zendo gebracht und auf die Tatami gestellt. Und es gibt unzählbar viele Flaschen Sake. Im Laufe des Abends werden sie geleert. Wenn ich so weitermache, werde ich alles erbrechen. Deshalb gehe ich an die frische Luft und warte, bis der Abend zu Ende geht. Es ist kalt, und ich marschiere um den Zendo. Am folgenden Tag großes Ausschlafen bis acht Uhr. Dann wird aufgeräumt im Stil des vorangegangenen Festmahls: ein wahres Durcheinander! Der ganze Vormittag ist notwendig, damit die Räume wieder hergestellt werden können. Der Nachmittag ist frei.

Nach diesen Feiern beginnt am Morgen des 24. Dezembers ein kleines Sesshin. Das Zazen dauert lediglich von siebzehn Uhr bis zwanzig Uhr. Das Licht wird um einundzwanzig Uhr gelöscht, anschließend eine Stunde Yaza. Das ist nicht übertrieben lang. Da ich im Rahmen von kleinen Sesshin weniger müde bin, kann ich verhältnismäßig leicht durchhalten. Tatsächlich fällt mir das abendliche Zazen allmählich leichter. Mein Becken ist weiter geworden und meine Gelenke biegsamer. Während des Zazen wird der ganze Körper gefordert, das Seine beizutragen, ja das ganze Wesen; und die Gewöhnung an eine bestimmte Stellung geschieht nicht von einem Augenblick auf den anderen. Die ersten Versuche auf diesem Weg können nicht anders als schmerzhaft sein, und zwar nicht nur weil die Entspannung fehlen würde, sondern weil die Muskeln zuerst einmal an die Stellung gewöhnt werden müssen. Um den Körper aufrecht zu halten, müssen Muskeln ins Spiel gebracht werden, die sonst wenig gebraucht werden. Gelegentlich bleibe ich, obwohl ich eine große Müdigkeit verspüre, eine ganze Nacht lang wach, nur um das Wecken nicht erleben zu müssen. Wenn ich nicht schlafe, bin ich schon wach und dadurch, in einem gewissen Sinn, frei vor der Angst, aufstehen zu müssen.

Am 28. Dezember geht das letzte Sesshin des Jahres zu Ende.

Die drei letzten Tage sind verschiedenen Arbeiten gewidmet: Reinigung und Reparaturen. Küchengeräte wie etwa die Schöpflöffel aus Bambusholz oder Gitter müssen ersetzt werden. Wir stellen die neuen her.

Nach Neujahr beginnen wieder die Sesshin. Ich arbeite mit dem folgenden Koan: «Auf dem Grund des tiefen Ozeans gibt es einen Schatz. Wie erreichen Sie ihn?»

«Wenn ich Mu richtig verstehe, ist nichts im eigentlichen Sinn tief.»

Mumon: «Zen hat mit dieser Art Überlegung nichts zu tun. Wenn Sie so vorgehen, werden Sie Mu nie verstehen.»

Die kleine Glocke.

Ich denke, daß es sich um jenen Schatz handelt, der in jedem von uns ist. Man muß ihn erreichen, koste es, was es wolle. Wenn man die Leere herstellt, wird er von allein deutlich werden.

«Ich lasse das Wasser des Ozeans ablaufen, dann erreiche ich den Schatz mit Leichtigkeit.»

Mumon: «Da ist so viel Wasser, daß Sie unmöglich alles ablaufen lassen können.»

Die kleine Glocke.

Will er damit sagen, daß es mir nie gelingen wird, leer zu werden?

«Der Schatz ist Mu. Ich kann ihn leicht erlangen. Mu!»

Mumon: «Immer noch Überlegungen. Wie können Sie den Schatz im tiefen Abgrund des Ozeans erreichen, ohne daß Ihre Kleider naß werden?»

Die kleine Glocke.

In ein paar Tagen geht die winterliche Übungszeit bereits – oder endlich – zu Ende. Ich werde wieder in den Reiun-in fahren. Wie soll es mit meinem Zen-Experiment weitergehen? Wiederum stellt sich diese Frage. Bald bin ich nun zwei Jahre im Shofuku-ji und verstehe immer noch nichts. Ist meine Erfahrung schon genügend gefestigt, sodaß ich ins Alltagsleben zurückkehren und wieder aufnehmen kann, was ich früher gemacht habe? Oder genauer gesagt: Wenn ich jetzt nach Hause gehe, ist dann alles, was ich hier erreicht habe, bereits genügend in mir verankert, oder fällt es schnell in sich zusammen? Ist die Architektur mein Weg, oder war sie nur der Vorwand, der mich nach Japan lockte und mich dort Zen entdecken ließ? Oder soll ich Unsui werden, um mich noch stärker auf die Zen-Praxis einzulassen? Ich mußte eine harte Entscheidung treffen: Entweder werde ich Unsui, oder ich verlasse Shofuku-ji. Auf jeden Fall kann ich nicht mehr als «Laien-Mönch» weitermachen. Wenn ich Unsui werde, so bedeutet dies, daß ich für meine Zen-Praxis kein zeitliches Ende mehr plane. Das verlangt von mir ein wirkliches Engagement dem Meister und dem Kloster gegenüber. Das bedeutet auch, daß ich nicht mehr von einem Tag auf den anderen meine Sachen packen und mich einfach verabschieden kann. Das Wort «Unsui» ist aus zwei Zeichen zusammengesetzt: «Un» im Sinne von Wolke und «Sui» im Sinne von Wasser. Die beiden Zeichen symbolisieren die Ungebundenheit: die Freiheit der Wolken, die vorbeiziehen, oder des Wassers, das fließt. Die Wolken gehen und kommen ganz frei, auch das Wasser fließt ganz frei. Die Übersetzung von Unsui durch «Novize» ist schlecht, wenngleich die Mönche eines Klosters Unsui sind, die in einem gewissen Sinn ein Noviziat hinter sich bringen. Frei wie das Wasser und die Wolken... wirklich, das begreife ich nicht. Es heißt, im Zen bedeute die Freiheit, zu essen, wenn man Hunger hat, und zu schlafen, wenn man müde ist. Aber dieser Grundsatz ist im Leben eines Unsui überhaupt nie anwendbar. In Wirklichkeit bedingt die Tatsache, daß man Unsui wird, ein totales Engagement in der Zen-Praxis: Man kümmert sich nicht mehr um Gesundheit oder Leben.

Meine Mönchsweihe

Im Reiun-in beziehe ich wieder das Zimmer, das mir zur Verfügung steht. Am Morgen, nach den Sutras, reinigen wir gemeinsam mit den Studenten, die hier wohnen, schnell die Gänge (mit eiskaltem Wasser!) und bringen die Gärten in Ordnung, dann folgt das Frühstück. Anschließend gehe ich mit Gan-san (dem Verantwortlichen des Reiun-in; heute amtet er in der Nachfolge von Meister Mumon als Meister des Klosters Shofuku-ji) in das Zenbunka, das Institut für Zen-Studien, um dort unter seiner Anleitung Zazen zu üben. Es nehmen meistens zwei bis drei Studenten daran teil; von den etwa dreihundert Studenten, die an der Universität für Rinzai-Studien ihr Studium absolvieren, sind nur wenige an Zazen interessiert. Für den Rest des Tages bin ich frei, ausgenommen wenn der Meister da ist. Dann muß ich sehr zurückhaltend und dienstfertig sein, falls er irgendeinen Wunsch äußert, z. B. die Schreibutensilien für die Kalligraphie oder die Kissen für Besucher vorbereiten, mit Holz sein Badewasser aufheizen usw. Für den Abend ist normalerweise vorgesehen, daß wir mit ihm vor dem Fernseher sitzen. Er setzt sich direkt vor den Apparat, und wir bilden, ausgehend von ihm und etwas zurückversetzt, eine Art Halbkreis, und zwar dem Zeitpunkt entsprechend, zu dem wir in den Tempel eingetreten sind. Der letzte sieht den Fernseher nur noch von der Seite, er nimmt noch etwa ein Zwanzigstel des Bildschirms wahr. Das Programm interessiert niemanden, eine offensichtliche Ausnahme bildet der Meister. Während etwa anderthalb Stunden läßt er sich durch nichts ablenken. Er streicht dabei langsam und ausgiebig über seinen Kinnbart und spricht kein Wort. Von Zeit zu Zeit wendet er seinen Kopf und betrachtet, ohne ein Lächeln oder mit einem kaum wahrnehmbaren Lächeln, für ein paar Sekunden jeden von uns, vom ersten bis zum letzten. Es gibt jemanden, der für die Massage zuständig ist. Normalerweise ist es sein Diener, der ihm die Schultern und den Rücken massiert. Dann öffnet sich jeweils vor Wohlbefinden leicht sein Mund. Eines Tages war ich an der Reihe, einmal mußte man damit beginnen. Anhand seiner Mimik hatte ich an diesem Abend den Eindruck, daß ich für Massage nicht besonders begabt sein mußte. Als ich ein oder zwei Jahre später wieder aufgefordert werde, meinte er trocken: «Sie haben sich verbessert.»

Die Besucher schenken dem Meister, neben einer rituellen Gabe, oft auch eine Schachtel mit Biskuits oder Süßigkeiten. Da Mumon Roshi nicht alle selber verzehren kann, bringt er an solchen Abenden gern eine Schachtel mit. Der Inhalt ist oft schon verschimmelt, da diese Schachteln bereits längere Zeit in einer Ecke herumlagen. Da es sich um ein Geschenk des Meisters handelt, tun wir, als ob nichts wäre; im Gegenteil: Wir finden die Biskuits herrlich, ein Geschenk des Himmels!

Im Reiun-in erfahre ich über meinen Meister mehr als im Shofuku-ji. Denn im Shofuku-ji gibt es keinen Kontakt außer den Sanzen, diese dreißig Sekunden, manchmal auch nur zehn Sekunden pro Tag. Im Reiun-in beobachte ich, daß sein Diener ihm täglich *Biwa*-Blätter, Blätter des japanischen Mispelbaums, zubereitet, und man erzählt mir, daß er in der Jugend sehr krank gewesen und auf wunderbare Art wieder gesund geworden war. Er vertraute der Heilkraft der Biwa-Blätter. Er legte sie sich auf sein *Hara* (Unterbauch), nachdem er mit chinesischer Tusche eine magische Formel auf die Blätter geschrieben hatte. Ich brauchte Jahre, um diese Formel herauszubekommen, sie wurde geheimgehalten. Ich erfahre auch, daß er sich zur Stärkung seiner Gesundheit jeden Abend vor dem Einschlafen eine Bauchmassage geben läßt: Die rechte Hand umkreist den Bauchnabel fünfzigmal in die eine Richtung und die linke Hand fünfzigmal in die andere Richtung, und entsprechend weiter von zweihundertmal bis fünfhundertmal. Diese Massage erwärmt seinen Unterleib. Denn nach den taoistischen Vorstellungen von Gesundheit ist es wichtig, daß der Hara-Bereich warm ist. Ich bekomme auch mit, daß er ganz und gar Vegetarier ist. Er ißt nicht einmal von den japanischen Biskuits mit Crevetten-Geschmack (obwohl diese Biskuits vermutlich noch nie etwas von einer Crevette gesehen haben ... es ist ein künstliches Aroma!).

Mumon Roshi ist mit diesem Jahrhundert zur Welt gekommen, und zwar im kleinen Bergdorf Inabu im Herzen Japans. Er wird als Hakuin des zwanzigsten Jahrhunderts angesehen (erinnern wir uns, daß es von Hakuin heißt, ein Meister von diesem Format würde nur jedes dritte Jahrhundert zur Welt kommen ...!): Ab der Kindheit können die beiden Lebensgeschichten in Parallele gesetzt werden. Beide zeigen sehr früh schon ein außerordentliches literarisches Talent, dann, etwas später, erkranken sie an Tuberkulose, von der sie wie durch ein Wunder geheilt werden.

Mit dreißig Jahren wurde Mumon Roshi Mönch; bis zu diesem Zeitpunkt führte er, von den Grundabsichten her gesehen, ein unstetes Leben. Er studierte an der sehr renommierten Waseda Junior School, um Jurist zu werden. Doch dann ließ er diese Pläne fallen; er quälte sich, welchen Sinn er seinem Leben geben sollte, einem «Leben, das man nur einmal und nicht ein zweites Mal leben kann».

«Was ist das wirklich wichtigste Ziel, und welches ist der am besten begehbare Weg?» Da er von diesen Fragen ganz absorbiert war, den Vorlesungen seines Professors die Lektüre der buddhistischen Texte des Tannisho vorzog und seine Zeit zubrachte mit den Fragen: «Was ist die Wahrheit des Lebens? Worin besteht sein wahres Ziel?», fiel er durch die Prüfungen am Ende des Jahres.

Er suchte deshalb in Tokio nach einem Meister und übte eine Zeitlang unter der Leitung von Kawaguchi Ekaï, dem ersten Japaner, der nach Tibet gekommen war. Dieser sprach eines Tages vom «Weg des Bodhisattva», und in diesem Augenblick begann in Mumon Roshi die Überzeugung wach zu werden, daß dieser Weg auch für ihn der richtige war.

Die Übungszeit bei Kawaguchi Ekaï war sehr hart, die Regeln wurden strengstens eingehalten, und gegessen wurde möglichst einfach. Geschwächt, wie er war, erkrankte Mumon Roshi an Tuberkulose. Die Ärzte gaben ihn auf, und ganze zwei Jahre lang blieb er sich selbst überlassen in einem Raum seines Elternhauses. Eines Tages, als es ihm etwas besserging, öffnete er die Wände seines Zimmers und ließ den sanften Wind eintreten. Als er, immer noch im Bett, diesen frischen Wind einatmete, begriff er, daß er geheilt war. Es wurde ihm bewußt, daß er diesen Wind schon immer erhalten hatte und daß dieser ihm das Leben schenkte. Damals schrieb er das folgende Gedicht:

«Alle Dinge werden umarmt
vom Hauch des Universums.
Dies erzählte mir der frische Wind
heute morgen.»

Unter den Personen, die sich um ihn kümmerten, war auch eine seiner Großmütter, und sie riet ihm, einen Zen-Priester aufzusuchen, der die Leute durch eine Behandlung mit Mispelblättern heilte. Und in drei Monaten war er wieder hergestellt.

Er begann wieder seine Zen-Übungen, und zwar unter der Leitung von Seisetsu Genjo Roshi im Kloster Tenryu-ji in Kioto. Während dieser Zeit im Kloster blieb Mumon Roshi, obwohl er noch geschwächt war, beim Yaza am Abend jeweils sitzen, bis sich eine Antwort auf seinen Koan einstellte. Und am Morgen ließ er kein Sanzen aus.

Dann übernahm er die Leitung des Klosters Shofuku-ji und war dadurch auch der Verantwortliche für die mehr als dreitausend Tempel und Klöster, die zum Myoshin-ji in Kioto gehörten. Sein Ruf verbreitete sich auch im Ausland. Er widmete sich vor allem auch dem spirituellen Dialog mit der katholischen Kirche, und im Rahmen dieses Auftrags bereiste er die verschiedensten Orte dieser Welt.

Sowohl sein Leben im Innern des Klosters als auch sein Leben nach außen waren sehr ausgefüllt: Im Shofuku-ji stand er jeden Morgen um vier Uhr auf, zur selben Zeit wie die Mönche. Und am Abend arbeitete er fast bis Mitternacht. Neben den Briefen, mit denen er auf die zahlreichen Schreiben von überall her antwortete, mußte er seine Vorträge über den Dharma vorbereiten, seine Bücher redigieren und die Mönche unterweisen. Außerhalb des Klosters war er von einem «Hof» umgeben: von der Gemeinde seiner Bewunderer, die an den rituellen Feiern teilnahmen. Sie reisten ihm nach, wenn er unterwegs war. Da sie ihn finanziell unterstützten, nahmen sie sich auch das Recht heraus, ihm möglichst nahe zu sein; sie suchten den Kontakt mit ihm, auch wenn sie sich nicht im eigentlichen Sinn der spirituellen «Suche» widmeten.

Viele betrachteten Mumon Roshi als einen Heiligen. Wahr ist, daß er in seiner Jugend dem Tod entkommen war. Er hatte in diesem Leben bereits den Tod kennengelernt. Dank dieser Erfahrung berührte ihn die Tatsache des Todes nicht weiter. Er hatte sich von ihm befreit.

Einige Zeit vor seinem Sterben verlangte er die Schreibutensilien und den Tuschpinsel und schrieb «Das letzte Gedicht»:

«Über die Befreiung aller Wesen
bleibt letztlich nichts zu sagen.
Keinerlei Form [japanisch: Mumon], keinerlei Ausdruck.
Es bleibt nur noch die Aufgabe aller Dinge,
und sie umfaßt Himmel und Erde.»

Ich komme noch auf ein paar ganz persönliche Erlebnisse mit dem Meister zu sprechen. Eines Tages, als ich im Reiun-in weilte, bat mich Mumon Roshi, ihn zu begleiten. Er mußte zum Tenryu-ji-Kloster, der Grund war mir nicht bekannt. Im Kloster führte er mich an eine Stelle, wo es mehrere Gräber gab. Vor einem dieser Gräber begann er Sutras zu rezitieren und verweilte etwa eine Viertelstunde; ich stand hinter ihm und rezitierte ebenfalls die Sutras, die ich kannte. Dann verbeugte er sich dreimal, und ich tat es ihm nach. Als alles vorbei war, wandte er sich zu mir und sagte mit einem großen Lachen: «He was my master!»

Zweimal wurde ich eingeladen, ihn und seinen Mönchsdiener bei einer Fahrt zu seiner Familie zu begleiten. In seiner Vorstellungswelt (in meiner ebenfalls) war das ein wichtiges Zeichen des Vertrauens: mich mit seiner Familie zusammenzubringen. Wir waren Stunden im Wagen unterwegs, und einmal, als wir eine verschneite Winterlandschaft in den Bergen von Aichi durchfuhren, drehte er sich auf seinem Platz neben dem Chauffeur zu mir nach hinten und sagte: «How beautiful!» Sonst erinnere ich mich an keine besonderen Äußerungen während dieser Fahrt: Er gab keine Ratschläge, erzählte keine Zen-Anekdote, die mich hätte interessieren können, und stellte auch keine Fragen im Hinblick auf meine eigene Person. Ich empfand das keineswegs als Gleichgültigkeit. Er beschäftigte sich einfach nicht mit mir. Und auch da ist zu sagen: Nicht daß er sich mit mir nicht beschäftigt hätte, er beschäftigte sich offensichtlich mit niemandem. Das ist charakteristisch für die Beziehungen zwischen Meister und Schüler in Japan. Es entsteht keine familiäre Beziehung, es entwickelt sich auch keine Freundschaft. Sogar wenn ein Schüler selber Meister geworden ist, bleibt er in der Hierarchie unter seinem Meister. Auch wenn er im Reiun-in jeweils vor dem Fernseher saß und wir ihn umgaben, unterhielt er sich nicht mit uns; es kam nie zu einer Geselligkeit zwischen ihm und uns. «The Untouchable.» Mumon Roshi verhielt sich so, weil es seiner Natur entsprach.

Ende Februar 1970 bitte ich um ein Gespräch mit dem Meister. Ich werde empfangen, er reicht mir einen *Macha* (leicht schaumiger Grüntee), dann teile ich ihm mit: «Ich will Unsui werden.» Sein Antlitz zeigt keinerlei Reaktion. Mir ist vermutlich nicht genügend klar, daß mein Wunsch, Unsui zu werden, auch bedeutet, daß er mich als Schüler akzeptiert. Es heißt ja: «Wenn der Schüler bereit ist, ist auch der Meister zur Stelle.» Nimmt er mich als Schüler an? Ich bleibe etwa eine halbe Stunde bei ihm und erwarte irgend etwas, eine Antwort zum Beispiel, erwarte, daß er irgend etwas dazu sagt. Doch schließlich sagt er bloß: «In diesem Fall muß ich für Sie einen Namen finden.» Ich grüße ihn respektvoll und verlasse den Raum. Ich rechne damit, daß er mich in den kommenden Stunden oder am Tag darauf ruft, um mir zu sagen, welchen Namen er für mich gefunden hat. Doch dies geschieht nicht, und Mitte März verlasse ich den Reiun-in und kehre ins Shofuku-ji zurück. Nach einigen Tagen läßt man mich wissen, daß die Zeremonie der Tonsur am 8. April stattfinden wird, und zwar für mich und drei weitere Mönche, die schon vor mir angekommen waren, unter anderem für den bereits erwähnten Daïwa, für die aber diese Zeremonie noch nicht durchgeführt werden konnte, weil der Meister keine Zeit gefunden hatte. Kurz vor der Zeremonie teilt man mir mit, daß mein Name Taïkan Jyoji lauten wird. Taïkan bedeutet in etwa «große Weite» (des Geistes) und Jyoji «ewige Liebe zu den Menschen». Dieser Name hat nun gar nichts mit mir gemeinsam, und ich begreife, daß der Meister Zeit brauchte, um auf diesen Namen zu kommen! Ewige Liebe zu den Menschen – das bringt mich zum Lachen. Oder ahnt der Meister bereits, daß die Zen-Praxis in mir das Mitleid fördert? Ein Tritt in den Hintern des Schülers ist im Zen noch immer das beste Mittel, ihn vorwärtszubringen!

Der Name will kein Abbild des entsprechenden Menschen sein und weist auch nicht auf eine Veranlagung hin. Der Name gibt eher eine Richtung an, das Ziel, das man erreichen sollte.

Der 8. April ist der Jahrestag von Buddhas Geburt. Es ist also kein Zufall, daß man dieses Datum gewählt hat. Am Morgen rasieren uns die Mönche die Köpfe und lassen auf dem Schädel nur einen kleinen Fleck Haare zurück. Dieser Teil gehört der Pflege des Meisters. Dann baden wir in Wasser, in dem Reis gewaschen worden ist, als Zeichen der Reinigung. Ungefähr gegen zehn Uhr beginnt die Zeremonie.

Wir tragen einen fleckenlosen weißen Kimono und weiße

Tabi-Socken. Als wir den Hondo betreten, sitzen die Mönche bereits auf den beiden Seiten des Raumes, anwesend sind auch etwa zehn Laien und Angehörige der Mönche, die die Tonsur erhalten. Auch für mich hat man «Angehörige» ausgewählt: ein japanisches Ehepaar, Laienschüler aus dem Freundeskreis von Meister Mumon. Dann läßt sich der Meister im Zentrum des Hondo nieder, und es werden Sutras gesungen. Anschließend setzen sich die zukünftigen Unsui vor einen niedrigen Tisch, auf dem sich ein japanisches bajonettartiges Rasiermesser und ein Gefäß mit warmem Wasser befinden. In der Reihenfolge unseres Eintritts, ich als letzter, nähern wir uns, einer nach dem andern, dem Meister, und er rasiert uns den kleinen Flecken Haare, der auf dem Schädel geblieben ist.

Dann spricht er die *Jyujyu Kinkai* (die zehn Gebote des Zen), die lauten:

Das Leben (die Natur) nicht zerstören.
Nicht stehlen.
Sich nicht schamlos benehmen.
Nicht lügen.
Sich mit Drogen oder alkoholischen Getränken nicht vergiften.
Die Fehler der Wesen der «vier Gruppen» (gemeint sind die Mönche, die Nonnen, die männlichen und weiblichen Laienanhänger) nicht weitertragen.
Nicht kritisieren, um sich damit selber zu loben.
Die Begierde nicht pflegen.
Sich vom Zorn nicht hinreißen lassen noch bei jemandem den Zorn hervorrufen.
Die «drei Juwelen» (Buddha, Dharma und Sangha oder die religiöse Gemeinschaft) nicht beleidigen.

Nach jedem dieser Gebote antworten wir vier Geschorenen: «Yokutamotsu», d. h.: «Ich werde gehorchen» (oder: Ich respektiere dieses Gebot, ich wende es an). Dann wird uns unser

Koromo, unser Mönchsgewand, überreicht, und in einem Nebenraum ziehen wir uns um. Dann begeben wir uns wieder an unseren Platz. Wir werfen uns, einer nach dem anderen, dreimal vor dem Meister auf den Boden; dem folgt der gemeinsame Gesang von Sutras, und damit schließt die Feier. Alles in allem dauerte sie etwa eine Stunde.

Ich habe diese Feier ohne eine besondere Stimmung erlebt, ich war einfach voller Aufmerksamkeit für ihren Ablauf, damit ich in den Gesten und Bewegungen nichts falsch machte.

In einem anderen Flügel des Klosters ist speziell für uns ein Mahl vorbereitet worden, an dem auch der Meister und die eingeladenen Laien teilnehmen. Das Essen verläuft recht fröhlich, da Bier und Sake im Überfluß aufgetragen werden. Der Meister übertrifft sich an diesem Tag, indem er sogar zweimal das Wort ergreift, das erste Mal, um zu sagen: «Also ja, vier neue Buddhas», das zweite Mal: «Obwohl man Ihnen bei den zehn Geboten beigebracht hat, keinen Alkohol zu trinken, muß so etwas natürlich begossen werden.» So beginnt also mein Leben als Wandermönch: mit dem Verstoß gegen eine Regel!

Teil 2: Der zeitlose Spiegel

Zen-Tagebuch

Im ersten Teil dieses Buches erzählte ich von meiner Begegnung mit dem Leben in einem japanischen Zen-Kloster. Ich brauchte tatsächlich zwei Jahre, um die Regeln zu erfassen, die das Leben eines Mönchs bis in die kleinsten Handlungen hinein festlegen: Wie man am Morgen aufsteht, wie man sitzt, wie man ißt, wie man schläft, wie man arbeitet, wie man geht, wie man grüßt usw. Da ich in dieses Gemeinschaftsleben eintauchte, ohne viel erklärt zu bekommen, bestanden meine Anstrengungen vor allem darin, den Kode dieses Lebens zu entdecken und mich an ihn zu gewöhnen. Hinzu kommt, daß das Leben in einem Zen-Kloster sehr hierarchisch geordnet ist und ich herausfinden mußte, wie diese Hierarchie funktionierte. Im Sinn dieser Hierarchie war ich bis zu meiner Mönchsweihe der «Allerletzte», derjenige, dem man alle unangenehmen und mühsamen Aufgaben übertrug. Erst durch meine Mönchsweihe wurde ich in einem gewissen Sinn als Mönch anerkannt und in die Klostergemeinschaft aufgenommen.

Im Anschluß an meine Mönchsweihe beschloß ich, mein Experiment für unbestimmte Zeit fortzusetzen. Ich wollte mein Engagement nicht mehr eingrenzen und durchhalten, bis sich etwas Entscheidendes ereignete. Da mir die Regeln des Klosterlebens nun vertrauter waren, konnte ich meine Aufmerksamkeit mehr der inneren Arbeit zuwenden. Es wurde mir bewußt, daß der Zen vorrangig mit dem Körper zusammenhing und die Erarbeitung der richtigen Sitzhaltung – ein langsamer und beharrlicher Prozeß, von dem aber zum großen Teil die Qualität des Zazen abhing – nur schrittweise geschehen konnte. Ich verstand, daß diese Übung einen sehr langen Weg und eine allmähliche Verwandlung einschloß und es keinen geradlinigen

Fortschritt gab. In dieser Auseinandersetzung von Augenblick zu Augenblick entfalteten sich tiefe Erfahrungen, und es kristallisierte sich gegen Ende meines Aufenthalts auch der Wunsch heraus, meine Erfahrung weiterzugeben, wie mein Meister es vorausgesehen hatte.

Ich gab dem zweiten Teil dieses Buches die Form des Tagebuchs, der mehr oder weniger täglichen Aufzeichnungen, weil ich den Charakter meiner Erfahrungen nachzeichnen wollte: ihre Veränderungen und ihre Wiederholungen im Rhythmus der Jahreszeiten. Auf diese Art wird der ununterbrochene Fluß der inneren Arbeit mit ihren Höhen und Tiefen, mit ihren Schwierigkeiten und ihren Entdeckungen deutlich. Dieses Buch ist ja kein theoretisches Werk über den Zen. Es vermittelt vielmehr die tägliche Übung, und diese wird für die Leserinnen und Leser nachvollziehbarer, wenn sie direkt und ungeschminkt dargestellt wird.

Während zweier Jahre hat man mich im Kloster als Laienmönch geduldet. Jetzt bin ich Mönch und muß darum nachsuchen, daß man mich ins Kloster aufnimmt, und zwar in einem offiziellen Ritus. Mönchsweihe und Zulassung zu einem bestimmten Kloster sind tatsächlich zwei ganz verschiedene Dinge. Kaum bin ich Mönch geworden, muß ich Shofuku-ji verlassen, um zurückzukehren und die rituelle Bitte um Zulassung vorzubringen. Ich fahre deshalb für ein paar Tage nach Kioto, in den Reiun-in, und bereite mich dort vor.

Eines Morgens im April 1970 stehe ich mit meinem Gepäck wieder vor der Klostertreppe des Shofuku-ji. Das notwendige Gepäck eines Mönchs besteht aus einem Satz Schalen, einem Sutra-Buch, einem Rasiermesser und dem Schleifstein, zwei Koromo und zwei Kimono, für den Sommer und den Winter, Unterwäsche und ein Paar Strohsandalen; das ist mehr oder weniger alles.

Ohne ein Geräusch habe ich die Eingangshalle betreten und

vollziehe nun die rituelle Formel: Ich muß möglichst laut rufen: «Tanomimashooooooooo!» Von weitem antwortet mir eine Stimme mit: «Lauter! Man hört nichts!» Ich setze noch einmal an und schreie doppelt so laut: «Tanomimashooooooooo!» (Das bedeutet: «Ich stelle eine Bitte.») Die Stimme antwortet: «Doreeeeeeeï!» («Ich komme.») Ein paar Augenblicke später nähert sich ein Mönch und fragt mich, was ich wolle. Die korrekte japanische Form, eine Bitte zu äußern, besteht darin, daß man sich verbeugt, die Bitte vorträgt und sich wieder aufrichtet. Die Bitte muß ich zudem so formulieren, daß man gar nicht anders reagieren kann, als sie anzunehmen. In meinem miserablen Japanisch bringe ich vor, was ich gelernt habe, nämlich: «Ich möchte in diesem Kloster *Shugyo* (das asketische Leben) praktizieren.» Mit dem Papier, das ich dem Mönch überreicht habe, geht er, um den Oberen zu sprechen. Dann kommt er zurück, um mir mit einer sehr sanften und höflichen Stimme mitzuteilen, daß ich mich «besser in ein anderes Kloster begeben» würde, «denn hier ist die Küche schlecht, der Meister ist nie zu Hause, und im Winter ist es sehr kalt...», und er läßt mich stehen. Es geht nun darum, daß ich meinen Entscheid, zu bleiben, beweise. Ich setzte mich in den Fersensitz, lege die Hände vor mich auf den Boden und lege meine Stirn auf die Hände. Eine Stunde lang geht das leidlich gut, dann habe ich den Eindruck, langsam zu ersticken, denn in dieser Stellung ist es unmöglich, richtig zu atmen. Man kriegt keine Luft. Gegen elf Uhr teilt man mir mit, daß vom Mittagessen Reste zurückgeblieben sind. Falls ich es wünsche, kann ich mich aufrichten und am Eingang zur Küche etwas Kleines essen. Ich lasse mich nicht lange bitten. Ich richte mich auf, doch mir wird schwindlig. Ich ziehe diese «Mahlzeit» möglichst in die Länge, und ich benütze die Gelegenheit, um auch die Toilette aufzusuchen – was nicht verboten ist... Dann nehme ich wieder die Haltung des Bittstellers ein; mit vollem Bauch ist sie fast nicht zu ertragen. Am Nachmittag will die Zeit kaum vorrücken.

Unvermittelt packen mich zwei Mönche – ich habe sie nicht

erwartet und auch nicht kommen hören –, die Ärmel hochgekrempelt, am Gürtel, am Kragen und an den Armen und werfen mich aus dem Kloster. Ich lande am Fuß der Treppe: Hat man mir denn nicht deutlich gesagt, daß ich anderswo um Aufnahme nachsuchen sollte? Ich gebe zu: Ich war froh, aus meiner Stellung befreit worden zu sein. Ich war aber auch geschockt über die Behandlung. Ich bringe meine Kleidung in Ordnung, gehe die Treppenstufen empor und nehme wieder meine Stellung ein. Gegen siebzehn Uhr, vielleicht etwas später, signalisiert man mir, daß nun der Klostereingang geschlossen wird. Man bringt mich in einen Raum, wo ich Zazen machen kann. Unausgesprochen schwingt dabei mit: «Falls Sie hierbleiben wollen, werden Sie sicher nichts anderes zu tun haben, als Zazen zu üben.»

Ich richte mich deshalb für Zazen ein. Die Türen bleiben offen, damit man von außen sehen kann, was ich mache. Und es ist auch nicht daran zu denken, sie zu schließen. Etwa zehn Stunden habe ich nun in einer sehr schmerzvollen Position verbracht, und ich würde noch einige Stunden in Zazen zubringen müssen, bis das Licht gelöscht wird.

Um einundzwanzig Uhr dreißig ist Lichterlöschen. Ich kann bis vier Uhr schlafen. Der neue Tag beginnt mit der Rezitation der Sutras und dem Frühstück. Sobald ich den Magen voll habe, läßt man mich wissen, daß ich gehen kann. Und ich antworte: «Ja, sehr gut» und gehe …, um erneut die rituelle Stellung der Bitte um Aufnahme einzunehmen.

Noch den ganzen Tag muß ich in dieser Stellung ausharren. Die Rinzai-Tradition will, daß man so vorgeht. Im Shofuku-ji dauert die Bitte um Aufnahme ins Kloster *(Niwazume)* zwei Tage. Im Lauf des Vormittags wirft man mich erneut hinaus, bis ans Ende der Klostertreppe, und zwar mit derselben «Freundlichkeit» wie am Tag zuvor. Der Nachmittag ist sehr schmerzhaft. Mehrfach suche ich ohne Grund die Toilette auf. Endlich, gegen siebzehn Uhr, führt man mich in den Raum, in dem ich die letzte Nacht verbracht habe: Hier muß ich Zazen üben und meinen Wunsch, ins Shofuku-ji einzutreten, überdenken.

Ich würde nun fünf Tage lang das wohl schwerste Sesshin durchleben: ohne Kin-hin, ohne Unterbrechung, ausgenommen die Mahlzeiten und die Nachtruhe. Fünf Tage dauert im Shofuku-ji die Zeit des *Tangazume*. Man sitzt allein im Zazen, die Türen bleiben offen, so daß man von außen überwacht werden kann, mit Ausnahme der Nacht, wenn die Türen von einundzwanzig Uhr dreißig bis vier Uhr geschlossen werden. Diese Prüfung soll an den Tag bringen, ob jemand durchhält oder nicht. Wenn es jemandem gelingt, dieses Einzel-Sesshin durchzuhalten, sollte er die klösterlichen Härten grundsätzlich ertragen können. Wenn es jemandem nicht gelingt, ist es besser aufzugeben, denn später kann man nicht mehr zurück, außer durch Flucht…

Diese Tage sind wirklich schrecklich; zudem sind ihnen noch zwei Tage in einer sehr schmerzhaften Stellung vorausgegangen. Ich übe Zazen mit dem Gesicht zur Wand, den Rücken der Türe zugewandt, die meistens offen steht. Ich weiß nicht, ob mich jemand beobachtet. Kann ich mich bewegen oder nicht? Ich weiß es nicht, außer wenn ich mich umdrehe, aber das ist bereits Bewegung und kann dazu führen, daß man mich anfährt und das Sesshin um einen Tag verlängert – eine Maßnahme, die man mir vorweg schon klargemacht hat.

Am Morgen des sechsten Tages ruft man mich zum Shikasan, der mich Formulare mit meinem Namen, meiner Adresse usw. ausfüllen läßt und mich ermahnt: «Von jetzt an wird es ernst, jetzt geht es erst richtig los.»

Ich bin nun also zugelassen und kann mich in den Zendo begeben. Ein Mönch begleitet mich, und die «Zeremonie des Eintretens» kann stattfinden. Man heißt mich, die Türschwelle zu überschreiten und zu warten. Auf ein Zeichen hin trete ich vor die Statue des Bodhisattva Manjushri und werfe mich vor ihr dreimal zu Boden, dann dreimal vor dem Verantwortlichen des Zendo, dann noch dreimal vor einem anderen Oberen. Ich begebe mich an den Platz, der für mich vorgesehen ist, verbeuge mich vor dem Mönch rechts von mir und dem Mönch links von mir und setze mich. Der *Jishasan* erhebt sich und ruft: «Shinto sandoooooo!» («Es kommt ein neuer Kopf!»)

Was würde sich jetzt ändern? Nicht viel! In ein paar Jahren würden die Älteren weggehen, Neue würden kommen, und ich müßte nicht mehr die schmutzigsten Arbeiten erledigen; ich würde die Anfänger beauftragen können, sich um die unangenehmen Dinge zu kümmern. So läuft es in einer hierarchischen Klostertradition.

3. Mai 1970

Beginn der sommerlichen Übungszeit. Vorbereitungs-Sesshin.

Sanzen:

«Welche Größe hat denn dieser Schatz?»

Mumon: «Das weiß man nicht. Ein Schatz, das kann vielerlei bedeuten. Wenn Ihr Kind mitten im Ozean ertrinkt, was unternehmen Sie, um ihm zu helfen? Auf welche Art holen Sie sich den Schatz?»

Die kleine Glocke.

«Ich nehme ein Schiff und, wenn ich in seiner Nähe bin, ergreife ich ihn.»

Mumon: «Es ist tief. Und Sie müssen den Schatz ergreifen, ohne sich naß zu machen. Wenn Ihr Kind ertrinkt, wälzen Sie dann Gedanken?»

«Nein, ich springe ins Wasser und ergreife das Kind.»

Mumon: «Zen hat nichts mit Denken zu tun. Zen ist Handeln.»

«Ich werde auch handeln, wenn es notwendig ist.»

Mumon: «Mit Reden allein können Sie nicht handeln.»

Die Entstehung der Gedanken ist wirklich nicht vorhersehbar. Weshalb denkt man in einem bestimmten Moment an die eine

Sache und an nichts anderes? Auch die Kraft der Gedanken ist erstaunlich. Warum ist es das eine Mal möglich, Gedanken abzustellen, und warum wird man ein anderes Mal durch die Gedanken einfach weggetragen, leidenschaftlich und widerstandslos, ohne daß man die Gedanken beherrschen kann noch will?

Mai

Koan: «Der Schöpflöffel aus Bambus, der bei der Tee-Zeremonie verwendet wird, taucht in die Hölle des siedenden Wassers und in die Hölle des kalten Wassers ein, wechselweise, aber er leidet nicht, weil er keinen Geist hat. – Wie verstehen Sie diesen Koan?»

«Ich packe ihn nicht.»

Mumon: «Der Schöpflöffel aus Bambus kommt ins siedende Wasser. Das ist die Hölle. Aber ihm macht das nichts aus, weil er keinen Geist hat.»

Die kleine Glocke.

«Nicht nur der Schöpflöffel hat keinen Geist, auch das heiße Wasser, das kalte Wasser, die Hölle, der Schmerz, sie alle haben keinen Geist.»

Mumon: «Werden Sie zum Schöpflöffel. Und denken Sie nicht!»

«Im Mu gibt es keine Hölle. Da gibt es nur Mu.»

Mumon: «Das gilt für den Schöpflöffel nicht.»

«In Vietnam gibt es buddhistische Mönche, die sich mit Benzin übergießen und sich in Brand stecken. Gibt es für sie eine Hölle?»

Mumon: «Denken Sie nicht! Werden Sie vielmehr zum Schöpflöffel.»

«Heiß, kalt, heiß, kalt, heiß, kalt, heiß, kalt!»

Mumon: «Das bringt ein Schöpflöffel nicht zustande.»

Sicher will das Ganze darauf hinaus, daß wir nicht vom Körper erwarten dürfen, daß er dem Geist Halt gibt. Indem wir unseren Geist konzentrieren, findet unser Körper Halt.

Sanzen:

Mumon: «Eines Tages stellte ein Mönch Meister Joshu folgende Frage: ‹Hat der Meister die Buddha-Natur?› Joshu antwortete: ‹Mu.› Der Mönch fuhr fort und sagte: ‹Wenn alle menschlichen Wesen die Buddha-Natur haben, warum hat sie der Hund nicht?› Joshu antwortete: ‹Auf Grund seines schlechten Karmas.› Wie verstehen Sie diesen Hinweis auf das Karma?»

«Karma, das heißt, von Geburt und Tod befreit zu werden.»

Mumon: «Nicht denken!»

Die kleine Glocke.

«Mein Karma besteht darin, daß ich in diesem Moment vor Ihnen sitze.»

Mumon: «Das Karma ist etwas Umfassenderes. Es meint die tiefsitzenden Gewohnheiten. Jeder Mensch hat tiefsitzende Gewohnheiten und Leidenschaften.»

«Ich habe keine speziell auffälligen Gewohnheiten.»

Mumon: «Jeder Mensch hat gute und schlechte Leidenschaften. Daito Kokushi zum Beispiel liebte leidenschaftlich Wassermelonen. Sogar die berühmtesten Zen-Meister besaßen gute und schlechte Leidenschaften.»

«Das sexuelle Leben der Menschen macht ihr Karma aus.»

Mumon: «Nein, das Karma ist etwas anderes. Denn alle Menschen haben ein sexuelles Leben. Das Karma hingegen ist bei jedem Menschen etwas je Eigenes. Jeder Mensch besitzt eine ganz persönliche, tiefsitzende Gewohnheit, eine Leidenschaft, die ihm eigen ist. Jeder Mensch unterscheidet sich in seinem Karma.»

«Mein Karma ist das Denken.»

Mumon: «Jeder Mensch denkt.»

«Geboren werden und sterben, das ist das Karma.»

Mumon: «Zen ist Nicht-Denken! Das Karma ist eine tiefsitzende Leidenschaft, die man auch nicht verändern kann.»

«Wohin man auch kommt, stellt man fest, daß die Menschen die Fremden nicht mögen. Dieses Karma läßt sie nicht los.»

Mumon: «Das hat mit der Unwissenheit zu tun, nicht mit dem Karma.»

Die kleine Glocke.

Koan: «Bei einer anderen Gelegenheit fragte ein Mönch Meister Joshu: ‹Hat der Hund die Buddha-Natur?› Und Joshu antwortete: ‹U.› Das bedeutet: Ja. Was ist mit diesem U?»

Koan: «Gibt es einen Unterschied zwischen Mu und U, und worin besteht dieser Unterschied?»

«Mu, das ist Mu, und U, das ist U.»

Mumon: «Mu und U sind dasselbe, aber es gibt einen Unterschied. Worin besteht er? Drücken Sie ihn ganz konkret aus, und zwar jetzt ...»

Die kleine Glocke.

«Mu ist der Geist, und U ist der Körper.»

Mumon: «Denken Sie nicht! Körper und Geist sind eins.»

«Mu, das ist das Eine. U, das ist das Ganze.»

Mumon: «Mu, das ist das Ganze. U, das ist das Eine.»

Ich muß feststellen: Die Ratschläge, die in allen Büchern, die ich lese, erteilt werden, kann ich in der Praxis nicht umsetzen. Die festgefahrenen Gewohnheiten lassen sich nur schwer abschütteln. Ich muß auf jeden Fall soweit kommen, daß ich meinen Geist im Bereich unterhalb des Bauchnabels konzentrieren kann, nicht ungeduldig auf bestimmte Resultate aus bin, meditiere, ohne mich darum zu kümmern, was rund um mich herum geschieht, und bloß acht Zehntel des Fassungsvermögens meines Magens esse.

In der *Anthologie des citations de la Forêt Zen* lese ich:

«Die Wildgans hat nicht die Absicht, Spuren (ihres Flugs) zurückzulassen, das Wasser kommt nicht auf die Idee, die Sonnenstrahlen zu verschlingen.»

Juni

Sanzen:
Mumon: «Wo liegt der Ursprung des Mu (Muji no kongen)?»

Ich komme also zum letzten Mu-Koan, zum Koan vom Ursprung des Mu. Ich muß mit Mu nicht nur die Leere zum Ausdruck bringen, ich muß auch noch wissen, woher es stammt. Das Wort für «Ursprung» setzt sich aus zwei Ideogrammen zusammen, das eine (kon) bedeutet «Wurzel», das andere (gen) «Quelle»; mit anderen Worten: Wo hat die Wurzel, wo hat die Quelle ihren Ursprung?

Zwischen «Joshus Mu» und «Der Ursprung des Mu» habe ich eine ganze Reihe von Koan-Tests durchlaufen, ich brauchte etwa ein Jahr, um sie zu lösen.

Sanzen:
«Das Universum ist der Ursprung des Mu.»
Mumon: «Denken Sie nicht. Seien Sie das Universum selbst.»
Die kleine Glocke.

«Ich bin das Universum.»
Mumon: «Es gibt kein Ich, und es gibt kein Universum.»
«Der Geist ist der Ursprung des Mu.»
Mumon: «Zen hat nichts mit solchen Überlegungen zu tun.»
«Ich finde keine Antwort.»
Mumon: «Sie brauchen also nicht zu kommen.»
«Es kommt mir keine Antwort.»

Mumon: «Üben Sie Zazen, nochmals Zazen und nochmals Zazen.»

«Ich habe keine Antwort.»

Mumon: «Seien Sie eins mit dem Universum.»

«Helfen Sie mir bitte weiter!»

Mumon: «Sit and sit. Seien Sie eins mit dem Universum. Daraus wird sich eine Antwort bilden.»

«Ich kann Ihnen bloß von den Mozo erzählen.»

Mumon: «Unterbrechen Sie die Mozo!»

«Ich verstehe immer noch nichts.»

Mumon: «Das Ganze ist Mu. Was ist der Ursprung dieses Ganzen?»

«Was ist der Ursprung des Ursprungs?»

Mumon: «Das Ganze kommt irgendwoher. Und woher kommt dieses Irgendwo? Von Gott, von der Materie, vom Geist?»

Die kleine Glocke.

Juli

«Ich kann einfach keine Antwort finden. Weshalb?»

Mumon: «Weil Sie denken. Sit, sit and sit.»

Die kleine Glocke.

Die körperliche Arbeit in der tropischen Hitze des japanischen Sommers ermüdet und erschöpft mich. Wir müssen den Klosterwald wieder aufforsten und pflanzen Hunderte von Bäumchen. In den kommenden zwei bis drei Jahren werden sie eine regelmäßige Pflege brauchen. Sie müssen vor allem vor den hohen Gräsern geschützt werden, die alles überwuchern und in ihrem sommerlichen Wachstum alles ersticken. Ich kann nicht mehr, ich habe den Eindruck, daß ich dem Zusammenbruch nahe bin. Ich weiß, daß ich Müdigkeit und Erschöpfung vergessen und mich auf den Koan konzentrieren sollte. Das tue ich auch, aber ... Ich darf nie vergessen: Alles, was ich tue, und es mag so streng sein, wie es will, ist letztlich eine spirituelle Übung, die das wahre Ich vertiefen kann. Ständig wiederhole ich mir, daß ich alles, was mich schwer macht, vergessen und meine Aufmerksamkeit nur noch auf die Leere lenken will. Mich im Mu zu verlieren, das ist mein Wunsch, im Mu unterzugehen und nicht mehr den Angriffen des Ego ausgeliefert zu sein. Wie lange brauche ich noch, um Mu endlich mit dem Körper erfassen zu können?

Wenn man im Zen nicht vorwärtskommt, fällt man zurück. Und wenn ein ganzer Tag mit «spirituellen Übungen» nicht ausreicht, setzt man auch noch die Nacht ein. Wenn sich dem Bewußtsein keinerlei Antwort gemeldet hat und man am kommenden Morgen dem Meister gegenübertreten muß, so verlängert man Yaza, bis sich eine Antwort einstellt.

Während der kleinen Sesshin ist Yaza freiwillig, während der großen Sesshin gehört Yaza dazu. Über lange Zeit kam ich immer erst spät zum Schlafen: Ich war der letzte, der in den Zendo zurückkam, und dies in den meisten Fällen erst gegen Mitternacht. Ich erlebte Yaza als eine echte Qual, bis sich meine «hierarchische Stellung» etwas verbesserte. Ich schimpfte innerlich über alle, die vor mir waren; ich wünschte ihnen irgendein Beinübel, damit sie nicht mehr Zazen praktizieren konnten. Ich verstand ihren Eifer nicht. Hatten sie denn kein Schlafbedürfnis? Bereitete ihnen die Meditation Spaß? Suchten sie die Antwort auf ihren Koan? Ich wußte es nicht. Ich selbst, ich hatte schon tausend Antworten gefunden, und wenn keine stimmte, war das nicht weiter schlimm. Auch wenn der Meister die Antwort zurückwies, war das nicht weiter schlimm. Hauptsache war: Ich kam zum Schlaf, konnte mich etwas erholen und meine Beine entspannen.

Gelegentlich wird Yaza zu etwas sehr Angenehmem, zum Beispiel an den Abenden nach dem Erholungsnachmittag, wenn ich etwas ausgeruht bin. Früher habe ich an solchen Abenden den

Mondschein und die Sterne betrachtet, statt zu meditieren. Die Nacht kann dann eine starke Intensität gewinnen, der Mond erscheint groß wie nie zuvor. Es gibt nur noch das Gri-gri der Grillen, der ganze Kosmos besteht aus diesem Gri-gri. Aber die Momente dieses tiefen Erlebens sind selten.

Das macht letztlich den Zen aus: die Fähigkeit, den gegenwärtigen Augenblick bis auf den Grund zu leben – nicht den Augenblick, der bereits vorbei ist, und nicht den Augenblick, der erst noch kommt, sondern den Augenblick jetzt. Wenn wir nicht fähig sind, den Augenblick zu leben, der als einziger wirklich existiert, was wollen wir dann noch leben? Wie viele Menschen – vermutlich die meisten – verpassen ihr Leben, weil es ihnen nicht gelingt, mit ihrem ganzen Wesen Augenblick für Augenblick zu leben! Denn die Menschen unserer Zeit nehmen ihren Körper gar nicht mehr wahr, sie sind nur noch im Kopf. Sobald sich ein Wort oder ein Gedanke meldet, fällt man aus der Wahrnehmung und Empfindung heraus. Solange man mit dem, was man tut, nicht eins ist und es den Gegensatz von Subjekt und Objekt gibt, so lange steht man neben dem Leben. Jeden Augenblick sollte man in seiner Tiefendimension entdecken, andernfalls lohnt es sich nicht.

Die Zeit besitzt keine feste Form oder Grenze, auch der Raum nicht. Letztlich gibt es nur immer das Hier-und-Jetzt, und auch das nur unter der Bedingung, daß man es nicht festhält. Ganz und gar gegenwärtig sein – dies können zum Beispiel die Tiere, dem Menschen will dieser Zustand nicht gelingen. Das wird ihm zum dauernden Leiden, daß sich sein Leben zwischen der Vergangenheit und der Zukunft abspielt, zwischen einer Zeit, die es nicht mehr gibt, und einer Zeit, die es noch nicht gibt. So steht der Mensch gar nie richtig in seinen Schuhen.

Die Religion sollte den Menschen befreien und nicht ihn sich selber entfremden. Die Zen-Meister wiederholen oft: «Die Religion hat mit den normalen, alltäglichen Dingen zu tun.» Miyamoto Musashi sagt: «Die Buddhas und Gottheiten sollte man verehren, aber man sollte nicht auf sie zählen.»

Einer der Ratschläge, der bei den Begegnungen mit dem Meister am häufigsten zu hören ist, lautet: «Seien Sie mit dem Universum eins! Denken Sie nicht! Meditieren Sie! Meditieren Sie! Meditieren Sie! Von da wird das Licht kommen.»

Von wo kommt Mu? Von Gott, von der Materie, vom Geist?

«Der Geist und die Dinge müssen eins werden!»

Nach der christlichen Lehre ist es Gott, der alles erschafft. Wer erschafft nach der Zen-Erfahrung alles?

«Seien Sie das unbegrenzte Universum jenseits von Zeit und Raum!»

«Mu ist unbegrenzter Raum und unbegrenzte Zeit!»

Diese Sätze wirken in mir wie ein Katalysator und helfen mir, mich der Wahrheit, zu der ich selber werden möchte, anzunähern. Jeder Koan ist eine Wahrheit für sich, und zu jeder dieser Wahrheiten muß man werden, um dann zur nächsten weiterzugehen. Auf diese Art, von Wahrheit zu Wahrheit, schmiedet man sich im Rhythmus der wuchtigen Schläge der Geduld seine Erkenntnis, sein eigenes Erwachen und schaut immer klarer.

Als ich während einer Unterbrechung der Übungszeit im Zentrum von Kioto Kurse besuche, entdecke ich einen Tee-Salon, wo man auch klassische Musik anwählen kann. Sehr schnell werde ich durch das Stück, das eben läuft, mitgetragen. Zum erstenmal habe ich den Eindruck, daß ich in der Musik vollständig aufgehe, ja daß ich diese Musik selber bin. Ich höre nicht nur das Orchester als Ganzes, sondern ebenso jedes einzelne Instrument, jede Note. Diese Erfahrung ist außerordentlich: Ich erlebe die «Zeit, die nicht existiert». Ich habe die Fähigkeit erreicht, ganz im gegenwärtigen Moment aufzugehen.

Kurz danach erlebe ich auch den «Raum, der nicht existiert». Das befreundete Paar Moisy lädt mich nach Zushi ein, in ihr kleines Haus am Strand. Am Tag nach meiner Ankunft gehen André und ich auf Fischfang. Ich mag das nicht (noch weniger mag ich die Jagd), aber ich liebe das Meer am frühen Morgen. Und in der Frühe loszufahren macht mir nichts aus, seit ich das ganze Jahr hindurch um vier Uhr aufstehe. Nachdem wir alles im Boot verstaut haben, fahren wir mit voller Stärke auf das offene Meer hinaus. Ich durchlebe dabei eine wundervolle Empfindung: Obwohl das Boot in Höchstgeschwindigkeit dahinrast, habe ich den Eindruck, selbst an Ort und Stelle zu bleiben. Es ist das Meer, das unter mir und unter dem Boot in voller Geschwindigkeit dahingleitet. Ich bin ganz und gar gegenwärtig, es denkt nicht mehr, es bewegt sich in mir nichts mehr. Es gibt für mich weder Herkunft noch Ziel. Ich befinde mich genau in dem unbewegten Punkt, in dem Vergangenheit und Zukunft zusammenfallen. In diesem Augenblick mache ich die Erfahrung der «unbewegten Bewegung». Nur das Meer bewegt sich. Diese Erfahrung beschäftigt mich noch den ganzen Tag. Schließlich befinden wir uns über einer Makrelenbank. Und es beginnt das Schlachten. André fängt sie zu Dutzenden. Es genügt, die Angel, auch ohne Köder, auszuwerfen und einzuziehen. Wir machen einen Glücksfang. Am Abend bereiten Ryoko und ihre Schwester Kyoko eine Fischsuppe, wie ich sie noch nie gegessen habe.

Oktober

Winterliche Übungszeit.

Gestern versuchte ich, mir meinen Koan möglichst lange gegenwärtig zu halten. Während einer Stunde war ich höchstens etwa zehn Minuten konzentriert. Ich habe den Eindruck, daß es mir nie gelingen wird, den Meditationssitz durchzuhalten.

Es ist mir bewußt, daß meine Schwierigkeiten während der Meditation mit der ungenügenden Konzentration zu tun haben und diese wiederum mit der zu wenig klaren inneren Entschiedenheit. Zudem habe ich den Eindruck, daß meine Einstellung zu den anderen Mönchen im Hinblick auf eine bestmögliche Praxis nicht die richtige ist. Ein Zen-Kloster ist auf einen asketischen Übungsweg hin angelegt und hat kein anderes Ziel. Gewisse Mönche aber üben nur aus beruflicher Notwendigkeit, d. h., weil sie Meister eines Tempels werden möchten. Denn nur nach einem solchen Training kann zum Beispiel die Aufgabe, Meister eines Tempels zu sein, vom Vater auf den Sohn übertragen werden. Man darf deshalb den Meister eines Zen-Tempels nie mit einem Zen-Meister verwechseln. Wenn der Sohn eines Tages die Erlaubnis bekommen will, den Tempel seines Vaters zu leiten, so muß er, Irrtum vorbehalten, ein Noviziat von drei Jahren durchleben, ob er dazu Lust hat oder nicht. Diese Mönche sind also aus Pflicht im Kloster, nicht aus einem echten spirituellen Drang. Sie betreiben die Übungen sicher ernsthaft, auch wenn sie auf ihren Sitzkissen gelegentlich schlafen. Aber ich empfinde einen Unterschied zwischen ihnen und mir, und das irritiert mich. Ich hatte erwartet, echte Sucher zu finden, aber diese sind selten.

Bei jedem neuen Sesshin hoffe ich, daß sich nun mein Körper ein für allemal an die Meditation gewöhnt hat, doch jedesmal taucht auch der Schmerz wieder auf. Resultat: Ich habe den Eindruck, eher schlechter zu werden als besser. Und diesem Eindruck folgen jeweils eine große Müdigkeit und eine große Enttäuschung. Selbstverständlich meditiere ich nicht mehr wie zu Beginn: In meinen Händen versteckt eine Uhr, und ich zähle die Sekunden und fixiere den Zeiger, der langsam vorrückt. Ich bin nun allerdings auch schon mehr als zwei Jahre hier!

Gestern abend habe ich schrecklich gelitten, obwohl die Zazen-Dauer, drei Stunden, verhältnismäßig kurz war. Das hängt mit vielen Dingen in mir zusammen, die ich einfach nicht loslassen kann. Wie schwer ist es doch, die eigenen Wünsche und Abneigungen aufzugeben. Ich merke, daß sie jeden Tag wiederkommen und mich in Besitz nehmen. Wenn man in ein Kloster eintritt, muß man wirklich alles fallenlassen – was ich auch tat, als ich meine Familie, meine Lebenssituation, meine Freunde, mein Heimatland aufgegeben habe. Nur wenn man alles fallenläßt, kommt man spirituell weiter: alles fallenlassen, auch meine Einstellung gegenüber den anderen Mönchen.

Ganze Tage lang denke ich an dieselben Dinge oder an dieselben Personen. Die Sehnsucht nach vergangenen Dingen überwältigt mich immer wieder. Tag für Tag gehe ich mühsam weiter und schleppe auf meinem Rücken ein Bündel, das ich gar nicht brauche. Deshalb auch die Schwierigkeiten, voranzukommen. Ich kapiere nicht, daß ich dieses mein Bündel fallenlassen und mich von ihm befreien muß. Ja, es ist mir noch nicht einmal das Wesen dieses Bündels bewußt geworden.

Man kann alles vergessen. Wenn sich meine Konzentration ganz intensiv im Mu sammelt, kann ich alles vergessen: meine Schwierigkeiten, meinen Wunsch, aus allem auszusteigen, meine Müdigkeit. Ich sollte dabei nicht nur vergessen, was mich ärgert, sondern ebenso, was mir gefällt. Ich merke, daß dieser Verzicht auf die Leidenschaften, auf die Dinge, die ich liebe oder verabscheue, eine Arbeit ohne Ende darstellt.

Die eigene Willenskraft aufzubauen ist etwas sehr Schwieriges. Hundertmal bin ich gefallen und habe ich versagt, und hundertundeinmal bin ich wieder aufgestanden. Diesen Mut findet man nicht über die Literatur. Sein Erwachen holt man sich nicht aus Büchern.

Den Schwierigkeiten, die sich während des Zazen einstellen, kann man auf zwei Arten begegnen. Die erste Art besteht in der Konzentration auf den Koan oder auf die Atmung. Man vergißt dabei die Realität und läßt den Schmerz hinter sich. Und die Zeit vergeht sehr schnell. Mir selbst ist es aber nicht möglich, pro Tag mehr als eine halbe Stunde in dieser Art konzentriert zu sein. Ich «übe» deshalb die zweite Art, die darin besteht, daß man sich im Kopf ein Kino einrichtet. Man hat dabei den Eindruck, daß man die eigenen Gedanken beschleunigt, man baut Illusionen und Träume auf, man malt sich die Dinge aus, die man in Zukunft machen möchte, oder man denkt an die Vergangenheit usw. Doch diese Anstrengungen einer willentlichen Zerstreuung muß man teuer bezahlen! Die Gedanken laufen tatsächlich schneller, und die Energie wird mit aller Kraft in den oberen Teil des Körpers gelenkt, wobei vornehmlich der Kopf angeregt wird. Es ergreift einen eine Art von Fieber, Müdigkeit und Schwere, und es kommt im Körper zu einem Ungleichgewicht. Das ist letztlich der Grund, weshalb man betont, man sollte lernen, den Geist immer wieder im Unterbauch (Hara), im Energiezentrum des Körpers, zu sammeln. Dieser Stelle kommt die Aufgabe einer Batterie zu. Im Hara baut sich tatsächlich die Energie auf und verteilt sich von hier aus in die verschiedenen Bereiche des Körpers. Hakuin Zenji (1686–1769), der große Erneuerer des Zen, erzählt in einem seiner berühmtesten Werke, daß er selbst wegen einer falsch geübten Konzentrationstechnik, d. h., weil er die Energie in den oberen Bereich des Körpers gelenkt hatte, sehr krank geworden war und das Gleichgewicht seiner Gesundheit so empfindlich gestört hatte, daß er sich die Tuberkulose zuzog. Er suchte einen Weisen auf, einen Eremiten, der in der Region von Kioto in einem sehr abgelegenen Winkel wohnte und dessen Alter weit über die hundert Jahre ging. Dieser Weise erklärte ihm, daß er nur deshalb noch vollkommen gesund war und auch noch alle Zähne besaß, weil er eine Methode der Betrachtung *(Naïkan)* übte, die darin bestand, daß er die Lebensenergie in den Hara-Bereich leitete und diese Energie Tag und Nacht in diesem Bereich unterhalb des Bauchnabels festhielt, unabhängig davon, was er eben unternahm, ob er nun saß, stand, lag oder sich bewegte. – Die Ausführung dieser Übungen, die die Energie aufbauen, der bewußte Umgang mit der Energie, ist allerdings nicht sehr einfach.

Heute habe ich während des Sanzen Schläge abbekommen, und zwar mit dem Keisaku des Meisters. Bin ich auf einem falschen Weg? Ich frage mich, ob ich ein großes spirituelles Potential besitze. Ich glaube, daß sich mein Geist entfalten wird, wenn ich mich gründlich einlasse.

Die Müdigkeit und der Überdruß sind die Haupthindernisse, die ich überwinden muß.

Sogar im Klosterbereich des Shofuku-ji ist das Leben der Außenwelt spürbarer, als man denken würde. Und speziell während des Bettelgangs muß man aufmerksam sein, damit man sich nicht durch all die Dinge verleiten läßt, die in der Werbung und den Schaufenstern angepriesen werden.

Mit meinem Kopf habe ich verstanden, welchen Weg ich zu gehen habe. Aber nur mit meinem Kopf.

In den dreieinhalb Stunden Zazen am Abend war ich überhaupt nicht konzentriert, keine einzige Sekunde konnte ich beim Koan bleiben.

Morgen beginnt ein großes Sesshin, eine Woche, vor der ich mich nach wie vor fürchte. Auch wenn ich jetzt bereits zweieinhalb Jahre intensiv übe, habe ich in den Beinen immer noch starke Schmerzen.

Dieses Sesshin ist schnell vorbeigegangen. Und doch habe ich den Eindruck, nicht weitergekommen zu sein. Ich hatte in den Beinen mehr Schmerzen, als ich erwartet hatte. Zu gewissen Zeiten waren die Schmerzen so stark, daß ich nicht mehr fähig war, mich zu konzentrieren. Mein ganzer Körper war äußerst gespannt und wartete nur noch auf das Ende der Zazen-Einheit.

Es ist mir bewußt, daß mich auf meinem Weg zur Verwirklichung allein die Konzentration auf meinen Koan weiterbringt, und doch bringe ich es nicht fertig, auszusteigen aus dem Planen, Phantasieren und Denken. Es ist absolut notwendig, daß ich mich stärker konzentriere. Denn ich verliere mich, wenn ich an tausenderlei Dinge denke. Ich bin dann auch nicht mehr auf meinen Koan ausgerichtet, obwohl ja gerade darin meine Hauptaufgabe besteht. Ja, ich habe hier tatsächlich nichts anderes zu tun, abgesehen vom einen und anderen Brief, auf den ich zu antworten habe.

In seiner Ansprache hat Meister Mumon den folgenden Punkt hervorgehoben: Die falschen Einsichten und die falschen Konzepte der früheren Jahre muß man auslöschen. Wenn man nicht alles, was einem an Konzepten aufgedrängt worden ist, ausräumt, ist es unmöglich, in der Zen-Praxis voranzukommen.

Wieviel Zeit brauche ich wohl noch, um mein Ziel zu erreichen: sechs Monate, sechs Jahre? Joshu soll während acht Jahren, Tag und Nacht, auf das Mu konzentriert gewesen sein.

Im Shofuku-ji hat man keine Chance, sich als Individuum zu entfalten, man macht stets, was alle anderen machen. Man übt Zazen, wenn alle Zazen üben, man ißt, wenn alle essen, man schläft, wenn alle schlafen. Zudem komme ich hier mit niemandem in einen interessanten Austausch. Aber allein wäre ich nicht fähig, diesen Weg zu gehen; das Leben in Gemeinschaft hat deshalb durchaus seine Bedeutung.

Bis jetzt ist es mir noch nie gelungen, mit jemandem über Zen zu sprechen. Vielleicht hat Zen auch gar nichts mit einem Gespräch über Zen zu tun.

Es scheint, daß die Mönche in Japan nicht immer den besten Ruf besitzen. Man bezeichnet sie als *Namagusabozu* («Mönche, die nach rohem Fisch riechen»). Sie gelten als tüchtige Fleischvertilger und Sake-Säufer. Das läßt mich an Gakusan, einen meiner Kumpane, denken; er war früher Hühnerschlächter und schnitt pro Tag bis zu zweitausend Hühnern die Kehle durch.

Im Rahmen einer Ansprache hat der Meister erzählt, daß er selber nie ein Sanzen verpaßt hat.

Gelesen in *Die Schranke ohne Tor:* «Wenn die Meditation in einem Zustand ständiger Aufmerksamkeit geschieht, stellen sich die neuen Erfahrungen häufig ein, und es kommt bei jedem Schritt vorwärts zu einer Neuentdeckung.»

Der Meister fordert mich stets wieder von neuem auf, Zazen zu üben. Wenn ich sehr konzentriert bin, spüre ich nichts von der Kälte. In der Geschichte der Weitergabe des Lichts wird oft auf die große Konzentrationskraft der Meister angespielt, die trotz der eisigen Kälte meditierten. Die früheren Zen-Meister entwickelten, um ihr Ziel zu erreichen, einen «vorbildlichen Mut». Mumon Roshi zum Beispiel legt sich mit seinen siebzig Jahren um elf Uhr in der Nacht schlafen und steht morgens um vier Uhr auf. Ich stelle mir vor, daß das, was er macht, ebenso ermüdend ist wie das, was ich mache. Er legt großes Gewicht auf die Übung des Yaza. Man erzählt sich, daß er selbst wie verrückt Yaza geübt hat. Ich muß unbedingt die Schwierigkeiten, die ich während des Yaza erlebe, überwinden. Der zeitgenössische Meister Yamamoto Genpo trotzte in seinem feurigen Wunsch, die Wahrheit des Zen zu erfahren, der winterlichen Kälte und meditierte die ganze Nacht. Er schlief lediglich zwei bis drei Stunden. Während des Zazen setzte sich die Feuchtigkeit in seinen Kleidern fest, und diese gefroren und wurden steif, was ihn am Aufstehen hinderte... Welch intensive Konzentration hatte er erreicht!

Heute abend hatte ich während der Meditation zum erstenmal die Empfindung, daß mein Körper ganz leicht wurde. Ohne nachzulassen, muß ich die Meditation über die Leere weiterführen. Ich darf solche Meditationserlebnisse, wie sie sich heute abend eingestellt haben, nicht anstreben; das würde nur meinen Wünschen entgegenkommen.

Sobald ich sehr konzentriert bin, verschwindet die Kälte, verschwinden auch die Schmerzen. Während des Yaza gestern abend berührte mich die Kälte nicht. Auch heute morgen erlebte ich mich seit dem Erwachen als gut in Form. Wenn ich mich hinlege, versuche ich durchzuspielen, was Hakuin sehr empfiehlt, nämlich in der sogenannten «Leichenstellung» einzuschlafen, wobei man jeden Teil des Körpers entspannt. Man erholt sich auf diese Art besser.

Wer in der jüdisch-christlichen Welt aufgewachsen ist, bringt zusätzliche Schwierigkeiten mit, wenn er die «Wahrheit des Zen» entdecken will. Wir Westeuropäer gehen zum Beispiel davon aus, daß alles von außen kommt, d. h. von etwas oder jemandem außerhalb von uns selbst. So beschuldigte ich am Anfang den Schmerz, er würde über meine Beine herfallen, und machte mir nicht klar, daß der Schmerz ganz und gar von mir selber stammte. Wenn ich aber fähig bin, den Schmerz entstehen zu lassen, so ist es logisch, anzunehmen, daß ich auch fähig bin, den Schmerz aufzulösen. Doch statt dies zu tun, verfluchte ich ihn und wartete ungeduldig darauf, daß er sich zurückziehen würde; ich unternahm keinerlei Anstrengung, gegen ihn vorzugehen.

Ich erwartete von meinem Körper, daß er sich der Meditationshaltung anpassen würde, aber ich selber unternahm nicht die notwendigen Geduldsübungen, um in diese Haltung hineinzuwachsen. Wunschdenken und Begierde? Gelegentlich sind es bestimmte Wünsche, die die Zen-Praxis für Menschen anziehend machen. Sie gehen davon aus, daß sie durch Zazen gewisse «Kräfte» erlangen, «mehr» dies und «weniger» jenes sind. Doch Zen hat nichts mit Magie zu tun, weder mit einer weißen noch mit einer schwarzen. Wer Zazen praktiziert, sollte dies nicht in einer bestimmten Absicht tun. Wer meditiert und nicht davon ausgeht, daß er aus der Meditation einen bestimmten Gewinn zieht, und sein Meditieren auch nicht mit bestimmten Wünschen koppelt, dem wird alles geschenkt. Denn etwas Bestimmtes erreichen zu wollen bewegt sich immer noch auf der Ebene der Gedanken, und solange es Gedanken gibt, ist es nicht möglich, «seine eigene wahre Natur zu sehen», zum Erwachen, zum reinen Geist zu kommen. Was «reiner Geist» bedeuten kann, hat Mumon Roshi während einer Konferenz in Mexiko folgendermaßen umschrieben: «Die Fähigkeit, etwas zu schaffen, ist die Quelle des reinen Geistes. Mit einem reinen Geist schaut man die Natur, wie sie ist, entdeckt ihre Wahrheit, sieht die Schönheit eines einzelnen Baumes, eines Grashalms. Man kann denjenigen, der die Natur betrachtet, nicht von der Natur trennen, die vom Geschöpf betrachtet wird; Subjekt und Objekt verbinden sich im Einen. Und das ist Zen. Wenn der Frühling kommt, entfalten sich die Blüten. Für die Japaner bedeutet dies in erster Linie die Kirschblüten. Für sie ist ein blühender Kirschbaum nicht bloß ein Baum. Sie sehen in ihm auch das eigene Herz, das aufblüht und schlägt in der Freude, mit den blühenden Kirschbäumen eins zu sein. Im Herbst kann man wundervolle Mondstimmungen sehen. Die Japaner betrachten den Mond nicht einfach als einen Gegenstand. Es kommt ihnen auch nicht in den Sinn, da oben eines Tages spazieren zu gehen. Sie erleben den Mondschein vielmehr als einen Widerschein ihres Herzens, sie erleben ihr Herz wie das Leuchten des Vollmonds. Das Herz und der Mond werden eins, und sie staunen darüber. Das ist die japanische Haltung, und der Zen lehrt diese innere Einstellung.»

Immer mehr wird mir bewußt, daß ich alle Grundsätze, die mir, gegen meinen Willen, eingetrichtert worden sind, und alles, was ich, ohne es zu wollen, gelernt, gehört und festgehalten habe, in Frage stellen muß. Die Art und Weise, wie ich denke, ist nicht meine Art und Weise; das Muster, mit dem ich die Dinge angehe, ist falsch. Letztlich weiß ich nicht, wie ich werten und urteilen soll. Nach welchen Kriterien? Ich kenne mich nicht, ich weiß nicht, wie ich funktioniere. Wenn dem so ist: Mit welchem Recht fälle ich dann Urteile? Nach welchem Maßstab entscheide ich, was sein und was nicht sein darf?

Je mehr ich vorankomme, desto mehr wird mir bewußt, daß das, was mich geistig bestimmt, eine Illusion ist. Meine Vergangenheit klebt mir auf der Haut. Und es gelingt mir nicht, mich von meinen alten Abhängigkeiten zu befreien. Es ist, als ob ich mich immer noch nach meinem früheren Leben zurücksehnen würde. Es gelingt mir nicht, meine sogenannten Wahrheiten, die keine sind, fallenzulassen. Alle meine Ideen erweisen sich als Hindernisse, die mir meinen weiteren Weg verstellen. Ich muß alles loslassen, was ich als das Konstrukt meiner Person wahrnehme. Denn meine Grundsätze sind falsch. Es ist besser, sich nicht mehr an ihnen zu orientieren und sie aufzugeben. Ich muß mich auch von meinem Körper lösen, ich müßte fähig sein zu «sterben», dann könnte ich wiedergeboren werden ohne diesen Leib mit seinen falschen Programmierungen. Doch im Moment habe ich nur meine Hochs und Tiefs; ich bin schwach und willenlos. Ich habe den Eindruck, daß das Ziel noch ganz weit entfernt liegt.

Wer auf echte Art suchen will, muß für die Zen-Praxis unbedingt von drei Grundhaltungen bestimmt sein: von einem ganz tief verwurzelten Vertrauen, von einem grundsätzlichen Zweifel und von einer (festen und andauernden) unerschütterlichen Entschiedenheit. In dem Maß, wie man auf dem spirituellen Weg vorwärtskommt, muß man sich diese drei Grundhaltungen zurechtschmieden, andernfalls kommt man überhaupt nicht weiter. Aber wenn man sie entfaltet – dies ist meine Erfahrung –, werden sie einem zur Unterstützung bei einer Ernährung ohne große Abwechslung, bei einem dauernden Schlafmanko und bei der Kälte in der Meditationshalle. Wie wäre es sonst zu erklären, daß sich die Mönche, die bereits sechs oder sieben Jahre hier leben, bei diesem Lebensstil wohl fühlen? Alle schauen zufrieden und gesund in die Welt.

Wenn meine Stimmung gut ist, erscheint mir der ganze Zen-Weg als etwas Leichtes. Wenn sie schlecht ist, ist er für mich das Gegenteil: Die Kälte durchdringt mich, die Müdigkeit meldet sich, und der Schmerz setzt sich durch.

Bei seiner Ansprache erwähnt Mumon einen Meister des Myoshin-ji-Tempels, der während seiner Klosterzeit eine Regel verletzte, weil er sich weigerte, die Aufgaben des Oberen zu übernehmen; er war nämlich der Auffassung, die mit diesen Aufgaben verbundenen Verantwortungen würden ihn daran hindern, sich ganz dem Üben zu widmen. Er wurde bestraft. Bei seinen Ansprachen wiederholt Meister Mumon immer wieder: Wenn man seine Gedanken während des Zazen nicht abstellen wolle, sei es vorteilhafter, Theologe zu werden. Mit allen Kräften muß man sich auf den Koan konzentrieren und *Nentei* üben, die reflektierte Konzentration oder die konzentrierte Reflexion. Auf diese Art bildet sich wie selbstverständlich eine Antwort auf den Koan.

Morgen beginnt ein großes Sesshin, eine Woche der Schmerzen.

Ein eisiger Wind durchdringt mich bis auf die Knochen.

Ich habe Schmerzen in den Beinen und leide unter der Kälte, aber im Zazen komme ich vorwärts.

Immer weiter, weiter ohne Unterlaß, ohne zu denken, nur Konzentration.

Gestern abend hatte ich während der Meditation so starke Schmerzen, daß mir die Tränen kamen. Schmerz, Kälte und Müdigkeit bringen mich zur Strecke. Ich bin immer noch nicht fähig, sie in den Griff zu bekommen, trotz der Fortschritte, die ich im Zazen gemacht habe. Wie viel Anstrengung und wie wenig Resultat! Doch wenn mein Wunsch, diese Schwierigkeiten in den Griff zu bekommen, nicht ins Wanken gerät, werde ich gewinnen. In jedem Augenblick mein Bestes zu geben, das ist mein Ziel; doch es ist schwierig! Sich niemals unterkriegen zu lassen – jederzeit das Ziel erreichen – ist das Wesentliche; ohne an etwas anderes zu denken als an die Konzentration auf den Koan.

Während des Zazen richten sich meine Gedanken oft auf die Vergangenheit, so als ob ich mich von meinem Ich noch nicht lösen könnte; es gibt noch nicht auf.

Die Übung des Samadhi beruht nicht darauf, daß man den Zustand der Unerschütterlichkeit, in dem man sich befindet, auszudehnen versucht, sondern darauf, daß man, ohne nachzulassen, mit dem Üben der Konzentration weiterfährt.

Beim Sanzen hat mir der Meister einige Schläge erteilt. Das tut dem Geist nicht gut.

Zu Beginn meines Aufenthalts im Kloster Shofuku-ji verwünschte ich die Wochen intensiver Meditation. Nun bin ich voller Hochachtung gegenüber den Menschen, die diese Tradition weitergetragen haben. Denn nach jeder dieser Wochen merke ich, daß doch gewisse Veränderungen geschehen sind. Ich entdecke, daß ich nicht mehr derselbe bin wie früher, daß ich nicht mehr mit dem früheren Ich identisch bin. Etwas hat sich verändert.

Früher war es mir nicht so wichtig, ein gutes Zazen zu erleben, sondern vielmehr, in den Beinen keine Schmerzen zu haben. Es ist mir klar, daß solche Überlegungen danebengingen, denn nur in einer tiefen Meditation lösen sich der Körper und die äußeren Ereignisse auf. Je mehr ich nun von den geistigen oder materiellen Vorurteilen loskomme, desto mehr festigt sich mein Wille: Nur das Wesentliche bleibt übrig.

An mir allein liegt es, die Kraft zu entfalten, mit der ich die Schwierigkeiten in den Griff bekomme, eine Kampfstimmung, dank deren ich das Ziel erreiche, das ich mir gesetzt habe. Ich muß mich all der Dinge, die unnütz sind, entledigen. Ich bin mit leeren Händen zur Welt gekommen, und ich werde mit leeren Händen sterben. Weshalb sollte ich mich in der Zwischenzeit um unnütze Dinge kümmern?

Die Kälte ist heute morgen so stark, daß ich nicht aus dem Zittern herauskomme. Mein ganzer Körper ist gespannt, unfähig, sich zu entspannen. Und ich kämpfe gegen die Kälte, statt sie zu ignorieren und mich mit ihr zu identifizieren. Vielleicht wäre dies die bessere Methode.

Es gibt alle möglichen Arten von Dämonen, gegen die man kämpfen muß. Und es hilft, wenn man sie als solche erkennt, sobald sie auftauchen. Sie sind zahlreich und greifen von allen Seiten an. Der Schlafdämon zum Beispiel wütet vor dem Schmerzdämon, der ihn dann ablöst. Zu Beginn der Meditation, wenn man sich noch gut fühlt, fallen plötzlich die Augenlider zu. Man öffnet sie ein wenig, und sie schließen sich erneut und etwas gewichtiger. Man öffnet sie erneut ein wenig und empfindet dies als ein schwieriges Unterfangen. Doch schon bald schließen sie sich von neuem, und zwar auf unwiderstehliche Art, und man sagt sich, daß sie eigentlich ruhig geschlossen bleiben können. Dann, ohne daß man es so richtig merkt, kippt der Kopf ein bißchen nach vorne. Man richtet ihn wieder auf, doch schon kurz danach kippt er wieder nach vorne. Man richtet ihn wieder auf, doch dann fällt er etwas tiefer. Und man läßt ihn an Ort und Stelle, denn man fühlt sich wohl in dieser Haltung; sie ist angenehm. Um ehrlich zu sein: Man schläft schon, aber man ist sich dessen bewußt, daß man schläft. Man sieht sich schlafen. Dann geht der Dämon noch weiter und greift den Rücken an. Der Rücken verliert seine Spannung. Man richtet den Rücken wieder auf, allerdings nur ein wenig, das andere würde zu viel Anstrengung verlangen, und irgendwie fühlt man sich ganz wohl so. Der Rücken wird noch etwas schlaffer, und man läßt es zu. Man nimmt sich vor, ganz kurz in dieser Haltung zu bleiben, vielleicht fünf Minuten, nicht länger, dann will man wieder aufwachen und sein Zazen ernsthaft wieder aufnehmen. In diesem Augenblick hört man ein leises Geräusch, man öffnet vorsichtig ein Auge, bemerkt sowohl die eigene kraftlose Haltung als auch den Zazen-Verantwortlichen, der mit seinem Keisaku vor einem steht.

Von dieser Art gibt es mehrere Dämonen, und sie wechseln sich ab: Wenn der eine schläft, wird der andere aktiv. Ein Dämon, den man ja nicht unterschätzen darf, ist der Überdrußdämon; er lähmt die Willenskraft und den Wunsch durchzuhalten. Wenn dieser Dämon am Werk ist, tauge ich zu nichts mehr. Das beste ist es, ihn sich austoben zu lassen. Er bleibt jeweils zwei bis drei Tage, dann verschwindet er wieder und macht einem anderen Platz, zum Beispiel dem Hungerdämon. Es ist unglaublich, zu welchen Freßportionen er einen bringen kann. Glücklicherweise ist gerade die Nahrung der einzige Bereich, der im Kloster keinerlei Einschränkungen kennt. Über den Sexdämon will ich mich nicht auslassen, er ist oft gegenwärtig, vor allem in Form von Bildern. Persönlich fiel es mir schwer, ihm böse zu sein. Einmal erlebte ich eine Halluzination: Zwei Gesäßbacken tauchten auf, zum Anfassen nahe. Ein rundes Gesäß, so zierlich wie anziehend, streckte sich mir entgegen. Es wiegte sich hin und her und begrüßte mich, zweifellos das Gesäß einer Brasilianerin. Mein Glied glühte, und die Knie wurden weich. Der Zen-Meister Ikkyu hat geschrieben: «Das Geschlecht einer schönen Frau hat den Duft einer Narzisse.» Es gibt noch viele andere Dämonen; sie sind von Person zu Person verschieden und nehmen eine mehr oder weniger raffinierte Gestalt an. Doch eines ist immer sicher: Es braucht sehr viel Zeit, bis sie nicht mehr über einen herrschen.

Möglicherweise habe ich mich gestern erkältet. Das paßt mir, ein paar Tage vor dem Rohatsu, gar nicht. Mehr denn je fürchte ich mich vor diesen acht schrecklichen Tagen ohne Schlaf.

Im Moment bin ich außerordentlich müde. Ein Mittel dagegen wäre, Grüntee zu trinken. Der japanische Grüntee ist von den Zen-Leuten schon immer gerühmt worden: Er hilft, innerlich wach zu bleiben. Im Shofuku-ji ist es allerdings schwierig, sich selber Tee zu bereiten. Man hat pro Tag das Recht auf einen Kessel heißes Wasser, muß dieses Wasser aber mit den zwanzig anderen teilen. Deshalb kaue ich am Abend vor dem Zazen gelegentlich getrocknete Teeblätter.

Wenn schlechtes Wetter herrscht, fällt es mir schwerer, die Sitzhaltung längere Zeit zu ertragen. Die Schmerzen sind stärker, und die Konzentration gelingt schlechter. Wenn der Himmel bedeckt ist, ist zwar die Kälte weniger aggressiv, dafür sind die Schmerzen in den Beinen stärker; vermutlich hängt es mit dem Wetter zusammen. Wenn schönes Wetter herrscht, sind die Schmerzen weniger groß, dafür die Kälte beißend. Und ich weiß nie, welchem von beiden ich den Vorzug geben sollte.

Ich habe das Bedürfnis, mich innerlich zu häuten, mich von den bloß hinderlichen Grundsätzen zu befreien.

Jetzt vor dem Rohatsu erlebe ich Angstzustände.

Ich möchte allein sein. Ich möchte nicht mehr an Menschen denken, mich ihnen gegenüber nicht mehr verpflichtet fühlen, ihnen nicht mehr schreiben müssen. Ich habe beschlossen, nach dem Rohatsu denjenigen, mit denen ich noch in Kontakt stehe, einen Abschiedsbrief zu schreiben. Die Freunde, die mir noch bleiben, dürfen von mir nichts mehr erwarten. Sie haben ihren eigenen Weg, und meinen Weg können sie nicht verstehen. Was nützt es, solche Beziehungen aufrechtzuerhalten? Im übrigen fühle ich mich nach diesem Entschluß bereits leichter. Er wird sicher gewisse Leute, die an mir hängen, traurig stimmen. Aber ich hatte im Hinblick auf sie schon immer das Gefühl, noch etwas vergessen, eine bestimmte Verpflichtung noch nicht erfüllt zu haben.

Morgen: Rohatsu. Ich glaube, daß ich innerlich bereit bin. Die letzten Minuten dieses Erholungsnachmittags verbringe ich im Teesalon G-sen. Es laufen französische Chansons, die mich durcheinanderbringen. «Et maintenant que vais-je faire?» «Les feuilles mortes …» Was rufen sie nicht alles wach in mir! Dinge, die ich abgelegt habe, Dinge, die ich ablegen und vergessen will. Weshalb ich sie ablege, das weiß und verstehe ich selbst nicht. In den zweieinhalb Jahren im Shofuku-ji habe ich so viele Stunden voller Leiden auf mich genommen, um den Sinn des Lebens zu entdecken, den Sinn meines Lebens. Was ist das eigentlich, das Herz des Menschen? Schon zweieinhalb Jahre verlange ich all diese Anstrengungen von mir, um die Wahrheit zu entdecken, meine Wahrheit. Weder im Luxus noch im gemütlichen Leben kann ich die Antworten finden auf jene Fragen, die mich quälen. «Leben heißt, die Fragen zu verbrennen.» (Antonin Artaud)

In Japan blüht der Pflaumenbaum in der Kälte des Winters. Ähnliches gilt für den Geist. Das Rohatsu ist die Gelegenheit, wenigstens einmal im Jahr alles daran zu setzen, den Sinn seines Lebens zu finden. Was lohnt das Leben? Ab morgen werde ich kämpfen, kämpfen, kämpfen, Sekunde um Sekunde; ich will mich nicht unterkriegen lassen von der Kälte, dem Schmerz und dem Schlaf.

Dezember

Rohatsu ist vorüber. Welche Erfahrung! Ich möchte so viele Dinge zum Ausdruck bringen, aber heute fehlt mir die Kraft dazu. Mein Körper, der acht Tage lang in Spannung war, entspannt sich allmählich in der Wärme eines Teesalons. Vom Anfang bis zum Ende hat mein Wunsch zu siegen seine Kraft nie verloren, außer ein wenig am sechsten Tag. Ich darf sagen, daß ich mit vollem Einsatz gespielt habe. Die Sanzen konnte ich nicht festhalten, obwohl viele spannende Gespräche stattfanden, doch sie sind mir jetzt nicht mehr gegenwärtig. Von der Kälte habe ich mich nicht beherrschen lassen, mit einer Ausnahme: am ersten Tag. Im Vergleich zum vergangenen Jahr habe ich den Sitz bis auf ein paar wenige Augenblicke die ganze Zeit durchhalten können, allerdings nicht ohne Schmerzen.

Zufällig stoße ich auf Überlegungen von Matisse. Obwohl mich sein Werk nicht besonders anspricht, finde ich die folgenden beiden Sätze mit der Gesinnung des Zen-Wegs verwandt:

«Alles ist neu, alles ist frisch, wie wenn die Welt eben geboren worden wäre.»

«Mein Ziel ist immer dasselbe. Aber ich benütze immer wieder einen anderen Weg, um dorthin zu gelangen.»

In mir hat sich nun definitiv etwas verändert: Mein Panzer ist aufgebrochen worden. Ich habe nun den Zugang zu meiner wahren Natur und kann an ihr arbeiten. Zum erstenmal fühle ich mich wohl in meiner Haut, die Angst ist verschwunden. Bis jetzt erlebte ich zwar unterschiedliche Zustände innerer Ruhe, aber sie dauerten nicht an. Diesmal ist in mir eine neue Empfindung lebendig geworden, sie besitzt Ausdauer, Frische und Beständigkeit. Was ich sagen möchte, kann ich vielleicht folgendermaßen illustrieren: «Der Hund des Joshu» ist jener Koan, der es ermöglicht, bis zum Fuß einer Mauer vorzudringen. Und

«Der Ursprung der Leere» ist der andere Koan, der es ermöglicht, die Mauer zu durchbrechen und in den Raum dahinter einzudringen, in den Raum des Geistes, in den Raum des Zen-Geistes. Ich habe den Eindruck, daß ich nun an dieser Stelle meiner Ausbildung das Ganze abbrechen und in die Welt zurückkehren könnte. Doch die Unbeschwertheit, die ich erfahre, weckt in mir gleichzeitig die Neugierde, den Wunsch und die Kraft, noch weiter zu gehen. Der Zen interessiert mich je länger, desto mehr. Und ich bin überzeugt, daß es sich lohnt, noch weiter und tiefer zu gehen.

Ich stehe unleugbar an einem Wendepunkt. Alle Japaner kennen das Sprichwort: «Während dreier Jahre sitzt du auf einem Stein.» Was will diese Wendung sagen? Daß es eben genau diese Zeit braucht, um aus dem Dunkel herauszukommen. Aus dem Dunkel herauszukommen bedeutet aber noch nicht, daß man ins Licht vorgedrungen ist. Wer ins Licht vordringen will, braucht bedeutend mehr als drei Jahre. Es bedeutet höchstens, daß man aus dem Dunkel herausgekommen und in den Nebel vorgedrungen ist. Man muß drei Jahre kämpfen und sich abrackern, bevor man bei diesem Übungsweg auf eine kleine Genugtuung hoffen kann. Während der ersten drei Jahre des Übens darf man nicht verzweifeln, sich nicht der Trauer überlassen, nicht den Mut verlieren und nicht resignieren. Man sollte sich mit Geduld ausrüsten, eine erste «Rodung» vollziehen und warten können, bis sich das Ergebnis der Anstrengungen zeigt.

Bis jetzt war ich ein Subjekt, das sich den Objekten fügte, unter ihnen litt und sich über sie beklagte. Ich war das Opfer von Dingen, die außerhalb von mir waren, ich war wie kontrolliert und manipuliert, ich war dem ausgeliefert, was ich ertragen konnte, was mein Ich akzeptierbar fand oder auch nicht. Aber was war denn das, das letztlich nicht existierte und doch vorgab, Kälte zu haben, Schlaf zu haben, Schmerzen zu haben? Genau betrachtet, gibt es die drei Zustände wirklich; aber wenn man sich nun nicht ihren Gesetzen fügt, sondern das Subjekt zum Objekt wird – das Subjekt ist der Schmerz, es identifiziert sich mit der Kälte, es wird zur Müdigkeit –, dann gibt es, wenn es kalt ist, nur noch die Kälte. Und wenn es schmerzt, gibt es nur noch den Schmerz. Und wenn es schläfrig ist, gibt es nur noch den Schlaf. Das Subjekt beklagt sich nicht mehr, sondern erträgt; es akzeptiert seine Bedingungen, es akzeptiert die Dinge so, wie sie sind. Es weiß, daß es die Welt nicht ändern wird. Es versteht, daß, nur weil es nun kalt hat, die Kälte nicht aufhören, der Schmerz sich nicht auflösen oder die einschläfernde Müdigkeit nicht verschwinden wird.

Immer mehr erlebe ich das Bedürfnis und die Möglichkeit, in meiner Zen-Erfahrung noch weiterzugehen. Ich bin mit dem, was noch vor ein paar Wochen geschehen ist, schon nicht mehr zufrieden. Ich merke, daß ich noch weitergehen muß. Ich werde vom mystischen Abenteuer angezogen. Ich habe etwas angefangen und spüre das Bedürfnis, bis zum Ende zu gehen, diese Erfahrung ganz zu leben, und zwar bis zur höchsten Intensität. Ich sehne mich danach, die Tiefe des Zen kennenzulernen, die Tiefe meiner eigenen Natur.

«Wenn im Laufe eines bestimmten Übungsweges ein Resultat erreicht worden ist, muß man diesen Übungsweg fortsetzen und darf mit dem erreichten Resultat nicht zufrieden sein. Denn je mehr man fortschreitet, desto fähiger wird man, Fortschritte zu machen.» (Hakuin)

Während mehrerer Jahre habe ich die Strenge und Härte des Klosterlebens ausgehalten. Ich habe mich den Regeln gefügt. Lange Zeit kam ich mir als Opfer vor, als freiwilliges Opfer zwar, aber doch als Opfer all dieser äußeren Umstände. Und ich lebte in einem ständigen Tief. Dann begann eine andere Zeit, die Zeit der Hochs und Tiefs. Denn es war mir bewußt geworden, daß alles von meinem geistigen Zustand abhing. Gelegentlich schien es mir leicht, um vier Uhr morgens aufzustehen, gelegentlich extrem mühsam. Wenn ich am Anfang auf den Mönch, der mit der Glocke vorbeikam, um das ganze Kloster zu wecken, wütend war, so war es jetzt an mir, jene innere Haltung zu schaffen, die mir das Aufstehen in der Frühe leichtmachte. Es begann nun ein Kampf in eine neue Richtung. Und er sollte etwa vier Jahre dauern.

Während meiner körperlichen Arbeit bin ich zu wenig auf meinen Koan konzentriert. Meine Aufmerksamkeit wird durch das, was um mich herum geschieht, zu stark in Beschlag genommen. Es ist wichtig, daß ich lerne, mich in diesen Stunden der Arbeit mehr auf meinen Koan zu konzentrieren, damit ich nicht meine Zeit verliere. Ich muß lernen, alles, was ich tue, in der Haltung des Tao, des Weges, zu tun.

Wenn ich Zen ernsthaft praktiziere, kann jeder Tag eine Stufe mehr bedeuten. Ich muß jeden Tag einsetzen, um an mir zu arbeiten. Jeder Tag muß ein Tag der Konzentration sein.

Seki Bokuo, der gegenwärtige Meister des Klosters Tenryu-ji, hat seine klösterliche Übungszeit in sieben Jahren abgeschlossen. Während der großen Sesshin schlief er nicht, oder besser gesagt: legte er sich nicht hin. Er schlief während etwa zwei Stunden in der Sitzhaltung, auf seinem Meditationskissen. Die ganze übrige Zeit übte er Zazen. Während des Rohatsu konnte ich die schwierigen Momente überbrücken, indem ich meine ganze Willenskraft zusammennahm. Ich kann tatsächlich sagen, daß mich dieser Kampfgeist während der acht Tage nie verlassen hat. Und ich sehe auch, daß dieser Geist noch verstärkt werden kann und eigentlich immer gegenwärtig sein sollte. Ich kann also mein eigenes Üben noch intensivieren; denn ich will keine Zeit verlieren; sie wird mir immer kostbarer, je mehr mir bewußt wird, wie schnell sie vergeht. Ich glaube nicht, daß ich fähig bin, in den beiden Sesshin, die während der winterlichen Übungszeit noch kommen, wie Seku Bokuo lediglich zwei Stunden zu schlafen. Ich würde es aber gern während der Übungszeit im kommenden Sommer versuchen. Mein Körper müßte diese Belastung während der großen Sesshin eigentlich aushalten können. Es ist absolut notwendig, daß ich nun fähig werde, Yaza während einer Stunde auf echte Art zu vollziehen, statt damit zufrieden zu sein, zu warten, bis es zu Ende ist.

Freier Nachmittag. Ich halte mich im G-sen auf. Ich fühle mich hier wohl, kann mich entspannen und aufwärmen. Die Kellnerinnen sind reizend.

Meine Konzentrationskraft hat sich verbessert. Früher wäre ich nicht fähig gewesen, an einem so lärmigen Ort, wie ein Café dies ist, zu schreiben.

In den ersten zwei oder drei Jahren nützte ich den freien Nachmittag, den es alle drei Monate gab, nicht wirklich aus. Ich ging höchstens ins öffentliche Bad. Wie angenehm war es, nach soviel Härte ins warme Wasser zu tauchen. Ich machte es mir bequem, vergaß alles, wusch mich, wusch mich ein zweites Mal und ging nochmals kurz ins Wasser. Das dauerte meistens eine Stunde. Dann kehrte ich ins Kloster zurück und schlief, bis die anderen zurückkamen.

Morgen beginnt das letzte große Sesshin des Jahres, innerlich bin ich nicht darauf vorbereitet. Immer wieder vergesse ich den eigentlichen Grund, weshalb ich hier bin. Gäbe es doch in Shofuku-ji einen Mönch, der vom echten Wunsch beseelt wäre, im Zen weiterzukommen. Ich würde mich ermutigt fühlen und könnte selber leichter kämpfen (aber ist ein Kampf etwas Leichtes?). Doch ich bin allein und muß allein kämpfen. Wie Henri Michaux es ausdrückt: «Allein: sich selber das eigene Brot sein.»

Erster Tag des Sesshin. Ich komme nur schwer in Fluß. Der Schmerz in den Beinen ist zwar noch nicht da, aber ich denke, daß ich mit ihm rechnen muß. Ich muß den unnützen Gedanken ein Ende setzen, die Mozo auflösen und die Erleuchtung anstreben; das ist das einzige Ziel, auf das ich mich während eines Sesshin ausrichte.

Die Kälte wird immer stärker; und ich frage mich, ob ich die

Kraft besitze, eine Woche lang zu üben, ohne mich von der Kälte überrollen zu lassen. Während des Tages gibt es beim Zazen keine Schwierigkeiten, mit denen ich nicht fertig werden könnte; es verschärft sich vor allem am Abend wegen dieser Kälte. Trotz aller Anstrengungen kann ich mich seit gestern nicht mehr richtig konzentrieren.

In meinem Kopf keimt eine Idee, sie setzt sich fest und nimmt mich gefangen: Ich habe Lust auf ein Kassettengerät. Schließlich kaufe ich ein recht ausgeklügeltes Modell, Stereo, mit Kopfhörer. An den freien Nachmittagen verschwinde ich nun im Zendo unter meiner Decke, genieße über den Kopfhörer Beethoven und Vivaldi und entkomme für ein paar Momente der Härte des Klosters.

An einem dieser freien Nachmittage bediene ich mein Gerät, natürlich im Dunkel unter der Decke, erwische den falschen Knopf, und die Musik erfüllt den Zendo. Resultat: dreißig Schläge mit dem Stock. Kurz darauf verkaufe ich das Gerät auf dem Flohmarkt.

Man kann die Sitzhaltung besser einnehmen, wenn man in ein tieferes Zazen kommt, und man kommt zu einem tieferen Zazen, wenn man seine Sitzhaltung verbessert. Es ist offensichtlich, daß das eine nicht ohne das andere geht. Und man muß an beidem arbeiten, wenn nicht gleichzeitig, so zumindest nebeneinander. Ich habe das schon längere Zeit beobachtet: Wenn ich an meiner Sitzhaltung arbeitete, war kurz danach meine Konzentration besser, und wenn ich an meiner Konzentration arbeitete, verbesserte sich mein Sitz. Körper und Geist können nicht voneinander getrennt werden, der eine kann nicht ohne den anderen existieren. Das heißt: Der eine ist der andere: «Shiki soku ze ku – ku soku ze shiki», wie wir es im Herz-Sutra (Hannya Shingyo) singen.

Dritter Tag des Sesshin, der schwierige Tag. Gestern konnte ich beim abendlichen Zazen dank meiner totalen Willenskraft – ich setzte meinen Körper und meinen Geist ein – die Kälte überwinden. Am Schluß merkte ich nichts mehr von der Kälte. Seinen Geist, der vor der Kälte Reißaus genommen hat, wieder zurückzuholen, ist eine Herkulesarbeit.

Wenn ich atme, ist mein Brustkorb unbeweglich. Wenn mein Körper entspannt ist, kann ich den Körper und den Geist kontrollieren. Die eigentliche Atemarbeit geschieht im Bauchbereich. Alles fügt sich bestens, wenn ich meinen Geist ununterbrochen auf das Hara lenke. Um das zu erreichen, muß ich während der Meditation den Rücken ganz gerade aufrichten und ihn auch aufrecht halten.

Die Lenden: dem chinesisch-japanischen Schriftzeichen entsprechend «der wichtigste Teil des Körpers». Auf den Lenden ruht der ganze Körper, und auf dem Körper ruht der Kopf mit seinem ganzen Gewicht. Wenn die Lenden nicht stark genug sind, gelingt kein gutes Zazen, denn man sollte sehr aufrecht sitzen. Für mich bedeuten sie noch eine Schwachstelle und sind mit ein Grund für mißlungene Meditationen.

Gestern abend kam ich in einen sehr tiefen Meditationszustand. Der Atem, die Atembewegung waren nicht zu spüren, das Herz wie ausgeschaltet, der Körper geformt, aber nicht steif, das Bewußtsein vollständig klar in einer intensiven Konzentration. Mit einer Trance hatte es nichts zu tun.

Wenn die ganze Konzentration im Hara gesammelt ist, kommt alles in Ordnung.

Ich möchte dieselbe Konzentration auch außerhalb der Zazen-Einheiten erreichen können. Ich möchte von dem, was um mich herum geschieht, nicht mehr in diesem Maß beeinflußt werden wie bisher. Ich muß die Beziehungen zu den anderen unbedingt abbauen. Denn je weniger Grund zur Zerstreuung vorhanden ist, desto schneller verwirkliche ich, was ich suche. Ich bin ja nicht hier, um Spaß zu haben. Wenn die anderen den Wunsch, sich stärker einzusetzen, nicht haben, braucht mich das nichts anzugehen. Ich muß mir mit aller Energie klarmachen, daß ich das Satori will und nicht einfach nur ein Studium des Zen in seinem weitesten Sinn.

Heute konnte ich mich intensiver mit dem Koan beschäftigen als sonst. Es zeigt sich, daß das Rohatsu seine Wirkung tut; ich darf also sagen, daß ich vom 1. bis zum 8. Dezember gute Arbeit geleistet habe. Alle Bücher über Zen betonen, daß man sich bei allem, was man tut, auf den Koan zu konzentrieren hat, daß man den Geist in allen Situationen, Tag und Nacht, reifen lassen sollte.

Ich habe den Eindruck, daß ich körperlich schwächer werde. Gehe ich bei meinem Einsatz auf ungute Art vor? Doch ich will ans Ziel gelangen, auch auf die Gefahr hin, daß ich auf der Strecke bleibe. Ich bin entschieden, notfalls auch zu sterben, wenn es sich für das Verständnis des Zen als notwendig erweist. Doch habe ich die Kraft, meine Entscheidung in die Praxis umzusetzen?

Letzter Tag des Sesshin. Der fünfte Tag war unvorstellbar schwierig. Ich glaubte, vor Kälte krank zu werden. Gestern, beim Zazen am Abend, fühlte ich mich sehr schwach: Lust zu schlafen, ein inneres Zittern, Brechreiz, ein müdes Herz, Schwindel. Dann spielte sich plötzlich alles wieder ein: Ich erlebte eine Art Stoß, der durch den Körper fuhr. Anschließend fühlte ich mich frei und konnte problemlos mit dem Zazen fortfahren.

Bei einem Sesshin sind die letzten Zazen-Stunden die schwierigsten. Seit heute morgen quälen mich wegen der Kälte Kopfschmerzen. Ich bin so angespannt, daß sie sich nicht auflösen.

Während der ganzen Woche konnte ich keine einzige Minute dem Studium widmen; es war mir kein einziges Mal möglich, ein Buch aufzuschlagen. Das Klosterleben ist so geregelt, daß ein Zen-Studium gar nicht vorgesehen ist, nur die Zen-Praxis. Es gibt sogar Meister, die ihren Schülern jegliche Lektüre verbieten. Zen nimmt man mit dem Körper und mit dem Geist auf, nicht mit dem Intellekt. Erst wenn man die Verwirklichung geschafft hat, wird die Lektüre von Texten, auch die Lektüre der Sutras, erlaubt. Dann erscheint das Geschriebene auch einsichtig. Im Zen wird gesagt: Bücher über den Zen zu lesen und deren Aussagen weiterzugeben ist nichts anderes, als den Alten den Arsch zu lecken.

So lautet, wenigstens theoretisch, die Regel. Die Wirklichkeit sieht etwas anders aus. Ich selber habe in den letzten Jahren eine beträchtliche Zahl von Büchern gelesen, unter anderem über den Buddhismus, aber immer in Eile und im Geheimen, zwischen zwei Verpflichtungen. Die Ärmel des Mönchsgewandes sind sehr weit und lang, so daß man seine «Aktivitäten» vor den Nachbarn verstecken kann. Ich konnte bei mehreren feststellen, daß sie lasen, und zwar vom Pornomagazin bis hin zur hochphilosophischen Abhandlung über Zen.

Das Anhäufen von intellektuellen Kenntnissen interessiert mich tatsächlich nicht mehr. Ich spüre, daß für mich im Moment das Verlernen wichtiger ist: daß ich zu verlernen lerne. Wenn ich lese, dann eher, um einen rätselhaften Satz ausfindig zu machen, einen Gedanken, eine Überlegung, die mich in meinem Üben anregt. Es kann vorkommen, daß bei mir ein einfacher Satz eine mystische Begeisterung auslöst. Ich koste dann diese anregende Kraft eines Satzes oder einer Überlegung aus, bis ich den ganzen Gehalt der Aussage ausgeschöpft habe. Dank dieses Aufputschmittels kann ich mich dann mehrere Tage, ja sogar mehrere Wochen voll einsetzen. Dann, allmählich, schwächt sich die Wirkung dieser Worte ab, und sie lösen nichts mehr aus. Wenn ich jeweils nicht mehr mit ihrer Wirkungskraft rechnen kann, möchte ich das Kloster am liebsten aufgeben und alles liegenlassen; ich resigniere, und meine Stimmung sinkt auf Null. Ich nehme mir ein Buch, stoße auf eine Maxime oder einen Aphorismus und starte von neuem. Zwei Sätze, an denen ich mich halten kann, sind für einen Winter, wenn die Kälte unbarmherzig wütet, nicht zuviel. In einem solchen Fall helfe ich mir mit der ganzen Überzeugungskraft dieser Worte. Manchmal habe ich einen Vorrat an Sätzen: Ich lege sie mir für später auf die Seite, für den Augenblick, da sich der aktuelle Satz erschöpft hat.

Ich bin nicht fähig, die Kälte in den Griff zu bekommen. Sie ist stärker als ich. Mein Zazen besitzt noch nicht genügend Intensität, denn sonst käme es zur Identifikation mit der Kälte und nicht, wie jetzt, zum Kampf zwischen mir und der Kälte. Wir im Westen unterscheiden immer zwischen dem Ich und dem Rest der Welt. Ständig entsteht eine Dualität. Doch der Geist ist wie ein Garten: Man kann und muß ihn pflegen. Wenn ich die Unterscheidung zwischen dem Ich und der Kälte aufheben kann, dann habe ich die Kälte besiegt.

Was sehr selten ist: Ich habe in der vergangenen Nacht geträumt. Der Meister gab mir ein privates *Dokusan.* Er legte Wert darauf, daß ich mich in meiner Zen-Praxis noch mehr anstrengen sollte. Er sprach sehr lange und auf ungewohnte Art und Weise; ich selber fühlte mich während der ganzen Zeit verlegen. Er schloß mit den Worten, ich solle mir einen neuen Strick um den Hals legen, ich hätte diese Belehrung nötig. Ich ging dann von ihm weg und war ganz glücklich und so leicht, daß ich auf wunderbare Art über mehrere Kilometer dahinflog.

Ich verstehe den Strick im Traum als ein Mittel gegen die Zerstreuung.

Januar 1971

Erneut betont der Meister in seiner Ansprache, daß jeder Augenblick des Lebens der Suche nach dem Erwachen gewidmet sein sollte. Er zitiert immer wieder die Worte Hakuins, daß wir im Eifer einer «heroischen Gesinnung» unsere Praxis fortsetzen sollten.

Wenn die Stunden des Zazen wegen der Kälte nichts erbringen, so sollten zumindest die anderen Zeiten noch intensiver der Übung des *«Dochu no kufu»* gehören, der Konzentration auf den jeweiligen Moment. Sie hilft, den Zustand des Nicht-Denkens zu erreichen. Bestimmte Meister arbeiteten nicht mit dem Zazen. Ihr Geist kam durch die verschiedenen Momente des normalen Lebens zur Reife. Nach der jahrhundertealten Tradition hat im Zen-Alltag Zazen das Hauptgewicht. Doch es gibt einige wenige große Meister, die nicht Zazen übten, etwa Huineng, der sechste Patriarch (auf japanisch: Eno Taïkan), der zur Erleuchtung kam, indem er einfach den Reis des Klosters schälte. Die Fähigkeit seiner inneren Präsenz war so groß, daß er es nicht nötig hatte, sein Tun zu unterbrechen und sich im Sitz einzurichten, wenn er seine wahre Natur schauen wollte. Das Schälen des Reises war sein Zazen.

In der vergangenen Nacht konnte ich nicht schlafen, so beißend war die Kälte. Zusammengeschrumpft lag ich auf dem Futon. Es scheint, daß der Meister während der Winterszeit, bevor er sich hinlegt, einen mit Honig gesüßten und mit Whisky angereicherten Schwarztee trinkt. Er ist weit weg von der Strenge der Theravada-Buddhisten, doch ist auch zu bedenken, daß diese nie mit so harten klimatischen Verhältnissen konfrontiert wurden, wie sie in Japan herrschen. Heute morgen haben wir die «Epistola» zu den Anhängern des Klosters gebracht. Noch eine Stunde später waren meine Füße gefroren.

Soweit zu kommen, daß ich meinen Geist zu jeder Tages- und Nachtzeit unter Kontrolle habe, daß ich durch die äußeren Ereignisse nicht mehr dominiert werde. Mein Meister fordert, daß ich so schnell wie möglich zum Satori komme.

Wenn alles Leere ist, sehe ich nicht ein, weshalb es der Geist nicht auch sein sollte.

Ich fühle mich nicht stark genug, um Yaza zu üben. Die Kälte ist zu stark, als daß ich sie angehen kann.

Heute bin ich dreißig Jahre alt. Ein Tag wie jeder andere. Ich lasse es niemanden wissen.

Manchmal komme ich ganz nahe an die Ahnung: «Nichts existiert», alles ist Leere, auch die Leere.

Das zum Ausdruck bringen, was man nicht ausdrücken kann: Ist es nicht dies, was der Meister von mir erwartet? In den Klosterregeln steht, daß Sanzen das Wichtigste ist. Was man auch tut, man sollte es in der Absicht tun, auf jener Treppe, die zum Erwachen führt, eine weitere Stufe zu gewinnen.

Unfähig, richtig zu üben. Ich kann mich überhaupt nicht konzentrieren. Meine Gedanken reisen in die Vergangenheit, nach der ich mich sehne. Seit drei Jahren bin ich nun hier und habe keine einzige Stunde des Glücks erlebt. Kann der Zen nicht auch eine Täuschung sein, eine Falle?

Gestern abend sah ich mich gezwungen zu sagen, ich sei erkältet, weil ich nicht Yaza üben wollte. Die Kälte erledigte mich, und ich war unfähig zu kämpfen und die Oberhand zu gewinnen. Ich habe Lust, aufzuhören und den Zen aufzugeben. In diesen schwierigen Tagen denke ich oft an mein Leben in Tokio zurück und an Ka.

Mumon wiederholt, daß man nicht mit dem Kopf denken sollte, sondern mit dem Bauch, daß man im Sitz mit den überkreuzten Beinen meditieren sollte, dann würde sich alles ergeben.

Ich kann nicht mehr kämpfen. Mein Körper reagiert nicht mehr, auch mein Geist nicht. Etwas ist blockiert, ist verlorengegangen. Alles fließt verkehrt. Ich habe den Eindruck, daß mir das Blut in den Kopf steigt und das Herz zu schnell schlägt. Ich kann nicht schlafen.

Heute nachmittag habe ich während der Meditation die Sperre, die mich blockiert hatte, durchbrochen. Es sieht so aus, als ob sich das Gleichgewicht wiederhergestellt hätte. Ich erreiche auch einen tiefen Meditationszustand, die Atmung läuft ganz gleichmäßig. Nur der Bauch vollzieht das Kommen und Gehen des Atems. Keinerlei Gedanken, es gibt nichts mehr außer der Konzentration und der Aufmerksamkeit für die Atmung.

Den gestrigen Tag habe ich in einer tiefen inneren Freude verbracht, als ob ich von einer Last befreit worden wäre, vielleicht von der Last meines Ego. Ich habe den Eindruck, daß ich mich von irgend etwas befreit habe. Die letzten Nächte, bevor sich dieser Zustand einstellte, waren voller heftiger Träume gewesen, und stets hatte ich den Eindruck, ich würde etwas wegräumen. Die ersten drei Tage des Sesshin waren schwer! Ich hatte wirklich die Absicht, alles aufzugeben. Gehört das zu meiner Natur, ständig durch Höhen und Tiefen zu gehen, oder kommt dies bei den anderen Mönchen ebenfalls vor, zumindest bei jenen, die in ihrer Suche etwas sensibel sind? Alles in allem nehme ich an, daß dies nicht mit meinem Charakter zu tun hat, der eher ausgeglichen ist, sondern mit der Strenge und Intensität des Übens hier, mit der Tatsache, daß ständig neue Hindernisse zu übersteigen sind. In bestimmten Augenblicken habe ich die Kraft nicht mehr, dieses strenge Leben zu führen, dann geht nichts mehr. Doch dann kann ich das Hindernis überwinden, zumindest für den Augenblick, und alles geht wieder. Vielleicht hängt es aber auch damit zusammen, daß ich mit meiner Energie noch nicht richtig haushalte und sie schlecht lenke.

Es ist mir bewußt, daß das Meistern der Energie bedeutet, daß sie ganz natürlich dorthin fließt, wo sie im Moment notwendig ist. Meisterschaft ist dann vorhanden, wenn die Energie nicht mehr künstlich beeinflußt wird, sondern sie in einem gewissen Sinn frei fließt. Dann wird es auch möglich, daß man die Kälte im strengsten Winter nicht mehr wahrnimmt, auch wenn der Schädel rasiert ist und die Füße bloß sind. Die Energie wärmt, Punkt! Und ebenso wird es möglich, daß man unter den Hundstagen im Sommer und unter den Mückenstichen nicht mehr leidet. Doch bevor man schließlich soweit kommt, ist es auch schon möglich, die Energie willentlich in einen bestimmten Teil des Körpers zu leiten.

Der letzte Tag des Sesshin. Ich fühle mich sehr schlecht, da ich in der vergangenen Nacht nicht schlafen konnte.

Buddha hatte das Gelübde abgelegt, die Erleuchtung zu erlangen, auch auf die Gefahr hin, bei diesem Unternehmen zu sterben. Und ich bin überzeugt, daß man in einem Zen-Kloster sterben kann, wenn man selber nicht wirklich gefestigt und von einer unterschütterlichen Entschiedenheit beseelt ist. Selbstverständlich, sterben kann man überall, aber hier kann man an der Härte der Askese sterben, der Körper und das Herz können schlappmachen. In der Nähe der Pagode gibt es übrigens zahlreiche Grabsäulen, die zum Gedächtnis an Mönche errichtet wurden, die im Shofuku-ji gestorben sind, an Mönche, die «im Dienst gefallen» sind, die gelitten haben, bis sie an ihrem Einsatz zugrunde gingen. Im Zen gilt das Satori, das Erwachen, als das Wichtigste. Ein Meister hat einmal gesagt, wenn man die Erleuchtung nicht fände, würde sich das Leben gar nicht lohnen. Und auch Mumon wiederholt immer wieder, daß man Kensho erreichen sollte.

Gestern hat der Jikijitsu, der Zazen-Verantwortliche, gesagt, auch wenn man sich nachts über die Klostermauer absetzen würde, sollte man dies im Zustand der geistigen Verwirklichung tun.

Ich bin durchdrungen vom Wunsch, das Absolute zu durchdringen. Handelt es sich nun bloß um Worte, oder handelt es sich um ein echtes Gefühl, das mich antreibt? Ich bin mir noch nicht sicher.

Trotz eines hartnäckigen Schnupfens fühle ich mich heute spirituell in guter Form. Während des ganzen Tages konnte ich mich konzentrieren, was mir auch am Abend ein gutes Zazen ermöglichte. Ich habe mich so stark konzentriert, daß ich die Zeit nicht mehr wahrnahm. Es gab nichts mehr: kein Zazen, keine Anstrengung, kein Ich.

Ich erwarte mit Ungeduld den 2. Februar, um mich nach Kioto zu begeben und mich auszuruhen. Ich sehne mich auch danach, meine Freunde in Tokio zu besuchen. Ich brauche die herzliche Art, mit der sie mich jeweils empfangen.

Gestern haben mehr als fünfhundert Laien im Kloster gegessen. Sie feierten den Geburtstag einer religiösen Persönlichkeit.

Ein ähnliches Fest, das Fest der Gemeindemitglieder des Shofuku-ji, findet im Frühling und im Herbst statt, und zwar zum Zeitpunkt der Tagundnachtgleiche. Es fällt mit einem religiösen Fest und mit der Wiederaufnahme des klösterlichen Lebens zusammen. Es kommen jeweils fünfhundert bis siebenhundert Leute zum Essen ins Kloster. Überall trifft man dann auf Leute, ausgenommen im Zendo. Das bedeutet für die Woche vor dem Fest die Vorbereitung aller Platten, Schüsseln usw. Auch die Küche wird durch die Mönche vorbereitet, es ist die Gelegenheit, alles Geschirr hervorzuholen. In einem Zimmer wird es aufbewahrt, es reicht, um etwa tausend Menschen zu bewirten.

Die vegetarische Küche ist in Sachen Vorbereitung sehr aufwendig; eine Kartoffel zu schälen verlangt mehr Zeit, als wenn man einfach ein Steak auf den Grill legt. Ein oder zwei Tage bevor das Fest beginnt, bekommen die Mönche noch Hilfe: alte, fromme Frauen, die eine häßlicher als die andere. Im Hinblick auf die Versuchungen ist dies wohl auch besser so. Alle Platten, sämtliches Geschirr, sind rötliche Lackarbeiten. Jede Platte ist ein Vermögen wert. Man unterscheidet dabei die größere und die etwas kleinere Schale, den Becher, eine größere und eine kleinere Untertasse und die kleine Schale, alle sind harmonisch aufeinander abgestimmt. Ab vier Uhr morgens werden Arbeitsgruppen gebildet, man verteilt die Nahrungsmittel in große Kessel, und an verschiedenen Orten schichtet man die Schalen aufeinander. Etwa eine Stunde bevor das Mahl beginnt, schöpft man die Speisen in die Schalen: Die eine Gruppe schöpft den Reis in die großen Schalen, eine andere die Gemüse, wieder eine andere die verschiedenen Kleinigkeiten, die auf die Platten kommen. Es findet eine religiöse Feier statt, die Mönche singen Sutras, der Meister und die Gemeindemitglieder vollziehen die Verneigungen. Dann beginnt das Mahl. Man trägt auf, verteilt die Speisen schnell auf die Platten. Nach ein paar Minuten stehen alle Platten aufgereiht nebeneinander, und zwar am Boden auf dem Tatami, und vor jeder Platte ein Kissen. Wenn die Gemeindemitglieder gegessen haben, gehen sie, und das Kloster sieht aus wie eine große Baustelle. Wir spülen das Geschirr in mächtigen Kesseln, das Wasser wird mit Holzscheiten aufgeheizt. Dann alles aufräumen, dafür brauchen wir den Rest des Tages.

Der härteste Teil der winterlichen Übungszeit ist vorbei. Noch ein paar Tage Kälte, dann fahre ich nach Kioto.

Wenn ich mich während der Meditation gut konzentriere, ist die Atmung leicht geregelt, d. h., sie wird vom Willen gesteuert. Ich merke, daß die Gedanken an Kraft verlieren, manchmal verschwinden sie sogar. Wenn sie ganz verschwinden, nimmt man das Wesen seines Geistes wahr, sieht man seine wahre Natur. Während ich darauf warte, daß sie ganz verschwinden, widme ich mich ohne Unterbrechung der Konzentration aller meiner Kräfte. Die Meditation macht es möglich, daß man ohne Kopf denken kann.

Heute morgen schneite es. Alles war weiß, die Tempeldächer, die Gärten. Ich hätte gern den Schnee, das Herabsinken der Schneeflocken meditiert.

Gegen Ende dieser Übungszeit ertappe ich mich oft dabei, daß ich mich frage, ob ich weiterfahren soll. Ich habe Lust, mein früheres Leben wieder aufzunehmen, mit Menschen in Kontakt zu treten, Freunde zu treffen, auszutauschen, mit ihnen zu lachen. Gelegentlich habe ich den Eindruck, daß ich im klösterlichen Leben verknöchere, austrockne, da es mich zur Einsamkeit verurteilt. In solchen Momenten haben meine spirituellen Absichten keine Kraft mehr. Ich stelle mein Engagement in Frage und werde unsicher: Soll ich verreisen oder bleiben, den Zen wählen oder das normale Leben? Abreisen, das würde bedeuten, die Beziehung zwischen Meister und Schüler zu unterbrechen, mich von Meister Mumon zu trennen. Ganz tief in mir spüre ich in Wirklichkeit, daß ich nicht abreisen werde, daß der Augenblick der Abreise noch nicht gekommen ist. Ich hatte mich für unbestimmte Zeit auf das Shofuku-ji eingelassen. Diese Hochs und Tiefs, diese Zweifel gehören, vermute ich, zu jedem fordernden Übungsweg. Ich weiß allerdings wirklich nicht, weshalb ich hier bin, es sei denn, weil der Zen mich fasziniert und ich keine andere Möglichkeit für mich sehe. Man hat Beckett gefragt, weshalb er schreibe, und er antwortete: «Einfach so.»

Das tiefere Erfassen des Zen gelingt vor allem über die Meditation. Dank ihr ist es möglich, in der Tiefe des Menschen zu üben. Das heißt aber auch, daß es nicht notwendig ist, Zen anhand von Büchern zu studieren. Was zählt, ist die heroische Gesinnung, von der der Meister spricht: sie zu entfalten und zu stählen und geistig die Übung nie zu unterbrechen. Den Versuchungen, Wünschen und Launen des jeweiligen Tages den Krieg zu erklären. Den Plänen und Zweifeln, der Niedergeschlagenheit und der Hochstimmung keinen Raum zu geben.

Februar

Im Anschluß an die winterliche Übungszeit habe ich einmal mehr die Erlaubnis erhalten, das Kloster für anderthalb Monate zu verlassen, d.h. bis zum Beginn der sommerlichen Übungszeit. Nach vierzehn Tagen in Tokio bin ich wieder in Kioto, im Reiun-in. Hier ist das Leben sehr angenehm, denn ästhetisch ist es sehr klar und einfach. Eine großartige Schlichtheit der Architektur, der Landschaft, der Küche (es wird noch mit Holz gefeuert), des Brunnens mit seinem Quellwasser.

Hier bin ich bedeutend freier, ich kann mir die Zeit fast so einteilen, wie ich will … und unter Zeitdruck diesmal. Denn ich habe vor, viele Dinge anzugehen, die mir im Kloster nicht zugänglich sind, u. a. das Blumenstecken, den Besuch der Tempel und der betreffenden Tempelmeister. Einer von ihnen, Omori Sogen, hat mich aufgefordert, in meiner Zen-Praxis schneller vorwärtszugehen: «Für einen Menschen aus dem Westen, der sich auf den Zen-Weg eingelassen hat, ist es wichtig und schwierig, sich in der Meditation – und nicht so sehr im intellektuellen Studium – ganz einzusetzen. Vor allem: die spirituelle Erfahrung.»

Die asketischen Praktiken kann man allein viel schwerer durchhalten als in einer Gruppe. Doch ich allein muß den Willen finden, den Weg, den ich mir vorgenommen habe, auch fortzusetzen, ohne mich durch Hindernisse aufhalten zu lassen. Ich muß ihn bis zum Ende gehen, und zwar so schnell wie möglich. Alle

Hindernisse können überwunden werden; es gibt keinen Grund, sich durch irgendein Hindernis aufhalten zu lassen. *«Der Große Weg kennt keine realen Hindernisse.»* Im Gegensatz zum Kloster sind hier in Kioto die Einflüsse von außen sehr zahlreich, und zwar in einem Ausmaß, daß ich mich hin- und hergerissen fühle. Der Meister scheint fähig zu sein, sich durch keinerlei Einflüsse von außen stören zu lassen. Für mich, für meinen Willen, sind sie zu stark.

Gestern abend spät ist der Meister unerwartet eingetroffen. Sobald er da ist, herrscht Betrieb. Alles wird in Gang gesetzt, um ihm zu dienen und ihm zu assistieren. Wir müssen die Tusche für seine Kalligraphie und sein Bad vorbereiten, seine Räume in Ordnung bringen und reinigen und für seine Gäste den Tee zubereiten. Sobald er sich im Tempel aufhält, kommen zahlreiche Besucher, und er ist sehr beschäftigt. Dies bedeutet auch, daß er für uns kaum Zeit findet. Als ich ihn sehen wollte, um die Erlaubnis für die Fahrt nach Tokio zu bekommen, bot er mir Tee an und gab mir ein kleines Taschengeld. Das ist wenig und zugleich sehr viel. Allein schon seine Gegenwart: Ich erlebe sie wie eine neue Kraft, die mich erfüllt, die mich drängt, meinen Weg fortzusetzen, und zwar für immer, ohne stehenzubleiben. Sobald er abwesend ist, wird diese Kraft für mich schwächer. Da es hier keine festgesetzten Meditationszeiten gibt, muß ich mir selber helfen. Es ist so schwierig, allein länger als eine Stunde Zazen zu üben. Im Kloster stellt jeder Tag dank der Intensität des Übens eine weitere Stufe dar, eine Stufe, unter die man nicht mehr zurückgeht. Hier geschieht das Vorrücken langsamer, weniger konstant. Am Ende freue ich mich, wieder ins Kloster zurückkehren zu können.

Ich bewundere Mumon: Obwohl klein und zerbrechlich, gönnt er sich keine Ruhe. Wenn ihn niemand aufsucht, studiert er, liest und schreibt. Wenn ich mir seine ständige Aktivität vor Augen führe, regt mich das selbst an. Ich habe das Gefühl, daß ich dank meiner Anstrengungen in mir eine klare Veränderung zustande gebracht habe; und es ist offensichtlich, daß mir diese Anstrengungen nur dank Meister Mumon gelungen sind, der wie eine Art Katalysator wirkt.

März

Mein Aufenthalt in Kioto geht zu Ende, ich muß nach Kobe zurückkehren. Die vierzig Tage außerhalb des Klosters erlauben mir eine Standortbestimmung, aber auch den Kontakt mit dem sogenannten normalen Leben der Leute. Auf diese Art kann ich mich aus Distanz betrachten. Ich kann die Veränderungen wahrnehmen, aber auch die Schwachstellen.

Wieder im Kloster, überrascht mich der Wechsel des Rhythmus, als ob ich ein Anfänger wäre. Ich muß von vorn beginnen. Ich habe sogar den Eindruck, zurückgefallen zu sein, ohne daß es mir bewußt geworden ist. Ohne daß ich es merkte, haben die alten Gewohnheiten wieder die Oberhand gewonnen. Ich muß den Kampf wieder aufnehmen.

Ich bin zum Klostergärtner ernannt worden und unterstehe jenem Mönch, der mich am Tag meiner Ankunft in Shofuku-ji in Empfang genommen hatte. Im Zen sagt man, daß Intelligenz und Erleuchtung nichts miteinander zu tun haben. Dieser Mönch scheint der lebende Beweis dafür zu sein – mit Ausnahme der Erleuchtung. Dieser grobe Kerl spricht nie mit mir und ignoriert mich vollständig.

In seinen Ansprachen wiederholt Meister Mumon öfter, daß man deshalb nichts versteht, weil man zu stark auf den Intellekt eingestellt ist. Tatsächlich kann die vom Zen angestrebte Erkenntnis nicht über die Vorgänge des Intellekts laufen. Seine eigene wahre Natur zu sehen basiert nicht auf dem Denken. Das Denken ist deshalb keine Hilfe, wenn man zum Erwachen kommen will. Das Denken hat seine Grenzen, es ist auf sich selber begrenzt, und man muß über das Denken hinauskommen, d. h.

nichts anderes, als den Zustand des Nicht-Denkens zu erreichen.

Es ist mir klar, daß ich meinen eigenen Weg noch nicht gefunden habe. Denn ich habe immer noch Lust, alle möglichen Dinge zu unternehmen. Verschiedene Ideen gehen mir regelmäßig durch den Kopf: zu Fuß Japan zu durchqueren oder die Inseln des Südpazifiks, ein Buch über Zen zu schreiben, das Blasen der *Shakuhachi* (japanische Bambusflöte) zu erlernen. Doch bis jetzt habe ich noch keine dieser Ideen angepackt. Ich frage mich deshalb: Sind es trügerische Wünsche, die einen viel stärkeren Wunsch überdecken, nämlich den Wunsch, das Kloster zu verlassen? Oder bin ich schlicht und einfach unfähig, ein solches Projekt zu realisieren? Oder bin ich noch nicht reif genug, um es zu realisieren, bin ich noch in der Phase des Lehrlings?

Ich frage mich zudem, ob es besser ist, mich in verschiedenen Bereichen auszubilden, die nichts mit Zen zu tun haben, oder nur das eine wirklich kennenzulernen, nämlich Zen, und den Rest zu vernachlässigen. Nach vielen Überlegungen tendiere ich zur Vernachlässigung, d. h. zur Konzentration auf die eine Sache, auf den Weg der Verwirklichung, da alles andere mich nur ablenkt.

Nachdem Daïto Kokushi das «Siegel der Übertragung des Lichtes» erhalten hatte, wurde er, bevor er als Meister des Klosters wirkte, Clochard und richtete sich unter einer Brücke Kiotos ein. Basho, der berühmte Haiku-Dichter, zog zu Fuß durch Japan. Ich möchte mich eines Tages auf Pilgerfahrt begeben, Takuhatsu üben, die Nacht in einem Tempel verbringen, Zazen üben und am folgenden Tag zum nächsten Ort ziehen.

Es gibt Tage, an denen ich Lust habe, nichts zu tun, und mutlos bin. Mein Herz ist einsam, und ich träume davon, einer Frau zu begegnen. Habe ich das Kaliber, die Kraft eines Mannes wie Rinzai?

An gewissen Tagen bin ich voller Energie, an anderen kraftlos. Woher kommt das? Es ist klar, daß mein Geist mit meinem

Körper macht, was er will. Warum kenne ich manchmal diesen unerschütterlichen Willen, und einen Augenblick später komme ich trotz meines Wunsches zu siegen nicht über den Überdruß hinweg, der mich lähmt? Handelt es sich um innere Konflikte, die mich am Fortschreiten auf dem Weg zum Erwachen hindern?

Wenn man einen asketischen Weg geht, ist Musik Gift. Die Refrains der französischen Chansons bringen meinen Geist durcheinander. Gewissensbisse und Zweifel überschwemmen mich. Ich habe dann den Eindruck, auf dem falschen Weg zu sein. Ich sage mir, daß ich auf diese Art nur meine Zeit vergeude, daß ich anderswo Besseres leisten und für die Menschen nützlicher sein könnte.

«Ich will keine Musik zur Zerstreuung. Was ich möchte, ist eine Musik, die mir hilft, Fragen zu stellen, zu horchen und mich dem Problem des Seins anzunähern.» (Henri Michaux).

Ich möchte es in den vier Monaten dieser Übungszeit fertigbringen, das Kloster nicht zu verlassen und an den freien Nachmittagen zu schlafen, um mich für die folgenden Tage auszuruhen. Ich denke, daß ich die körperliche Kraft besitze, um über mehrere Tage hinweg nur noch zwei bis drei Stunden pro Nacht zu schlafen. Ich werde alle meine körperlichen und geistigen Kräfte dafür einsetzen, auch auf die Gefahr hin, daß ich sterbe. Denn letztlich macht es keinen allzu großen Unterschied, ob ich sterbe oder lebe. Für dies alles muß ich mich gut organisieren und alle Arten von Zerstreuung und unnützen Aktionen beiseite lassen. Ich muß einen kraftvollen Einsatz leisten.

Als wir die jungen Erbsen pflegten, fragte ich Ikoma Doken, meinen Gärtnerkollegen, weshalb er die Fremden nicht lieben würde. Er antwortete mir, nach einer langen Pause, er würde sie nicht nicht lieben, sondern er würde sie nicht verstehen. Er verkörpert für mich alles, was ich an den Mönchen schlecht ertrage. Er kennt keinerlei Wunsch nach Bildung. Seine einzige Freude im Leben: Sake zu trinken.

Eines Tages wird er *Roshi* eines Zen-Tempels werden, nachdem er fast zwanzig Jahre im Shofuku-ji verbracht hat.

Wenn der Zen es dem Menschen erlaubt, seine Grenzen zu entdecken, weshalb nur dauert der Kampf bis zu diesem Moment so lange? Ich war noch nie so deprimiert wie in diesem Augenblick. Ich habe den Eindruck, daß ich nur meine Zeit vergeude; nichts hilft mir weiter. Mein Leben scheint mir unproduktiv, ausgenommen die Zeiten, die dem Zazen gehören. Anderswo könnte ich ganz andere Dinge anpacken. Aber was? Wozu habe ich Talent? Ich käue zwar die Erinnerungen an mein vergangenes Leben ständig wieder, aber sonst habe ich kein Talent, irgend etwas Nützliches anzugehen. Aber was ist letztlich nützlich? Mein Koan zu knacken. Alles andere ist bloß eine subjektive Vorstellung von «nützlich». Wenn es mir nicht gelingt, die Dinge, die ich mir ausdenke, auch in die Tat umzusetzen, so einfach deshalb, weil ich dazu unfähig bin. Ich möchte in fremde Länder gehen, aber wozu? Und wie könnte ich für meinen Lebensunterhalt aufkommen? Auch da ist es wohl eher der Wunsch, den Schwierigkeiten eines asketischen Lebens zu entfliehen, der mich auf die Reisepläne bringt.

April

Der Körper hängt von den Gedanken ab. Der Eindruck, daß mein Körper schwach ist, rührt von meiner Art zu denken her. Wenn mein Geist stark ist, wird gleichzeitig auch mein Körper stark. Der Wille selber nimmt zu oder ab, je nachdem, ob man ihn übt oder nicht.

Gomoku Doseï: «So benimmt sich ein Zen-Schüler, von dem niemand etwas weiß: Er widmet sich seinen Übungen, ohne zu sprechen, geht in der Einsamkeit seinen Beschäftigungen nach, teilt seine Gedanken niemandem mit, sagt nicht, wo er hingeht usw.»

Rinzai: «Wenn ein Zen-Schüler den Weg nicht findet, so liegt es daran, daß er zu wenig Vertrauen hat.» Die Konflikte, die Verzögerungen und die Hindernisse, seien sie gewollt oder ungewollt, zeigen tatsächlich, daß der Schüler noch nicht seine ganze Kraft einsetzt, um ans Ziel zu kommen. Alles vergessen! Aber dies ist so unmenschlich! Und doch muß ich genau hier hindurch, wenn ich ans Ziel kommen will.

Am einen Tag bin ich stark, am anderen schwach. Letztlich sollte es nur noch die eine Leidenschaft geben: die Zen-Praxis, denn das Kloster ist so angelegt, daß es für alle anderen Aktivitäten keinen Raum bietet.

Der Meister bleibt bis dreiundzwanzig Uhr auf, läßt sich dann von seinem Diener eine Stunde lang massieren, und um vier Uhr steht er jeden Morgen auf. Dank der Kraft seines Willens gelingt es ihm, trotz seines Alters diesen Rhythmus durchzuhalten. Oder leidet er an Schlaflosigkeit?

Morgen beginnt das erste große Sesshin der Sommerzeit. Bei seiner Eröffnungsrede hat der Meister betont, wir sollten um jeden Preis das Erwachen erlangen und mit aller Energie Yaza üben.

Mai

Der Meister: «Die Erfahrung des Kensho erreicht man nicht, weil man viele Koan hinter sich gebracht oder viele Jahre im Kloster gelebt hat. Diese Erfahrung hängt von der Qualität der aufgebrachten Anstrengungen ab.»

Manchmal rückt die Unmöglichkeit, mit anderen zu kommunizieren, so stark in den Vordergrund, daß meine schweigsame Seite, die ich tief in mir besitze, die Oberhand gewinnt: nichts sagen, nicht sprechen, ganz bei mir bleiben. Den Mund nicht mehr öffnen. Zu sprechen oder das Gespräch mit anderen zu suchen bringt ohnehin nichts. Mit dem ganzen Körper handeln, nicht bloß mit dem Mund.

Ich staune über die unterschiedlichen geistigen Zustände, durch die ich hindurchgehe. Ich verändere mich von einem Tag auf den anderen; aber das «Problem», das mir gegeben worden ist, kann ich nicht durchdringen.

Ich erinnere mich an die folgenden Worte: «Heute fragt er sich nicht mehr, ob es wohl besser ist, zu schlafen, statt zu meditieren, zu studieren, statt zu essen. Wenn er Lust hat zu schlafen, schläft er, wenn er Lust hat, die ganze Nacht zu meditieren, meditiert er.»

Der Meister sagte: «Man sollte nicht nur während eines Sesshin ein Sesshin halten, sondern alle Tage, sowohl während als auch außerhalb der Übungszeiten. Man sollte sich bis zu seinem Lebensende wie während eines Sesshin benehmen.»

Die Brüste der Mädchen unter ihren Blusen sind für meine Augen eine Versuchung... die leider unbefriedigt bleibt.

Was mir meine Augen zeigen, ist nur Illusion und bringt mich von meinem Weg ab. Gehen und gerade vor mich hinsehen. Der Rest ist unwichtig.

Gestern fühlte ich mich derart müde, daß ich nach zweiundzwanzig Uhr Yaza nicht mehr fortsetzen konnte. Ich ging in den Zendo und schlief ein wie ein Stein.

Wenn es mir gelingt, mich von diesem Gefühl des Überdrusses

zu befreien, geht alles besser. Mit dieser Kampfgesinnung muß ich meinen Weg weitergehen. Ich bin durch die Pforte des Zen eingetreten, ich befinde mich nun in seinem Innern und muß die Erkenntnis vertiefen und weiter ausbauen.

Wenn man genauer darüber nachsinnt, ist das Leben im Kloster nichts Erstrebenswertes, außer wenn man eben von dieser «heroischen Gesinnung» erfüllt ist, von der Hakuin spricht. Einem Zen-Mönch bleibt auch nichts anderes übrig: Entweder er kämpft während seines ganzen Aufenthalts, oder er verläßt das Kloster. Man kommt in ein Zen-Kloster, weil man dort etwas sucht. Aber das reale Leben gibt es im Kloster nicht, das befindet sich im Alltag. Das Wort «Kloster» ist im übrigen eher verwirrend; im Japanischen bedeutet das Wort sehr genau den «Ort eines speziellen spirituellen Trainings» (Senmon Dojo), nicht einen Ort, an dem man bleibt. Würde man an diesem Ort bleiben, wäre es ein Zeichen dafür, daß man für Zen nicht begabt ist. Man tritt hier in ein Kloster ein, wie man sich für eine Universität entscheidet, mit dem Unterschied, daß man eben das Satori sucht. Man kann im übrigen in einem Kloster bleiben und nicht zum Erwachen gelangen. Man kann auch verreisen oder zwanzig oder dreißig Jahre bleiben, wenn man mit dem, was man gefunden hat, nicht zufrieden ist. Solche Fragen regelt man mit sich selbst und mit dem Meister.

Ich wäre gern fähig, das Unsagbare auszudrücken und mitzuteilen. Schreiben, aber mit welchen Worten? Diese Worte, die mir entfallen und deren Bedeutung ich vergesse. Wie viele Jahre soll es noch dauern, bis ich erreiche, was ich suche? Wie viele Schmerzen muß ich noch aushalten, wie viele Sommer mit ihrer erdrückenden Hitze, wie viele Winter mit ihrer Kälte, die mich bis auf die Knochen durchdringt? Ich fühle mich müde und unfähig, mich wirklich mit den Schwierigkeiten zu identifizieren. Oft genügt die Vorstellung der Mühen, die auf mich zukommen, und es zermürbt mich bereits die Angst und treibt mich zur Verzweiflung.

Jedesmal, wenn ich die Gelegenheit habe, in die Stadt zu gehen, packt mich eine Art Heimweh. Und zurück im Kloster, habe ich Mühe, die Übungen wiederaufzunehmen. Ich lasse mein früheres Leben wieder wach werden. Weshalb bewirkt die Erinnerung daran diese Traurigkeit? Wenn ich in meiner Praxis genügend fortgeschritten wäre, wäre ich sicher frei von solchen Gefühlen. Das Bedürfnis, zu lieben und geliebt zu werden. Das Bedürfnis nach Zärtlichkeit und Liebe. Es geht nicht darum, diese Gefühle zu unterdrücken; ich bin einfach deshalb niedergedrückt, weil ich daran leide, daß ich leide.

Schon wieder erlebe ich mich blockiert. Kopfschmerzen, ich bin sehr reizbar. Die Dinge laufen nicht rund. Es fehlt mir der Mut; die Lust zu kämpfen geht mir ständig verloren. Meine Entscheidungen fallen auseinander.

Ich beklage mich oft, weil im Kloster der Eifer für das Üben fehlt; aber wenn dann wirklich ernsthaft geübt wird wie heute abend, bin ich selber unfähig, mich zu konzentrieren und zu meditieren. Während der Meditation mit dem Keisaku konnte ich es nicht mehr ertragen, mit überkreuzten Beinen zu sitzen, und zwar so stark, daß ich Lust bekam, den Mönch, der den Keisaku hielt, zu erwürgen.

In den schwierigen Augenblicken würde ich mir gern die «guten Worte», die ich da und dort gelesen und aufgenommen habe, ins Gedächtnis rufen und sie in die Praxis umsetzen.

Da ich pro Nacht nur fünfeinhalb Stunden schlafe, bin ich am Ende eines Tages müde, doch fühle ich mich besser in Form als im letzten Jahr. Das hängt mit den Fortschritten zusammen, die ich in meiner Praxis gemacht habe. Das Yaza hingegen bleibt sehr hart.

Seit zwei Tagen übe ich nun die Methode Hakuins, die *Naikan* genannt wird. Die Müdigkeit scheint zu verschwinden und macht einem Wohlbefinden Platz. Ob das die Methode ist, die der Meister jeden Morgen etwa eine Stunde lang übt? Vielleicht besteht in dieser Übung das Geheimnis seiner körperlichen Widerstandskraft und seiner Arbeitskapazität.

Meister Mumon hat in seinen Ausführungen unterstrichen, daß der Unsui, wenn er das Mu verstanden hat, nicht beim Mu stehenbleiben darf. Er muß auf seiner Suche weitergehen. Ein Unsui darf mit den Resultaten nie zufrieden sein. Es gibt noch tiefere Erfahrungsebenen zu entdecken, die die vorangegangenen Erfahrungen hinter sich lassen.

«Das erwachte Ich aufgeben und zurückkehren zum erwachenden Ich» (Bassui).

Das Leben eines Eremiten zieht mich an. Mitten in der Natur allein leben. Wird man Eremit, weil man sich in das soziale Leben nicht integrieren will, weil man unfähig ist, sich diesem Leben anzupassen, oder weil man den Wunsch hat, die spirituelle Vollkommenheit zu erlangen?

Wenn man während des Zazen einzuschlafen beginnt, wird einem geraten, die Aufmerksamkeit auf die Stelle zwischen den Augenbrauen oder auf den höchsten Punkt der Schädeldecke zu lenken. Die letzte Stunde der Meditation ist schrecklich, und auch meine Willenskraft kann nicht verhindern, daß mein Körper schlaff wird. Ich muß unbedingt fähig sein, mit nur fünfeinhalb Stunden Schlaf pro Nacht auszukommen, vielleicht sogar mit einer halben Stunde weniger. Ich muß soweit kommen. Deshalb halte ich mir ständig vor Augen, daß ich ja das Satori erreichen will. Jede andere Beschäftigung muß beiseite geschoben werden. Damit ich mich während der neunzig Tage der Übungszeit voll einsetzen kann, muß mein Körper zu diesem Einsatz bereit sein.

Gestern abend, im Rahmen der Ermahnungen, die einem Sesshin vorangehen, legte der Jikijitsu (der Zazen-Verantwortliche)

Gewicht darauf, daß die Zen-Praxis im Geist einer heldenhaften Suche geschehen sollte. Er schärfte ein, die Dinge zu tun, ohne sich dabei Fragen zu stellen, Ausflüchte zu suchen oder zu bewerten.

Heute morgen warf der Meister in seiner Ansprache die Frage auf, ob es nicht jemanden gäbe, der bei seinem Versuch, die Erleuchtung zu erlangen, auf dem Meditationskissen sogar sterben würde.

Der Meister sagte uns: «Die Antworten auf eure Koan sind schwammig feucht, wie die Haut der Frauen, und nicht klar wie der Sommerhimmel. Das zeigt deutlich, daß ihr euren Koan nicht verstanden habt und eure Suche nur oberflächlich bleibt.»

Der Meister hat mich gebeten, Japanisch zu lernen. Was mir nun gar keinen Spaß macht.

«Funzoe» ist die ursprüngliche Bezeichnung des Koromo, des Mönchskleides. Wörtlich übersetzt heißt dies: «aus Resten gemacht». Der Koromo wurde also ursprünglich durch den Mönch selber zusammengenäht und nicht in einem Geschäft gekauft. In einem koreanischen Kloster habe ich ein solches Exemplar gesehen.

Der Meister: «Solange man Kensho nicht erreicht hat, ist man nichts. Kensho muß man auf jeden Fall erreichen. Sobald man soweit ist, befindet man sich bei allem, was man unternimmt, in der Wahrheit. Wenn man Kensho verwirklicht hat, erhält jede Handlung ihren realen Wert. Andernfalls, solange man die Haltung des Bewertens noch nicht aufgelöst hat, kommt man vom Falschen nicht weg.»

Ich bin hier, um das spirituelle Erwachen zu erlangen, um Zen zu praktizieren. Es darf für mich außerhalb der Konzentration auf den gegenwärtigen Koan nichts anderes mehr geben. Es gibt für mich nichts Besseres als die ganz harte Praxis der Zen-Ordnung. Das materielle Leben habe ich abgelegt, weshalb sollte ich dann noch Gedanken kommen lassen, die mich in meinem asketischen Leben doch nur behindern? Ein Zen-Mönch meditierte drei Jahre lang ganz allein, aß nur Reis und gesalzene Pflaumen *(Umeboshi)*. Ich sollte seinem Beispiel folgen, ich sollte mich mehr fordern.

Juni

Der Meister sagte: «Wenn man das Kloster verläßt, um den Frieden zu predigen, so hat das nichts mit Zen zu tun, hingegen dorthin zu gehen, wo man will, zu schweigen und Shugyo zu üben. Auf die Fragen, die gestellt werden, in entsprechender Weise zu antworten, aber stets ohne zu predigen. Bodhidharma: neun Jahre in den Bergen, um Zen zu üben. Daïto Kokushi: zwanzig Jahre mit den Clochards unter einer Brücke. Den Zen setzt man mit dem Bauch um, mit dem Körper, nicht mit dem Kopf. Zum Idioten werden. Diejenigen, die mit dem Kopf denken wollen, sollten an die Universität gehen. Hier ist ein Dojo und keine Schule. Man braucht den Kopf zu viel und zu wenig den Bauch. Das ist der Grund, weshalb man dem Zen nicht näherkommt.»

Yamato Gempo Roshi: «Den Übungsweg zu gehen und gleichzeitig am Leben zu hängen macht es unmöglich, vorwärtszukommen. Während der großen Sesshin sollte man sich nicht hinlegen.»

Um die Wahrheit zu finden, nach der er suchte, blieb Bankeï eine ganze Woche lang in den Bergen sitzen, ohne Nahrung zu sich zu nehmen. Indem er sich irgendwo hinsetzte, ohne wieder aufzustehen, war er bereit, bis zu einem Zusammenbruch durchzuhalten, auch auf die Gefahr hin, das Leben zu verlieren.

Der Geist ist stärker als der Körper – doch weshalb bin ich nicht fähig, mich so lange hinzusetzen, bis ich zusammenbreche?

Heute morgen wollte mich der Schlaf nicht verlassen. Ich schlug mir mit der Faust ins Gesicht. So konnte ich mit der Meditation weiterfahren.

In der Nacht saß ich allein noch bis null Uhr vierzig...

Ob man nun schläft oder wach ist, die Buddha-Natur ist auf jeden Fall in uns. Doch während der Übungszeit verhindert der Schlaf ein rasches Vorankommen auf dem Weg. Das Leben ist kurz, und in diesem kurzen Leben nichts zu erreichen grenzt an Pfuscherei. Deshalb muß man meditieren, und zwar so lange wie möglich, bis spät in die Nacht hinein, ohne Rücksicht auf den Körper.

Der Meister in einer Ansprache: «Während eines großen Sesshin sollte man sich zum Schlafen nicht hinlegen, sondern im Sitzen schlafen.»

Als ich im Shofuku-ji ankam, glaubte ich, mit meinem Zen-Experiment in sechs Monaten durchzukommen. Nun bin ich schon drei Jahre hier, und der Meister hat mir angedeutet, daß ich mit zehn Jahren rechnen muß. Sicher bedeutet dies fünfzehn Jahre.

Wenn der Körper sehr müde ist, wird das Zazen äußerst schwierig, es sei denn, daß man auf wilde Art dem Wunsch nachgeht, den Weg zu ergründen.

Ich habe mir das Ziel gesetzt, mich zum Schlafen nicht mehr hinzulegen. Gestern konnte ich in der Sitzhaltung bereits eine Stunde länger schlafen als die Nacht davor.

Da ich zur Zeit viel meditiere und wenig schlafe, ist die Müdigkeit sehr groß, so daß meine Willenskraft oft nicht mehr ausreicht, mich auf meinem Kissen wach zu halten. So schlage ich mir gelegentlich die Faust ins Gesicht. Das weckt mich.

Über den Dharma: «Mit der Nase kann man ihn nicht riechen. Mit den Augen kann man ihn nicht sehen. Mit dem Mund kann man ihn nicht schmecken. Mit den Ohren kann man ihn nicht hören. Mit dem Körper kann man ihn nicht berühren. Mit dem Verstand kann man ihn nicht denken. Was ist das? Meister Ummon antwortet brüllend: Roppushu!», das bedeutet: «Jenseits der sechs [...]». (Koan-Sammlung Hekiganroku, Abschnitt Nr. 47)

Der Zen-Mönch meditiert, arbeitet, konzentriert sich, aber plaudert nicht.

Die Dinge, die stimmig entstanden sind, bleiben. Die Menschen, die sich stimmig konzentrieren, gewinnen Raum.

In der Nacht eine Stunde lang allein gesessen: zu anstrengend, abgebrochen.

Mitten in der Sorglosigkeit der Leute dieser fremde Mönch, der das Unauffindbare sucht. Sie beobachten mich, lachen darüber, mich in diesen Kleidern zu sehen. Welche Fragen mögen ihnen kommen, wenn sie mich sehen?

Nur eine Konzentration ohne Unterbrechung hilft mir, meinen Körper und seine Müdigkeit zu vergessen. Nur wenn ich ganz konzentriert bin und mich von den entmutigenden Gedanken nicht überrollen lasse, habe ich die Kraft, weiterhin Zen im Stil der Alten zu praktizieren: Yaza noch spät am Abend, bis dreiundzwanzig Uhr, dreiundzwanzig Uhr dreißig, sogar bis Mitternacht, dann schlafen bis vier Uhr morgens, und zwar sitzend.

Wenn es nichts zu tun gibt, langweile ich mich. Früher war es umgekehrt.

Zur Zeit helfen mir die Bücher nicht. Ich werde die Zen-Erfahrung dank meiner eigenen Kraft machen, ohne die Hilfe der Wörter. Im übrigen werde ich meine Bücher sicher wegwerfen.

Ich schlafe nicht, ich berühre die Tiefe meines Seins.

Man erzählt sich, daß ein Mönch, der die Kraft seines Samadhi überprüfen und auf dem Weg zur Erleuchtung weiterkommen wollte, Zazen übte, und zwar mit nacktem Oberkörper, die Haut mit Sake eingerieben. Die Mücken stachen wie verrückt auf ihn ein, doch er merkte nichts. Das geschah im Shokoku-in-Tempel in Kioto im Gelände des Myoshin-ji.

Sich die Gegenstände bewußtmachen, die man nicht mehr braucht und die uns deshalb unnötig beschäftigen, um sich dann anschließend von ihnen zu lösen, ist keine kleine Sache. Alle diese Gegenstände sind zuviel. Denn solange sie bei mir sind, sind sie auch in mir. Ich werde wegwerfen, was mir noch geblieben ist.

Ich könnte mit dem Erreichten zufrieden sein. Doch weit weg gibt es noch etwas zu erreichen. Also gehe ich los.

Zen interessiert mich, weil er – neben seinem Bezug zum Buddhismus – auch ein direktes Mittel anbietet, Erkenntnis zu erlangen. Mit anderen Worten: Mich interessiert seine Askese als Mittel, zum Erwachen zu gelangen, und nicht sein Bezug zum Buddhismus. Der Zen ist eine Lehre, die sich von sich selber befreit. Oder nochmals anders gesagt: Richtiger Zen beginnt dann, wenn es nicht mehr um Zen geht.

Im Buch *Zen, Tao et Nirvana* schreibt Thomas Merton: «In welchem Ausmaß gibt die Theologie den Theologen vor, die ‹Erfahrungstheologie› eines Mystikers korrekt zu interpretieren, obwohl dieser vielleicht selber gar nicht fähig ist, auf befriedigende Art die Bedeutung seiner Erfahrung zum Ausdruck zu bringen!»

Nach vielen Anstrengungen gelingt es mir nun, pro Nacht nur noch fünf Stunden zu schlafen. Ich muß noch eine halbe Stunde gewinnen.

Die Moral langweilt mich. Ich möchte das tun, was ich will. Wenn man seine Fehler zu korrigieren versucht, steht man neben dem Weg; das Erwachen zu suchen, das heißt, auf dem Weg zu sein. Wenn man das Erwachen sucht, verändern die Fehler ihre Gestalt.

Ich will niemanden verändern. Jeder ist frei. Und ich mag es auch nicht, wenn man versucht, mich zu verändern.

In dem Maß, als ich nun in den Zen eindringe, sehe ich auch, daß er gar nichts mit dem Intellekt zu tun hat. Zen ist Aktion. Ein Gespräch über Zen kann auf keinerlei Art irgend etwas von seiner Natur vermitteln.

Juli

Die Anstrengungen, die ich zur Zeit leiste, lassen mich in meiner Meditation schnell tiefer kommen. Doch ich weiß, daß noch neunzehn Zwanzigstel des Weges vor mir liegen.

Welche ist unsere wahre Natur? Man kann diese Frage unmöglich beantworten, solange man diese wahre Natur nicht erreicht, den Zustand des Nicht-Denkens nicht erlangt hat. Die Gedanken verstellen mein ursprüngliches Ich, sie hindern mich daran, zu sehen, wer ich wirklich bin. Zen, das heißt: sich von vorgegebenen Konzepten zu lösen, daraus folgt dann die Befreiung, die Handlungsfreiheit im Leben. Das Handeln gewinnt dann dank der Meditation seine ganze Intensität.

Gehen ist Zen,
Sich setzen ist Zen.
Ob er spricht oder schweigt,
Ob er sich bewegt oder bewegungslos bleibt,
Er ist unerschütterlich.

(Aus dem *Gesang der Erleuchtung* von Yoka Daïshi, dem Schüler des sechsten Patriarchen)

Der Buddha hat das Gelübde abgelegt, entweder die Erleuchtung zu erlangen oder bei diesem Versuch zu sterben. Wer die Pforte eines Zen-Klosters durchschreitet, bekommt zu hören: «Gib dein Leben auf!»

Wir alle sind so, wie wir sind, bereits Erleuchtete. Aber wir wissen es nicht.

Sich für die Meditation hinzusetzen ist etwas ganz Natürliches, um sich seines Erwachens bewußt zu werden.

Ein Nervenzentrum (Chakra) im Unterbauch kontrolliert diesen Teil des Körpers, der die Eingeweide enthält. Es stellt die Urform des entwickelten menschlichen Körpers dar. Nicht mehr mit dem Kopf zu denken, sondern mit dem Unterbauch «zu denken» – das gelingt mit der Meditation im Sitzen. Zen ist Nicht-Denken beziehungsweise Denken mit dem Körper statt mit dem Intellekt. Das bedeutet im übrigen gar nicht, daß der Zen den Intellekt leugnet. Eine große Zahl der psychologischen und physiologischen Probleme lösen sich auf, wenn man sich auf die Stelle unterhalb des Nabels konzentriert. Diese Stelle des Körpers durch Konzentration zu wecken wirkt wie das Aufwecken des Unbewußten.

Begegnung mit dem Meister Omori Sogen (meinem «spirituellen Onkel», er ist Zen-Meister und Meister in Kalligraphie und Kendo):

«Bevor man irgend etwas beginnt, sollte man sich auf den Atem einstellen. Die Konzentration geschieht anschließend leichter.»

«In der japanischen Sprache bedeutet dasselbe Wort ‹iki› sowohl ‹atmen› als auch ‹leben›.»

«Tanden: die Stelle unterhalb des Bauchnabels, die einzige Stelle, an der die Energie des Körpers gespeichert werden kann, um anschließend in jenen Bereich des Körpers geschickt zu werden, der einen Einsatz leistet.»

Meister Omori Sogen macht mich darauf aufmerksam, daß sich der Mensch dank der Kraft seines Kreuzes vom Tier zum Menschen entwickelt hat. Der Mensch ist das einzige Wesen, das auf zwei Beinen geht. Alle anderen gehen auf vier Beinen, auch der Affe; wenn er sich fortbewegt, geht er nicht aufrecht. Weil der Mensch das Kreuz, den Lendenbereich, besitzt, hat er sich aufrichten können.

Die Japaner haben dank ihrer Erziehung die Gewohnheit, ihren Bauch und die Lenden mit einer breiten Baumwollbinde zu schützen. Auch bei uns wickelten sich die Bauern eine Flanellbinde um die Taille.

Ich nehme im Dojo von Meister Omori Sogen nahe bei Higashinakona in Tokio an einer Kendo-Demonstration teil. Nachdem sich der Meister und sein Schüler auf rituelle Art und Weise gegenseitig respektvoll begrüßt und die Rüstung und den Schutzhelm für Kopf und Gesicht angezogen haben (jede Geste ist dabei vorgeschrieben), stehen sie sich für etwa eine halbe Stunde im Kampf gegenüber, indem sie verschieden Formen des Angriffs vorzeigen. Und eine halbe Stunde lang wird nun ein recht vielfältiges Gefecht geboten. Wenn erzählt wird, ein Samurai könne einen Schrei ausstoßen, der einen Vogel in vollem Flug töten würde, so ist das sicher nur ein Bild. Aber es ist doch eindrücklich, im eigenen Sonnengeflecht die Schwingungen wahrzunehmen, wenn die beiden Kendokas den Kiaï (den Schrei) ausstoßen. Nach der halben Stunde, während der sich der Meister und der Schüler nicht geschont haben, ziehen sie am Ende auf die ruhigste Art der Welt ihre Ausrüstung wieder aus und grüßen sich respektvoll. Ich bin erstaunt: Das Gesicht des Schülers ist rot angelaufen und verschwitzt, das Gesicht des Meisters hat noch denselben Ausdruck wie vor dem Kampf.

In der Folgezeit begebe ich mich jeweils bei meinen Aufenthalten in Tokio, in den Wochen zwischen den Übungszeiten, jeden Tag in den Dojo des Meisters Omori Sogen, nicht um dort den Schwertkampf, sondern, im Anschluß an das morgendliche Zazen, die Zen-Kalligraphie zu üben. Auf diese Art wurde ich ganz allmählich in die Praxis des Hitsuzendo eingeführt. Die Kalligraphie oder die Tee-Zeremonie, gelegentlich beide, gehörten zu den obligatorischen Künsten der Samurais – damit sie nicht nur simple Maulhelden waren. Dieser Brauch, einen der beiden Wege wie Zazen zu üben, wird heute noch von den Kendo-Meistern gepflegt, die geistig begabt sind.

Hyakujo: «An einem Tag, an dem man nicht arbeitet, ißt man auch nicht.»

Hakuin: «Wenn sich nach einer Zeit des Übens ein Resultat einstellt, sollte man mit dem Üben weiterfahren und sich nicht mit den ersten Resultaten schon zufriedengeben. Denn je mehr man fortschreitet, desto fähiger wird man, Fortschritte zu machen.»

Einmal mehr schlagen meine Gefühle ins Gegenteil um und verändern sich meine Ideen. Ich möchte alles aufgeben und losfahren, zum Beispiel auf eine Expedition zu den sogenannten primitiven Völkern dieser Welt. Habe ich die Kraft, noch lange die asketische Ausrichtung des Zen auszuhalten? Ich möchte nach

Polynesien fahren oder nach Quito, ich möchte bei einem Stamm in Afrika leben.

Meine Hände auf die Hüften einer Frau legen: ein Wunsch, der ständig wiederkehrt.

Die Kraft meines Zazen ist nur noch Farce.

Eindringen in die tiefste Schicht des Seins. Es sind nicht meine Leidenschaften, von denen ich mich befreien muß, sondern meine Bindung an diese Leidenschaften. Meine Suche ist noch nicht intensiv genug. Und wenn mir alles zum Hals heraushängt, so bedeutet dies letztlich nur, daß ich diesen Zustand nicht überwinden kann. Meine Suche fortzusetzen muß mein einziges Ziel sein.

September

Zen macht mich freier. Gleichwohl zeigen die unterschiedlichen Tendenzen, die mich hin- und herziehen, wie sehr ich noch im unklaren bin, in welche Richtung mein Leben sich entfalten soll. Ich frage mich immer noch, welches mein Weg ist.

Das Leben im Kloster kennt Aspekte, die mich hart werden lassen und mich allem Anschein nach gegen die Außenwelt abschließen. Die Autorität widert mich an. Zudem sage ich mir, daß ich meine Zeit anders einsetzen sollte, kreativer. Ich darf nicht wegen des erhofften Fortschritts auf unbestimmte Zeit ins Hintertreffen geraten.

Meine Beziehungen zu den Leuten und zu den Dingen müssen anders werden. Bis jetzt habe ich mich für die Dinge nur oberflächlich interessiert, vielleicht weil ich gar nicht fähig war, mich ganz dem zu widmen, was ich tat.

Ka oder Zen. Ka bedeutet die vergängliche Schönheit, die Schönheit, die nicht bleibt, wie die Schönheit der Musik, des Schnees, der Blumen, der Jugend.

Sind Beziehungen unter Menschen überhaupt möglich? Gewinnt die Einsamkeit nicht immer wieder die Oberhand? Ich habe den Eindruck, daß ich zu niemandem eine echte Beziehung hatte. Höchstens Beziehungen auf der Gefühlsebene, die einzige Form von Beziehungen, die mir möglich schien. Wohin aber führt das Gefühl? Hier habe ich keinen echten, ehrlichen und spontanen Austausch, weil ich nicht fähig bin, ihn herzustellen. Bevor ich hierherkam, ging ich nur darauf aus, von den anderen geliebt zu werden, indem ich versuchte, dem Bild, das sie sich von mir machten, möglichst ähnlich zu sein. Auf diese Art fühlte ich mich nie ganz wohl, weil ich nie ich selber war. Zu versuchen, möglichst dem Bild, das sich jemand von mir macht, zu entsprechen, um sie ja nicht zu enttäuschen und ja nicht ihre Zuneigung zu verlieren.

Oktober

Man sollte in den Leuten das Bedürfnis für die Meditation wecken. Über die Meditation werden sie sich ihrer Lebenssituation, ihrer gesellschaftlichen Stellung und der Rolle bewußt, die sie spielen. Die Meditation, die unter anderem bewirkt, daß der Mensch die richtige Perspektive und dadurch seine Würde zurückgewinnt, leistet einen Beitrag zur Evolution.

Ich habe eine ziemlich autoritäre Erziehung erlebt. Das führte dazu, daß sich in mir eine Angst vor der Autorität entwickelte und als Folge davon eine Ablehnung der Autorität. Was in mir an Anarchistischem vorhanden ist, verdankt sich dieser Ablehnung. Zen ist nun für mich ein Mittel, nach der absoluten Befreiung zu suchen. Für mich bedeutet das Leben in der Gesellschaft, daß man entweder ausgebeutet wird oder selber zum Ausbeuter wird. Weder das eine noch das andere entspricht mir, ich ersticke daran.

Wenn ich mich in einem Tee-Salon aufhalte, quält mich der Wunsch nach einem anderen Lebensstil. Die Gedanken überfluten mich, und ich frage mich, ob es mir eines Tages gelingt, glücklich zu werden. Ist Glück überhaupt möglich? Wenn ich die Leute sehe, die jungen, alten, häßlichen, schönen, kranken Leute, frage ich mich, ob es unter ihnen auch glückliche Menschen gibt, wirklich glückliche, und welcher Art ihr Glück ist. Besteht das Glück wesentlich darin, mit bestimmten Personen eine echte und tiefe Beziehung zu leben? Solche Beziehungen habe ich noch nicht.

Wenn im Rahmen des Zen Buddha verehrt wird, hat das nichts mit Unterwerfung zu tun. Buddha zu verehren heißt, ihn wegen seiner Lehre zu respektieren, wie man Picasso, Jung, André Breton und andere wegen ihrer Werke respektiert. Die Religion, wie man sie üblicherweise versteht, ist eher eine Form der Unterwerfung als ein Mittel, die Menschen zur Freiheit, zur Emanzipation zu führen, ihnen zu einem guten Selbstbewußtsein zu verhelfen.

Wenn sich ein Mensch um seine Befreiung bemüht, nimmt er sehr genau wahr, welche Hindernisse vorhanden sind. Aber erst nach einer intensiven Zen-Praxis ist der Schüler fähig, sich von allen Formen der Unterwerfung unter eine Autorität – was eine Emanzipation stets verhindert –, zu befreien. In der Einleitung zur Übersetzung von Dogens *Shobogenzo Zuimongi* liest man folgendes: «Der Geist muß von allen Bindungen freikommen, von den familiären und von anderen. Zudem müssen alle Vorstellungen, die man auf Grund der Erziehung, der Schule und der Lektüre aufgenommen hat, ausgeschlossen werden.» Das ist die fordernd klare Einstellung Dogens!

Im Rinzai pflegt man zu sagen: «Mit Hilfe der Koan-Kikan befreien wir uns von den Bindungen, die uns gefangenhalten, entkommen wir dem schlammigen Morast, in dem wir herumpatschen, wir waren im Dreck steckengeblieben und kehren nun zur unverstellten Freiheit der großen Weiten zurück.»

Rinzai, der sich der zerstörerischen Wirkung der Autorität bewußt war und die Menschen aus ihren Fesseln befreien wollte, schlägt vor: «Was ich euch empfehle, ist ganz einfach: Laßt euch durch niemanden beunruhigen. Was ihr tun wollt, tut es! Und zögert nicht!»

Die moralischen und spirituellen Werte, die mir früher in meiner Selbstverwirklichung halfen, haben sich verändert: Was profan war, ist etwas Heiliges geworden, was heilig war, ist etwas Profanes geworden.

November

Wenn der Geist durch irgendein äußeres Ereignis beunruhigt wird, beweist dies seine Verletzlichkeit. Wenn man nun aber gegen diese Schwäche Widerstand leistet, so ist dies bereits wieder eine Bewegung des Geistes. Das heißt: Wenn man seinen Geist stärken will, sollte man nicht darauf ausgehen, ihn zu stärken, das sind bloß Tricks. Sobald der Geist sich bewegt, reagiert, sich quält, belegt dies einfach seine Tätigkeit. Wenn man vom Wunsch erfüllt ist, tiefer in den Weg einzudringen, und den entsprechenden Einsatz leistet, stärkt sich der Geist von selber.

Besteht die religiöse Erfahrung im Rückzug aus diesem Leben oder in einem totalen Engagement? Daß ich mich nicht engagieren kann, bringt mich zum Weinen. Im Kloster zu meditieren isoliert mich von allem. Aber habe ich eine andere Wahl? Nur der Zen kann mir die zur Verwirklichung meiner Wünsche notwendigen Mittel geben.

Morgen beginnt die so gefürchtete Woche (Rohatsu). Auch wer sich mit Haut und Haar dem Zen verschrieben hat, hat Angst.

Dezember

Das Unsagbare zum Ausdruck bringen. Auch die Künste bemühen sich darum. In diesem Sinn ist der Zen eine Lebenskunst. Die Freiheit der Kunst sollte sich auch in der Freiheit des Lebens wiederfinden. Der Zen beschenkt den Menschen mit der Möglichkeit, sich von seinen unzähligen Bindungen zu befreien. Sobald der Zen für jemanden, der sich auf den Weg gemacht hat, zur Lehre wird, sollte er sofort abbrechen. Denn eine Lehre, auch wenn sie als Lehre sehr schön ist, ist immer noch ein Gefängnis.

Ich habe in diesen Tagen den Eindruck, daß ich in der Meditation doch Fortschritte gemacht habe. Der Schmerz in den Beinen bleibt erträglich. Meine Gedanken sind allerdings noch zahlreich und hartnäckig.

Daß die Geschöpfe im tiefsten nicht miteinander kommunizieren können, beschäftigt mich. Die einzige Person, mit der ich wirklich übereinstimme, bin vielleicht ich selbst.

Ich habe nicht den Eindruck, daß mir das Sesshin nach dem Rohatsu spirituell viel gebracht hat. Aber die Sitzhaltung gelingt mir immer besser. Eine gute Haltung erlaubt einen tieferen Meditationszustand. Nun arbeite ich schon fast vier Jahre daran, mein Kreuz zu stärken…

Januar 1972

Heute ist mir vor allem bewußt, wie unnütz ich bin. Und ich sehe auch keine Möglichkeit, der Nutzlosigkeit meiner Person ein Ende zu setzen. Denn wenn ich letztlich unnütz bin, wem oder was kann ich, sogar wenn ich vom Tod befreit bin, dann nützlich sein? Um die Menschen zu befreien? Doch dafür braucht es Talent, und dieses Talent habe ich vielleicht nicht. Was soll ich also tun? Leben – aber auf welche Art lebe ich in dieser Gesellschaft? Würde mir der Zen, vorausgesetzt, ich kann von ihm leben, auch den Rahmen bieten, das zu tun, was ich tun möchte? Es ist mir klar, daß man nur Menschen lehren kann, die auch lernen wollen.

Den Brustkorb in den Bauch, die Schultern in den Brustkorb und den Kopf in die Schultern legen: Sobald jemand die Vorstellung dieser drei Elemente im Unterbauch richtig visualisieren kann, fügt sich die Meditationshaltung besser zusammen.

Alle Mittel einsetzen, um mein Leiden zu beenden. Aber welche Mittel kann ich dafür einsetzen? Zu welchem Zeitpunkt hat mein Bewußtsein für das Leiden begonnen? Alle Mittel, die ich bisher eingesetzt habe, um das Leiden aufzulösen, haben versagt. Wenn ich überhaupt soweit komme, dann nur, indem ich meine Erfahrung bis zum Letzten vorantreibe.

Für mich ist das Leben in der Gesellschaft mit dem Verzicht auf ein bestimmtes Leben verbunden, einem Verzicht, den ich nicht bejahe. Auf die Gefahr hin, daß ich ohne festen Wohnsitz von einem Ort zum andern ziehe, wie ein echter Wandermönch, ein «Unsui», was ich im übrigen ja bin. Vielleicht erlerne ich hier das Leben eines Landstreichers.

Morgen beginnt eine Woche der Meditation, die letzte dieser Übungszeit. Ich merke, daß mein Kopf voll von unnützen Gedanken ist. Doch zum Teufel mit der Kontrolle meiner Gedanken. Die Kälte, die Müdigkeit, der Überdruß, der Schmerz – alles Gründe, mit meiner Zen-Praxis aufzuhören.

Wenn ich mit ganzer Aufmerksamkeit Musik höre, mit ganzer Aufmerksamkeit ein Gemälde oder eine Statue betrachte, mit ganzer Aufmerksamkeit ein Gedicht lese, dann, nur dann enthüllt sich die Botschaft des Künstlers in voller Klarheit. Diese Musik, dieses Gedicht, diese Statue befindet sich nicht außerhalb von mir, es gibt nicht mehr das Kunstwerk und mich, sondern ich selber werde zum Kunstwerk. Das Kunstwerk hat mich durchdrungen, und ich habe mich mit dem Kunstwerk identifiziert. Wenn ich auf dieselbe Art und Weise meine Blicke mit ganzer Aufmerksamkeit nach innen wende, enthüllt sich mein wahres Ich.

Ein wirklicher Künstler ist fähig, einem Menschen Tränen zu entlocken, nicht weil sein Werk an etwas Trauriges erinnert, sondern an die Größe.

«Bis dahin gelangt das Denken nie.
Bis dahin kann sich die Vorstellungskraft nicht entwickeln.»
(Daisetsu T. Suzuki, *Essais sur le Buoddhisme Zen)*

Februar

Seit langem leide ich an meinem Ego, und alle Anstrengungen, die ich unternommen habe, um es verschwinden zu lassen, haben nichts gebracht. Doch seine eigene wahre Natur anzunehmen bedeutet, sich von diesem Ego zu befreien. «Dies liebe ich»: Dieser Satz drückt ein Gefühl aus. Weshalb will jemand dieses Gefühl verändern? Weil «Dies liebe ich» auch ein Leiden bedeutet. Ich akzeptiere dieses Leiden und befreie mich so von ihm.

Den Tod abzulehnen bedeutet soviel wie das Leben abzulehnen.

März

Seki Bokuo Roshi: «Man sollte den Tempel nie verlassen, auch nicht, wenn die Übungszeiten und das Klosterleben unterbrochen werden; man sollte sich ausschließlich mit dem Koan beschäftigen, der einem gegeben worden ist. Wenn man sich durch die äußeren Dinge nicht bestimmen läßt, kommt dies der Konzentration der Energie auf einen Punkt zugute. Auf diese Art ist es möglich, schnell vorwärtszukommen.»

Ich habe das Gefühl, daß der einzelne in Unwissenheit schwimmt. Was er unternimmt, zustande bringt, denkt, erlebt er nicht in seiner Tiefe; er hat kein Bewußtsein für sein Tun. Von daher die Rückschläge, die Konsequenzen.

Der Zen ermöglicht es dem Menschen, sich spirituell zu entwickeln, d. h., sich seiner stärker bewußt zu werden. In erster Linie ein Bewußtsein dafür, wie fremdbestimmt er ist, d. h.:

- die Lebensbedingungen, von denen man abhängig ist: die Umgebung, die Familie, die Nation, der Besitz (die Güter), vgl. Lu K'uan Yü: *Chan and Zen Teaching;*
- die Tradition, die Familie, die Sitten und Gebräuche, vgl. Trotzki: *Die permanente Revolution;*
- unser auf Unterscheidung angelegter Verstand und unsere intellektuellen Mechanismen, vgl. Zenkei Shibayama: *A Flower does not Talk;*
- die Personen, die uns seit der Geburt umgeben haben und eine sogenannte erzieherische Funktion ausüben.

Die ganze Lehre Buddhas basiert auf seiner spirituellen Erfahrung, der Erleuchtung. Der größere Teil der buddhistischen Schulen des Kleinen Fahrzeugs beziehen ihre Lehre aus den Sutras und den Schriften Buddhas und seiner Schüler. Der Zen hingegen bezieht sich auf die Erfahrung des Satori und hält die Erklärungen für zweitrangig.

Dieses Zögern hinsichtlich der Fortsetzung meines Zen-Studiums oder der Hinwendung zu ganz anderen Plänen zeigt, daß ich noch vom Karma abhängig bin. Ich habe selber zu wenig Entscheidungskraft. Dieses Zögern gehört zu meinem Karma.

In einer ersten Phase kann der Mensch dank Zen ein Bewußtsein für seine Situation bekommen und die «Waffen» zur Erlangung der Selbständigkeit entdecken. Wenn der einzelne dann merkt, daß die Gesellschaft Systeme aufstellt, die ihn in seiner Entfaltung behindern, kann er in einer zweiten Phase seine eigenen Lebenskriterien aufstellen; er handelt dann wirklich nach seinem eigenen Maßstab, sowohl auf körperlicher als auch auf spiritueller Ebene.

Die Familie mit ihrer Verdummungstaktik lehrt letztlich nur, was üblicherweise die «beste Art zu handeln» ist. Wenn die entsprechenden Empfehlungen einmal aufgenommen worden sind, bestimmen und lähmen sie den einzelnen, der nun nicht mehr frei ist.

«Jede Erkenntnis und alle Ideen, sofern sie ein Produkt unseres normalen Bewußtseins und Gewissens sind, muß man verwerfen.» (Zenkei Shibayama: *A Flower does not Talk)*

Unser Bewußtsein und mit ihm unser Gewissen sind seit der frühesten Kindheit in eine ganz bestimmte Richtung erzogen, bestimmt und indoktriniert worden. Die Familie, die Schule, die Nachbarschaft, die Heimat sind der Zweck dieser Erziehung beziehungsweise Unterwerfung.

Wer meditiert, kann bewußt wahrnehmen, daß die Gedanken sein Wesen in ein Gefängnis sperren.

Mai

«Wie müssen wir leben? Worin besteht der wirkliche Wert des menschlichen Lebens?» (Zenkei Shibayama: *A Flower does not Talk)*

Sich einen Lebensstil schaffen, der die eigene Emanzipation ermöglicht. Wie sich dieser ganz persönlichen Suche widmen, und zwar im alltäglichen Leben?

Die Emanzipation müßte jedermanns Wunsch sein. Doch die

Menschen sind weit davon entfernt. Ich erlebe sie oft geistig verkümmert, auch in Sachen Gesundheit. Menschen, die wirklich aufgeblüht sind, finden sich selten.

Juni

Gestern abend war ich so verzweifelt, weil ich sah, daß ich in meinem Üben nicht weiterkomme. Ich war nahe daran, wegzufahren. Zazen hat viel mehr mit dem Körper zu tun, als man sich das vorstellt.

Die Unversehrtheit meines Wesens wiederfinden, eine Unversehrtheit, die ich verloren habe, weil ich Werten, die sich als ein Hindernis erweisen, vertraut habe. Das Bewußtsein dafür erlaubt Veränderungen. Meine inneren Dimensionen umgestalten – das entspricht meiner Vorstellung von Ethik – und dann entfalten.

November

Die Werte, auf die ich mich noch abstütze, liquidieren. Eine harte Arbeit. Die gegenwärtige Zivilisation scheint den Menschen seinen eigentlichen körperlichen und spirituellen Werten zu entfremden. Der Mensch wird von allen möglichen Problemen überwältigt.

Die Erkenntnis, die «Einsicht», erlangt man nur durch eine konsequente Disziplin. Im Rahmen des Zen heißt dies: Zazen. Wenn ich viel «erkennen» will, muß ich viel Zazen üben, und zwar die ganze Zeit voller Entschlossenheit und Eifer. Die Vergangenheit, die Zukunft, all dies ist nicht mehr von Bedeutung. Auf diese Art dringe ich in eine Form von Wahrheit ein, in jene, die Zen mir anbieten kann.

Ich träume von einem Leben ohne Schwierigkeiten und ohne Sorgen. Gerade deshalb habe ich mir das härteste Leben gewählt, den Zen. Sobald ich die Schwierigkeiten, die mit dem klösterlichen Leben gegeben sind, gemeistert habe, werde ich frei sein. Wie viele Illusionen muß ich noch aufgeben? Nach allem sind es vielleicht gerade meine Illusionen, die mir zum Hindernis werden. Was ist das für eine Kraft in mir, die mir sagt, noch länger hierzubleiben? Ist der Zen wirklich mein Leben? Ist er wirklich das einzige, das mich heute fasziniert? Jedesmal, wenn ich überdenke, was ich im Leben machen könnte, sehe ich, daß mich im tiefsten nichts wirklich anzieht. Vielleicht gibt es tatsächlich nur das eine, das mich interessiert: die Schwierigkeiten, die das Leben bietet, in den Griff zu bekommen, die Schwierigkeit zu leben überhaupt. Ist das utopisch?

Morgen beginnt das Rohatsu, für mich zum fünften Mal, und doch habe ich immer noch die Furcht davor. Eine Woche lang ohne Schlaf zu sein – dies zu erreichen ist nicht jedermanns Sache. Ich weiß, daß ich mit diesem Rohatsu auf dem Weg weiterkomme. Doch weshalb geht es nur mit soviel Anstrengung? Weshalb befand ich mich früher wie tausend andere auf einem sehr leichten Weg, der allerdings nirgendwohin führt?

Dezember

Ich kämpfe gegen mich, ich kämpfe mit mir. Diese Suche, dieses Loslassen helfen mir, das Leben und seine Fundamente, die Menschen und ihre Leidenschaften, die Motive ihres Handelns tiefer kennenzulernen. Ich habe den Eindruck, daß ich Rinzais «wahrem Menschen ohne konkrete Bindung» näherkomme. Wenn ich mich von allem befreit habe, was bleibt dann noch? Wem werde ich noch gleichen?

Anderen helfen, die Augen zu öffnen, dies würde ich gerne tun. Da mich außerhalb des Zen nichts fasziniert, weshalb sollte ich dann etwas anderes versuchen?

Wenn jemand viel leidet, sagt man oft, er sei schwach. Und die Gesellschaft liebt die Schwachen nicht, oder besser gesagt: Sie haben in der Gesellschaft keinen Platz. Hinzu kommt, daß man ihnen auch kein Mittel an die Hand gibt, diese Schwäche zu heilen. Doch ist gerade der Wille, sich von dieser Schwäche auf jeden Fall zu befreien, die Stärke eines Schwachen. Ich leide im Shofuku-ji. Ich leide so stark, daß daraus meine Stärke entsteht, meine große Stärke.

Ich habe meine Sensibilität, meine Überzeugungen, meine Leidenschaften. Und ich kann sie niemandem aufzwingen, auch wenn ich in bezug auf die Wahrheit des Zen spüre, daß meine Art zu sehen und zu denken immer mehr mit ihr übereinstimmt. Doch mein Nachbar hat im Hinblick auf das Absolute ebenso recht wie ich. Auch er hat seine Überzeugungen, seine Leidenschaften.

Kann sich das unfertige Geschöpf noch entfalten? Der Mensch bindet sich während Jahren, ja Jahrhunderten an Wahrheiten, die nur im Augenblick, als sie verkündet wurden, Wahrheiten waren.

Was ich als Schwäche ansah und was mich störte, ist nun Energie. Meine Ideen werden nicht nur klar, sondern auch kraftvoll. Vielleicht dringen sie eines Tages in das Herz von Menschen und schaffen ihnen einen Zugang zu neuen Sichtweisen, zu neuen Werten, zu neuen Lebensformen. Meine Schwächen sind die Schwächen aller Menschen, aber man hat sie mir unter die Nase gerieben, als ob sie Hindernisse für ein verwirklichtes Leben wären.

Januar 1973

Die Religion ist dort eine echte Religion, wo es nicht mehr um die Religion geht. Wenn man der Religion einen religiösen Charakter gibt, verfälscht man sie.

Wie kann man die Leute dazu bringen, ihre wahre Natur zu entdecken? Mit Zazen? Und wie bringt man die Leute dazu, Zazen zu üben? Wenn sie einmal davon gekostet haben, wollen sie vielleicht erneut davon kosten.

Will der Mensch sein Leben zufrieden, in Frieden und Ruhe abschließen und dann sanft entschlafen? Der größere Teil der Menschen stirbt an einer Krankheit. Im Buddhismus geht man davon aus, daß jede Krankheit ihren geistigen Grund hat. Der Mensch versteht es nicht, mit seinem Geist richtig umzugehen.

Sich im Leben zu engagieren heißt auch, Risiken einzugehen. Es ist eine der Möglichkeiten, intensiv zu leben.

Die Kontrolle meiner Emotionen und meiner Gedanken ist eine bittere und harte Arbeit. Ich widme mich ihr seit mehreren Jahren und ohne definitive Resultate vorzeigen zu können. Heißt dies, daß sie unmöglich oder unnütz ist?

Es muß traurig sein, wenn man an der Schwelle des Todes steht und all die Fragen rund um die eigene Person noch nicht geklärt hat. Ich möchte keinen solchen Mißerfolg erleben. Wird es mir gelingen? Ich stelle mir vor, daß ich, wenn es gelingt, zu etwas Gewaltigem vorstoße und, wenn es nicht gelingt, zu einem gewaltigen Nichts. Mein Nichts zu verwirklichen fordert mich dermaßen, daß ich zumindest die Genugtuung habe, ein wirkliches Nichts zu sein.

Ich zweifle an mir und meinen Kapazitäten. Die gesellschaftliche Umgebung hat mein Wesen verfälscht. Und ich muß jetzt alles verlernen. Und mit dieser Arbeit bin ich noch lange nicht am Ende.

Februar

Sobald der Mensch seine volle Entfaltung erreicht hat, kann er sich total frei entfalten. Überall ereignet sich dann Schöpfung. Den kleinen Finger zu heben ist etwas Schöpferisches, zu schlafen ist etwas Schöpferisches, Wasser zu lassen ist etwas Schöpferisches. Im schöpferischen Tun herrscht ein «absolutes Bewußtsein», das die Grenzen des Verstandes übersteigt. Jeder befreite Mensch befindet sich dann zu jedem Zeitpunkt seines Lebens im Zustand des Erwachens. Und der Mensch entfaltet sich frei in der Zeit, die nichts mehr mit der Vorstellung von Zeit zu tun hat, d. h. mit der Vorstellung, es würde sich etwas bewegen, es würde etwas von einem Anfang, der ja kein Anfang ist, zu einem Ende, das ja kein Ende ist, kommen. Die höchste Vorstellung des Zen geht dahin, daß die Befreiung aller Menschen eintritt, bevor die Natur ihr Werk der Vernichtung all dieser Menschen erfüllt hat.

«Der Zen ist eine Lehre jenseits jeder Lehre: Sie lehrt den Menschen die Grundsätze einer Lebensästhetik, die notwendig ist, um das organische und spirituelle Funktionieren zu befriedigen.» (Mumon Yamada)

Juni

Ideen gibt es massenweise und überall. Falls du sie brauchst, hier sind sie. Die Gedanken ziehen und ziehen und ziehen vorbei, unermüdlich und unveränderlich. Und dies schon immer. Stell sie doch ab! Genau das versuche ich zu tun: nicht mehr zu denken und den Gedankenfluß zu stoppen. Woher kommt der Gedanke? Ich meine: Wo startet er? Wo endet er? Ich habe schon versucht, den Anfang eines Gedankens oder sein Ende zu fassen, aber das ist unmöglich. Und doch möchte ich es zustande bringen, ich möchte entdecken, was noch übrigbleibt, wenn keine Gedanken mehr bleiben. Seit sechs Jahren widme ich mich dieser Aufgabe mit etwa zwölftausend Stunden überkreuzter Beine; ganz langsam nähere ich mich der Leere. Je mehr ich vorankomme, desto mehr entsteht in mir die Gewißheit, daß alles, was existiert, nur das Produkt von Gedanken ist, sogar derjenige, der denkt. Ich denke nicht, also bin ich nicht…

Juli

Werde ich hier noch lange bleiben?

Alle Menschen haben die Möglichkeit, die Kräfte, die in ihnen verschüttet liegen, wieder zu wecken. Alle können das Höchste erreichen. Die Askese ist eine Methode, um dahin zu kommen.

Ich stehe zwischen den Leidenschaften, die man als «schlecht», und den andern, die man als «gut» bezeichnet. Ich habe nicht mehr die Absicht, die «schlechte» Natur meines Wesens zu bekämpfen. Sie gehört zu mir, und ich will mich nicht von mir trennen.

August

Die Menschen altern, während die Tiere den Eindruck erwecken, daß sie bis zu ihrem Tod jung bleiben. Auch wir sollten versuchen, bis zum Tod jung zu bleiben. Es müßte zur eigentlichen Aufgabe des Menschen werden, sich mit seiner Vollendung zu beschäftigen. Der Hund ist Hund, der Baum ist Baum, nur der Mensch ist nicht immer Mensch. Der Hund denkt nicht über seine Hundenatur nach, und genau aus diesem Grund täuscht er sich nicht, er ist immer eins mit sich. Sobald der

Mensch diese Einheit erreicht, erreicht er auch das unbeschreibbare Eine.

In den Werken über die Religion spricht man vom Glauben, von religiös veranlagter Seele usw. Das sind Begriffe, die ich nicht verstehe. Meiner Meinung nach können sie jemanden, der auf der Suche ist, nur verwirren.

André Breton schreibt in *Les Vases communicants:* «Der nicht reflektierte Gebrauch des Wortes Seele ist ein Fehler. Denn man kann ihre Eigenschaften nicht definieren.» Was ist die Seele? Wirklich, man kann über sie nur spekulieren.

Wiederum stehle ich mich innerlich davon und gehe auf die Suche nach dem Unauffindbaren. Meine Energie ist nicht am richtigen Ort. Ich sage mir: Verzichte auf deine Leidenschaften, laß sie fallen. Zu diesem Zeitpunkt ist die Einsamkeit dein Los, das Leiden ist dein Leben. Du hast noch Wünsche, und das ist der Grund für dein Leiden. Aber nichts mehr wünschen wollen – ist das nicht auch ein Wunsch? Und was jetzt? Wie finde ich hinaus? Wahr sind nur die Tränen der Ohnmacht auf meinen Wangen.

Es leuchtet mir ein, daß es sowohl physisch als auch spirituell von Vorteil sein kann, jeden Morgen um vier Uhr aufzustehen. Und doch wäre es eine Wohltat, wenn man von Zeit zu Zeit die kleine Glocke des Mönchs, der die Gemeinschaft weckt, überhören könnte. Ich möchte fähig sein, um vier Uhr spontan aufzustehen, ohne damit einer Regel zu gehorchen. Und ähnlich müßte es bei allem sein, was man tagsüber unternimmt. Im alltäglichen Leben zur ganz freien Aktion gelangen, und zwar durch die Selbstdisziplin und durch einen natürlichen Gehorsam gegenüber den Gesetzmäßigkeiten des eigenen Körpers. Nichts kann authentisch vollzogen werden, wenn man nicht zuvor seinen Geist in Ordnung gebracht hat.

Oktober

Die für den Zen typische Lebensästhetik kann ohne ein asketisches Leben nicht wahrgenommen werden.

Mehr und mehr entferne ich mich von der Religion. Je mehr ich darüber nachdenke, desto mehr bin ich der Meinung, daß die wahre Religion nicht dort ist, wo sie zu sein behauptet. Man muß sich von der Religion trennen, um zu entdecken, worin sie besteht. Die Religiosität eines Menschen hängt nicht davon ab, ob er bestimmten religiösen Regeln gehorcht oder an Kulten teilnimmt. Was macht dann jemanden zu einem «religiösen Menschen»? Letztlich sein Verhalten gegenüber der Erkenntnis, die er über sich gewonnen hat.

Seine «göttliche Natur» zu verwirklichen ist eine Wendung, die unklar ist. Wenn es einem Menschen geschenkt wird, seine göttliche Natur zu verwirklichen, so entdeckt er, daß diese Natur seine eigene Natur ist. Zuvor war er im Embryonalzustand seiner wahren Natur.

Für einen Zen-Anhänger gehört Zazen zu den alltäglichen Verrichtungen. Zazen sollte man jeden Tag üben, so wie der Mensch jeden Tag atmet, schläft, ißt, auf die Toilette geht usw. Zazen: Man stimmt seinen Körper und seinen Geist auf die Natur seines Wesens ab.

Mein Nichtwissen besiegen und eindringen in die tiefen Geheimnisse, in die metaphysischen Geheimnisse des Universums.

Die illusionäre Welt der Gedanken löscht die Suche immer wieder aus. Selbstverständlich zählen die Jahre, die ich für diese Suche eingesetzt habe, aber ich bin noch lange nicht am Ende. Mein Nicht-Fortschritt und meine Nicht-Verwirklichung sind mir bewußt. «Immer noch nichts verstanden!» ist ein Schrei der Verzweiflung, den ich im tiefen Grund des Ozeans meines Herzens oft ausgestoßen habe. Weshalb diese Verzichtleistungen, weshalb diese Verbote, die ich mir auferlegt habe? «Um sich zu befreien!» Und es gibt keine Erklärungsmöglichkeiten. Der Grund zur mystischen Suche weiß nicht, weshalb man nach dem Unerforschlichen forscht. Ich leide am Unvollendeten. Ich leide am Leiden. Aber während dieser ganzen Zeit lebe ich auch: «Je intensiver ich leide, desto intensiver lebe ich auch.» Und diese Intensität ist auch der Grund meiner Suche. Dahin kommen, daß ich jeden Augenblick des Lebens ganz intensiv lebe. Nicht ausgerichtet auf die Intensität des Leidens, sondern auf die Intensität des Lebens, das auch das Leiden, die Liebe, den Haß usw. umfaßt. Und wenn ich leide, muß ich frei leiden, wenn ich liebe, muß ich frei lieben, wenn ich hasse, muß ich frei hassen.

Auf dem Weg zur Pagode befindet sich ein kleiner Bau, etwa fünf mal fünf Meter groß, ohne Fenster; er wird Kannon-do genannt. In diesem Bau befinden sich, zu Hunderten auf Regalen aufgereiht, die Gedenktäfelchen für die seit der Gründung des Shofuku-ji verstorbenen Gemeindemitglieder mit dem jeweiligen Namen des Toten. Vor ein paar Tagen ließ mich der Jikijitsu rufen. Als ich vor ihm stand, sagte er mir, ohne weitere Erklärungen abzugeben, ich solle mein Sitzkissen nehmen und mich in diesem Bau zum Sitzen einrichten. Ich tat dies sofort und ohne Fragen zu stellen, da mir sogleich klar war, daß dieser Befehl nicht von ihm, sondern von höheren Instanzen kam, d. h. von Meister Mumon. Es handelte sich also nicht um «feine» Schikanen. Der Mönch, der mich begleitete, teilte mir mit, daß man mir das Essen bringen würde und ich am Sanzen teilnehmen könne. Nach dem ersten Staunen verstand ich, daß mich der Meister eine einmalige Erfahrung machen lassen wollte. Ich setzte mich also in diesen leeren Raum, in Begleitung der Hunderten von Toten, und begann sofort mit dem Zazen.

Ich setzte mich, die Wirbelsäule gerade aufgerichtet, den Geist klar und frei von Nebenabsichten, und übte ohne Unterbrechung den ganzen Tag und die ganze Nacht Zazen. In regelmäßigen Abständen widmete ich mich dem Kin-hin. In der Nacht war es Nacht, und auch am Tag blieb es dunkel. Ich unterbrach auch für die Mahlzeiten und zweimal am Tag, um am Sanzen teilzunehmen. Das Ganze dauerte fünf Tage und fünf Nächte. Dann ließ man mich wissen, daß ich in den Zendo zurückkehren solle.

Kurz zuvor hatte ich von einem gewissen Heishiro, einem Schüler – Irrtum vorbehalten – Hakuins gehört, der allein in einer Hütte ein «Doku-Sesshin» durchgeführt hatte. Nach einer Woche erlebte er das Erwachen. Was mich betrifft, so ereignete sich während dieser Erfahrung nichts. Dabei hatte ich mich während der ganzen Zeit wirklich eingesetzt, ich hatte mich nicht geschont, vielleicht in gewissen Augenblicken im Sitzen leicht gedöst.

Den Zustand des Absoluten erreichen: Das ist nur möglich, wenn sich das Ich mit dem Universum vereinigt.

Wenn es darum geht, während der Meditation Müdigkeit, Schmerzen oder Hindernisse zu besiegen, will ich nur an den Willen appellieren und mit keiner äußeren Hilfe rechnen. Im übrigen: was für eine äußere Hilfe? Ohne diesen Willen in jedem Augenblick ist die Vollendung nicht möglich.

Was wird aus einem Vogel ohne Flügel? Aus einem Baum ohne Blätter? Aus einem Menschen ohne Wünsche?

Der Zen legt Gewicht auf: «in seine eigene Natur sehen»; Kensho heißt: das Wesen sehen.

Die Entfremdung von uns selbst ist so groß, daß die Anstrengungen, die es braucht, um uns wiederzufinden, Stunden, ja Jahre dauern, bevor wir unsere eigene Natur sehen und aus dem Zustand der Larve herauskommen.

Wenn man sich der Disziplin eines Weges unterwirft, entdeckt man früher oder später, daß man selbst diese göttliche Natur ist. Und wenn man diesen Zustand erreicht, merkt man, daß man nichts anderes hinter sich hat als eine Runde um sich selber, daß man nun sein wahres Ich gefunden hat. Man hat sich «verwirklicht». Sich verwirklichen meint nichts anderes, als ein vollkommener Mensch zu werden. Dann ist nicht mehr die Rede von Gott, von der göttlichen Natur oder vom Zustand der Gnade. Wo hätte Gott hier seinen Platz? Und wie könnte Gott sich selbst bei seinem Namen rufen?

Der Zen ist ein Übungsweg, der das Leben hervorruft. Das Zazen ist eine natürliche Technik, die es dem Menschen erlaubt, «in seine eigene Natur zu sehen» und so seine natürlichen Wünsche zu verwirklichen. Der Zen ist auch ein Mittel, das es dem Menschen erlaubt, sich selber wiederzufinden, nicht neben sich zu stehen und seine ursprüngliche Sensibilität wiederzubeleben.

Das Leben dauert kürzer als das Schnalzen mit den Fingern. Und ich will es nicht nur zur Hälfte leben. Es ist notwendig, daß ich um jeden Preis die Sperren meines Ego durchbreche, um mein wahres Ich bloßzulegen.

Die Bedeutung dieser Sperren ist darin ersichtlich, daß sie auch das Karma beeinflussen. Über diese Sperren hinwegzukommen verlangt oft, in sich alles aufzubrechen, innerlich alles wegzuschmeißen. Meine Suche hat als Basis den Wunsch, mit heroischer Anstrengung über mich hinauszukommen.

Nicht die Moral oder die Vorschrift garantieren die Verwirklichung, sondern das schöpferische Tun.

Januar 1974

Während Stunden ohrfeigt mich ein eiskalter Wind. Dies aushalten mit dem Ziel, meine Wahrheit kennenzulernen, das Leben zu erfahren. Dieser Preis wird gefordert, wenn ich mich leicht und frei bewegen will.

März

Es gibt nichts, gar nichts, das man ernst zu nehmen braucht, nichts, für oder gegen das man zu kämpfen hat. Jetzt, da die Leere gegenwärtig ist, springt auch mir Einäugigem ins Auge, daß es keinerlei Tiefe gibt. Doch was nützen Erläuterungen, wenn es darum geht, zu verstehen, daß es nichts zu erläutern gibt, daß alles schon vorhanden ist, daß dieses «alles» aber unsichtbar bleibt für denjenigen, der nicht zu sehen versteht oder nicht sehen will, unberührbar für denjenigen, der nicht zu berühren versteht, unhörbar für denjenigen, der nicht zu hören versteht, unriechbar für denjenigen, der nicht zu riechen versteht, geschmacklos für denjenigen, der nicht zu schmecken versteht? Wie anpacken? Alles umstellen, alles umschmelzen, alles verlernen. Alles verlernen – genau damit muß man beginnen. Lernen zu verlernen. Aber auch das klingt noch zu ernsthaft, noch voller Bedeutung. Eigentlich sollte nichts nichts bedeuten, damit man das große Ganze findet, mit dem großen Ganzen verschmolzen wird, zum großen Ganzen wird. Aber das sind bereits wieder Erläuterungen ...

Und dann kommt man ans Ende eines Buches, ans Ende eines Tages, ans Ende einer Liebe. Und es bleibt nichts mehr zu tun, und im Herzen bleibt lediglich der Abfall Angst. Und man sucht und stellt sich die Frage, was man wohl machen könnte. Und dies während Monaten und Jahren bis zum Ende des Lebens. Das Ende des Lebens: noch einmal das Ende von irgendwas. Und man kommt an dieses Ende, ohne etwas gefunden und ohne etwas verstanden zu haben. Man hat sich hereinlegen lassen, sogar noch vom Tod. Ein ganzes Leben lang, den Mund offen wie ein Fisch, tausendmal dieselben Gedanken wiederkäuen, Gedanken, die man nicht zu einem Ende führen konnte. Also klammert man sich an eine Idee – an irgend etwas muß man sich ja klammern –, um sein Gesicht zu retten, um sich eine Motivation für diese Existenz zu retten, um sich zu beweisen, daß man in diesem Leben doch etwas geleistet hat. Doch auch dieses Etwas dient nur der Verblendung, und es sollte doch der Emanzipation dienen.

Nun strebe ich nichts anderes mehr an als die totale Befreiung. Und ich kenne endlich den Weg, dem ich folgen muß, wenn ich dorthin gelangen will. Ich brauche nur Weggefährten, standfeste Leute, die bereit sind, für ihre eigene Verwirklichung zu leiden, indem sie durchführen, was man nicht durchführen kann, und ertragen, was man nicht ertragen kann.

Ein Schüler Buddhas zu sein heißt, «etwas zu tun» für die Befreiung der anderen. Nichts für die anderen zu tun kann ebenfalls die Bedeutung von «etwas zu tun» erlangen.

Juli

Das letzte Sanzen:

«Always continue the ‹no thinking›. Forget your Buddha-Nature.

Take care of your body, that is your Buddha-Nature!»

Die kleine Glocke.

Nachwort

Im Rahmen eines der allerletzten Sanzen (das eine Minute dauerte im Gegensatz zu den vorangegangenen, die nie über zehn Sekunden hinausgingen, die Zeit, um zu hören: «Das ist es noch nicht ...») erklärte mir Meister Mumon ohne Umschweife: «Jetzt, da das Messer gewetzt worden ist, wird es noch geschliffen werden müssen.» Mit diesen Worten trug er mir auf, nach Europa zurückzukehren, um dort Zen zu lehren; zugleich redete er mir zu, mich vor jeder Nachlässigkeit zu hüten. Aus eigenem Antrieb blieb ich noch für eine weitere Übungszeit von sechs Monaten. Dann, wie viele andere, verließ ich nach sieben Jahren Shofuku-ji ohne großes Trara. Am letzten Abend luden mich ein paar Mönche zu einer *Sayonara*-Party (Abschiedsabend) ein.

Nach dem Shugyo (der asketischen Übungsphase) begann nun das Nach-Shugyo. Worin besteht ein Nach-Shugyo? Aus nichts Besonderem außer aus der Fortsetzung des Shugyo. Aus nichts Besonderem, außer daß man sich nun selbst das Shugyo abverlangt. Es ist ja der Mensch, der über die Regel verfügt und nicht umgekehrt. Mit dem Nach-Shugyo beginnt eine Zeit, in der man auf sich selbst gestellt ist. Die Haltung, in der der Weg geübt werden sollte, findet man auch bei Künstlern, bei Giacometti zum Beispiel, der etwa im Rahmen eines Interviews erklärt: «Letztlich arbeite ich nur für die Empfindung, die sich während der Arbeit einstellt. Und wenn ich anschließend besser sehe, die Wirklichkeit leicht anders wahrnehme, bin ich im tiefsten bereits reicher geworden, auch wenn das Bild als solches nicht viel Sinn macht oder zerstört wird. Ich habe eine neue Empfindung gewonnen, eine Empfindung, die ich vorher nie hatte.»

Schon nach wenigen Monaten klösterlicher Übungszeit hatte Meister Mumon davon gesprochen, daß ich den Zen in Europa weiterzugeben hätte, dann kam er aber nie mehr darauf zurück. Heute denke ich mir, daß er dies nicht einfach ins Blaue hinein gesagt hatte. Stellte er sich vor, daß ich als Pionier den Zen in Europa weitergeben würde, oder wollte er diese Worte einfach in meinen Geist einpflanzen wie ein Samenkorn? Ich weiß es nicht. Aber seine unscheinbarsten Aussagen hatten immer den Charakter einer Prophezeiung und wurden zu einer Realität. Wie auch immer, ich bin hier, an meiner Stelle. Tatsache ist, daß diese Möglichkeit in mir weiterwirkte, denn ich erinnere mich, daß ich beim Abschluß meiner Phase als Laie festhielt, was ich für den Zen in Europa tun wollte. Mumon Roshi wiederholte mir gegenüber oft, ich sollte Zazen absichtslos üben, und betonte, alles andere würde sich natürlicherweise daraus ergeben. Dies ist wahr. Ich konnte feststellen, daß sich nach meinen Jahren im Shofuku-ji die Ereignisse in meinem Leben problemlos und ohne unnötige Verkomplizierung entwickelten, wie er es angekündigt hatte.

Von meiner Ankunft auf dem Flughafen in Genf ist mir vor allem eine Frau in Erinnerung geblieben: Ich hatte bereits mein Gepäck geholt, sie ging vor mir und trug ein durchsichtiges Kleid. Meine Augen hingen an ihrem Hintern: Sie trug kein Höschen! So begann die «Einpflanzung» des Rinzai-Zen in Europa…

Ich wurde in Fort-les-Bans (Departement Ain) aufgenommen, und zwar von Paul Arnold, dem Gründer der buddhistischen Gemeinschaft Frankreichs, den ich kurze Zeit zuvor in Japan kennengelernt hatte. Ich blieb hier mehrere Monate und begann ab August 1974 einen Kreis von Schülern um mich zu sammeln; einige von ihnen üben immer noch unter meiner Anleitung. Ich war verantwortlich für die Leitung von Sesshin. Auch wenn man von der Stellung eines Unsui weitergeht zur Stellung eines Meisters, hört man nicht auf zu suchen. Geistig bin ich nach wie vor ein Unsui und übe noch immer Zazen. Die auf Soldaten ausgerichtete Architektur dieses Forts war für die spirituelle Praxis jedoch nicht günstig, und es wäre zu teuer gewesen, es in ein Zen-Zentrum umzuwandeln. Deshalb fand ich es nicht gut, an diesem Ort zu bleiben, unter anderem aus geographischen Gründen. Karmische Beziehungen führten mich in das Departement Ardèche.

Ich richtete mich in der Nähe von Aubenas ein: an einem Ort, der für die innere Suche geeignet war. Wir mieteten ihn für sieben Jahre. So wurde das erste europäische Zen-Zentrum der Rinzai-Richtung gegründet. Im Jahre 1976 weihte Meister Mumon, der mit fünfzehn Schülern gekommen war, im Rahmen einer Zeremonie Le Taillé und setzte mich offiziell als Meister ein. Es war abgesprochen, daß Meister Mumon vor seiner Rückkehr nach Japan mit seinem «Gefolge» Li Ai Vee in der Schweiz besuchen würde. Li Ai Vee, eine Tuschmalerin, war eine seiner Schülerinnen und war schon mehrfach in Japan gewesen. Ich war zu diesem Besuch mit eingeladen. Kurz bevor ich ins Zentrum zurückfuhr, begegneten wir uns, Meister Mumon und ich, auf der Treppe im Haus von Li Ai Vee, ich stieg hinunter, er kam herauf. Er nahm mich in seine Arme, und ich nahm ihn in meine Arme. Er begann zu weinen, und auch mir kamen die Tränen. Es war ein sehr intensiver Augenblick. Wir ahnten beide in diesem Moment, daß wir uns nicht mehr sehen würden.

Es war das letzte Mal, daß ich Mumon Roshi im Vollbesitz seiner Kräfte sah. Im Jahre 1981 kehrte ich zum erstenmal, seitdem ich das Kloster verlassen hatte, nach Japan zurück. Ich besuchte Mumon Roshi, und zwar nicht im Shofuku-ji, sondern im Reiun-in. Er hatte seinen Platz an seinen ersten Schüler, Meister Taïtsu, abgetreten und hatte nun die oberste Stelle im Myoshin-ji inne. Ich wartete im Empfangsraum, bis man mir signalisierte, daß Mumon Roshi bereit war, mich zu empfangen. Ich betrat seine «Privaträume», warf mich dem Brauch entsprechend vor ihm zu Boden, setzte mich ihm gegenüber und sagte ihm, wie zufrieden ich sei, ihn nach so vielen Jahren wiederzusehen. Er blickte vor sich ihn und schaute mich dann ausdruckslos an. Auf diese Art verstrich eine längere Zeitspanne; doch als ich ihm erzählte, was aus mir und was aus dem Zentrum geworden war, hellte sich sein Antlitz etwas auf. Ich merkte, daß er erst jetzt erkannt hatte, wer ich war. Er war an Alzheimer erkrankt. Auch wenn man erleuchtet ist, ist man nicht vor Krankheiten sicher. Ich erinnere mich, daß ich nach dieser Begegnung geweint habe. In der Folge reiste ich jedes Jahr nach Japan und erwies Mumon Roshi jedesmal den gewohnten Respekt. Schon im folgenden Jahr hatte ich den Eindruck, mich an eine Pflanze zu wenden. Er redete nicht mehr, doch er drückte sich noch über seine Kalligraphien aus. Ich besitze glücklicherweise mehrere Kalligraphien aus seinen letzten Lebensjahren, die außerordentlich sind. Sein letztes Erscheinen in der Öffentlichkeit – ich hatte die Möglichkeit, daran teilzunehmen – fand an seinem achtundachtzigsten Geburtstag statt: in einem großen Hotel des berühmten Badekurortes Arima-Onsen. Hunderte von Schülern waren zusammengekommen, aber er nahm an dem, was ablief, nicht mehr teil. Drei Monate später, am 24. Dezember 1988, starb er nach einer Grippe mit einem lauten Schrei.

Das erste Zentrum, das bei meiner Ankunft noch «Kloster der Umkehr» (Metanoia) hieß und das ich dem Namen des Ortsteils entsprechend Centre du Taillé taufte, wurde zur Basis für eine Gemeinschaft von Laien. Am ersten Sesshin nahmen bloß acht Personen teil. Heute sind es dreißig an der Praxis interessierte Anhänger des Wegs, die sich jedes Jahr im Dezember zum Rohatsu zusammenfinden, dieser intensivsten asketischen Übung des Zen.

Als der Besitzer 1983 den Mietvertrag auflöste, mußten wir ausziehen. Ich löste den sakralen Charakter von Le Taillé auf – spirituell, aber auch administrativ bei den japanischen Autoritäten, mit denen der Ort verbunden gewesen war. Da ich das Begonnene unbedingt fortsetzen wollte, begann ich, gemeinsam mit einigen Schülern, mit der Restauration eines alten, für die

Ardèche typischen Gebäudes, um es in einen Ort der Praxis umzuwandeln. In kürzester Zeit, in nur wenigen Monaten, wurde eine Riesenarbeit geleistet. Die Verbreitung des Rinzai-Zen in Europa ging also weiter in «Le Plus Haut Lieu», einem verlorenen Winkel am Rande der Hochebene der Ardèche. Doch der Ort erwies sich als nicht ideal, er war zu klein, konnte nicht ausgebaut werden und lag zu nahe bei anderen Siedlungen.

Die ersten Jahre meines Lehrens in Frankreich waren durch den Stil des Shofuku-ji gekennzeichnet. Ich benahm mich wie ein Unsui, der mit anderen Unsui zu tun hatte. Heute bin ich mir nicht mehr sicher, ob die Härte der Sesshin, wie sie in Japan durchgeführt werden, übernommen werden muß, wenn die Teilnehmer Laien sind, wie das im Zentrum üblich ist. Das Rohatsu bildet einen Spezialfall; hier kommen die Geübtesten zusammen. Die anderen Sesshin sind auch für Anfänger zugänglich.

In Japan gibt es zahlreiche Zen-Klöster. Jedes wird von einem Meister geleitet, und jedes verkörpert die Zen-Tradition. Doch jedes hat auch seinen ganz eigenen Stil. Alle Meister haben sich einer harten Askese verschrieben und lehren in einer Art und Weise, die dem Geist des Schülers keine Ruhe gönnt. Aber jeder Schüler ist frei, das Kloster zu wählen, das er will.

Für jemanden, der Zen praktizieren will, scheinen mir drei Voraussetzungen notwendig zu sein, damit er sich in seiner Praxis entfalten kann: Er muß erstens vom Zen angezogen werden. Zweitens spielt der Ort, an dem er praktiziert, eine Rolle. Drittens sollte er sich dem Meister, wenn man so sagen darf, charakterlich verwandt fühlen. Die Einpflanzung und Verwurzelung des Rinzai-Zen bilden für mich keine kleine Aufgabe, denn ich weiß, daß es in China sechs Jahrhunderte brauchte, bis der Ch'an seine spezifische Form gefunden hatte.

Seit 1981 fuhr ich mehrmals nach Japan. Im Mai 1985, während meiner längsten Japanreise, keimte und reifte in mir die Idee zu einem neuen Zentrum. Zuerst entstand in mir der unerklärliche Drang, zu einem ungewohnten Zeitpunkt des Jahres nach Japan zu fahren. Ich empfand, nach meinen eigenen damaligen Worten, das «Bedürfnis, dem Absoluten zu begegnen». Tatsächlich war der Moment gekommen, den Bau eines neuen Zentrums ins Auge zu fassen (aber was hat dies mit dem Absoluten zu tun, könnte man fragen ...). Für mich hieß, es ins Auge zu fassen, auch schon, es zu verwirklichen. Ich leitete das ganze Projekt in die Wege, ohne mich um allfällige Hindernisse zu kümmern. Ich habe es schon oft erzählt: Ich saß in Samadhi (intensive Konzentration), vor mir lag, ausgebreitet, die Karte der Ardèche, und ich fand den idealen Ort, indem ich mit dem Finger darauf zeigte.

Als ich «La Riaille» wählte (es war der erste Ort, den ich aufsuchte), hätten mir durchaus Zweifel kommen können; ich hätte mir sagen können, daß es bessere Orte gäbe, daß ich einen Platz finden würde, der dieselben Vorteile, aber keine Nachteile besitzen würde. Der Ort als solcher war nicht unbedingt ideal. Doch wenn man eine Wahl trifft, ist der Gegenstand der Wahl nicht das Wichtigste; was zählt, ist die Haltung, in der man die Wahl trifft, daß man im Moment der Wahl sich selber gegenüber ganz ehrlich ist. Man kann ein Projekt oder eine Entscheidung reifen lassen, aber im Moment der Wahl darf man nicht zögern.

Die Autoritäten des Rinzai-Zen, an ihrer Spitze Kohno Taïtsu Roshi (der derzeitige Leiter des Shofuku-ji), waren mit dem Projekt einverstanden und unterstützten es mit großen Gaben. In weniger als drei Jahren wurden drei gewaltige Bauprojekte abgeschlossen. Alles in allem verstrichen von der Konzeption bis zur Realisierung des Projekts genau fünf Jahre.

Heute steht mir bei meinen jährlichen Aufenthalten in Japan in der Nähe des Shofuku-ji ein Tempel zur Verfügung. Ich bin zwar vom Stand des Unsui befreit worden, aber ich fahre mit dem Üben weiter in der Sorge um die «ständige Weiterentwicklung». Zugleich ist es mir ein Anliegen, mit den führenden Leuten des Rinzai-Zen zusammenzuarbeiten, insbesondere mit Meister Taïtsu, der gelegentlich für die Leitung von Sesshin ins Zentrum kommt.

Im Jahre 1984 begann ich mit der Übung des Kyudo (das traditionelle japanische Bogenschießen) und intensivierte die Übung, als ich bald darauf mehr als zwölf Monate in Japan weilte. Die Kyudo-Praxis wurde zu einer Ausdrucksform meiner Zen-Erfahrung. Der hauptsächliche Unterschied zwischen dem Kyudo und den anderen Kampfkünsten besteht in der langsamen Ausführung der Bewegungen; diese Langsamkeit läßt es zu, daß man die ganze Aufmerksamkeit auf den Bewegungsablauf und die Atmung lenken kann. Deshalb wird der Kyudo oft auch als Ritsu-Zen oder als Zen im Stehen bezeichnet.

Ich hatte das Glück, durch den Präsidenten der japanischen Kyudo-Föderation, den inzwischen verstorbenen Tomoji Saito Sensei, als *Uchideshi* (Schüler im Fernunterricht) aufgenommen zu werden. Während meiner Kyudo-Praxis habe ich wieder bemerkenswerte Persönlichkeiten kennengelernt, wirkliche Meister, die zum großen Teil auch Zazen übten. Auch die großen Kyudo-Meister übten neben ihrem beruflichen, gesellschaftlichen und familiären Engagement ihre Disziplin als «Amateure». Die großen Meister haben ausnahmslos und jederzeit neben der Disziplin ihrer Wahl auch Zazen geübt: Sen-no-Rikyu, Begründer der Tee-Zeremonie und Zen-Meister; Omori Sogen, Meister in Kendo und Shodo und Zen-Meister; Basho, Meister der Haiku-Poesie und Zen-Meister usw. Nach meiner Auffassung sollte jede Person, die wirklich den Weg gehen und eine Disziplin, die zur Selbstverwirklichung führt, beherrschen möchte, neben der gewählten Disziplin gleichzeitig auch Zen praktizieren.

Das Thema, das nun zur Sprache kommt, ist heikler. Ich lehre einen Zen, der sich an Laien richtet, d. h. an Menschen, die beruflich, gesellschaftlich und familiär engagiert sind. Sie haben lediglich die Möglichkeit, pro Jahr ein oder zwei Sesshin zu besuchen, im Gegensatz zu den Mönchen, die die ganze Zeit im Kloster leben und Zen gleichsam beruflich praktizieren. Ich bekomme oft die Frage zu hören: Wie kann man als Laie zum Erwachen kommen? Dies scheint von vornherein schwierig zu sein, wenn man an die Unsui denkt, die Tag und Nacht üben. Doch die Tatsache, daß man beruflich oder familiär engagiert ist, ist kein Hindernis für die Selbstverwirklichung. Denn das wirkliche Leben ist das Alltagsleben. Man muß sich vor Augen führen, daß nicht alle Mönche, auch wenn sie schon viele Jahre im Kloster verbracht haben, Erleuchtete sind. Alles in allem haben sie eine Meditationserfahrung, die bloß quantitativ die Meditationserfahrung der Laien übertrifft.

Im übrigen haben es auch die Japaner verstanden, den Zen aus dem Bereich des Tempels herauszuholen. Vermutlich hat er mich deswegen auch angezogen. Auf den Zen der Laien stößt man in der Poesie, Kalligraphie, Tuschmalerei, Architektur, Gartenbaukunst, in den Kampfkünsten usw. Eine ansehnliche Zahl der Objekte der Zen-Kultur sind durch Laienanhänger des Zen geschaffen worden: die Kostüme des No-Theaters, die Säbel der entsprechenden Kampfkunst, die Gegenstände der Tee-Zeremonie usw. Ich möchte damit unterstreichen, daß es überhaupt keinen Grund dafür gibt, daß ein Laie die Erleuchtung nicht erreichen sollte. Was man auch vom Zen halten mag, er ist auf keinen Fall das Privileg einer bestimmten monastischen Elite, wie es auch ein Zen-Spruch zum Ausdruck bringt: «Das alltägliche Leben ist der Weg.» Das Erwachen hängt von der Tiefe und der Präzision ab, mit der man den Blick ins Innere der eigenen Person lenkt, und nicht vom Faktum, ob man sich nun in einem Kloster befindet oder nicht. Wenn man zum Erwachen kommen will, ist jedoch wichtig – Hakuin hat es betont –, daß man regelmäßig mit anderen zusammenkommt und gemeinsam übt. Wenn eine Gruppe die Energien der einzelnen verbindet, gelingt gemeinsam, was dem einzelnen nicht möglich ist. Wenn man nur allein übt, ist es unmöglich, das Erwachen zu erreichen. Soweit ich weiß, wird in der Geschichte der Übertragung des Lichts auf keinen Meister verwiesen, der allein zur Erleuchtung gekommen ist. Taïtsu Roshi hob in seiner Botschaft zur Verwirklichung des zukünftigen Zentrums hervor: «Wenn einer nicht die Begleitung eines erleuchteten Meisters erfährt, der mit demütigem Herzen praktiziert, muß er sich langsam Schritt für Schritt vorwärtstasten wie der Elefant im Urwald (... des Nichtwissens).»

Die Schwachstelle der westlichen Menschen besteht darin, daß sie den Zen verstandesmäßig erfassen wollen, daß sie druckreif über ihn reden, ohne sich je die Mühe gemacht zu haben, ihren Hintern auf ein Meditationskissen zu setzen. Sicher besteht der Zen nicht nur aus dem Zazen, aber ohne Zazen gibt es keinen Zen. Wahr ist natürlich, daß die Anstrengungen während des Zazen für einen westlichen Menschen noch viel gewaltiger sind, weil er gewohnt ist, sich auf einen Stuhl zu setzen. Ich staune oft, wie kleinlich der westliche Mensch im Umgang mit dem Schmerz ist. Der westliche Mensch beschränkt sich zu gemütlich auf Vorstellungen, im Gegensatz zu den mehr praxisorientierten Japanern. Es scheint mir, daß sie fähiger sind, sich mit dem, was sie tun, zu verbinden, in dem Sinne, daß das, was sie eben tun, eine Gelegenheit ist, auch zu sich selber zu kommen. Der westliche Mensch will verstandesmäßig erfassen, aber ich meine, daß man auch aktiv werden sollte, wenn man etwas liebt. Ich kann es nicht nachvollziehen, wenn Leute behaupten, sie würden den Sport lieben, aber keinerlei Sport betreiben. Die Kraft der Japaner liegt in ihrem Talent, sich zur Realisierung eines Projekts mit anderen zusammenzuschließen. Genau darin liegt aber auch ihre Schwäche: Abseits der Gruppe sind sie wie Fische außerhalb des Aquariums.

Ein anderes heikles Thema: Was soll man über den Zen lesen? Es gibt ja Dutzende von Titeln über Zen. Ich persönlich habe etwa im Alter von achtzehn Jahren zufällig das erste Buch gelesen, das mit Zen zu tun hatte: *Das Buch vom Tee* von Okakura Kakuzo, eine Lektüre, die einiges in Gang setzte und «Spätfolgen» hatte, deren Bedeutung ich im Moment der Lektüre noch nicht erahnen konnte. Jahre später, ich habe es bereits erwähnt, las ich *Die drei Pfeiler des Zen. Lehre, Übung, Erleuchtung* von Philip Kapleau. Im Anschluß an dieses Buch begann ich mich für den Zen zu interessieren und versuchte ich mich ein erstes Mal im Zazen. Es fällt mir schwer, ein bestimmtes Zen-Buch zu empfehlen. Wenn man beginnt, kann man noch nicht wissen, welches die guten und welches die schlechten Zen-Bücher sind. Es gibt Bücher, die etwas auslösen. Obwohl ich während meines Aufenthaltes im Shofuku-ji sicher hundert Bücher über den Zen und die Spiritualität gelesen habe, hat mir kein einziges sagen können, was der Zen ist. Wenn wir bei der Lektüre eines Buches auch nur auf einen Satz stoßen, der unseren Eifer für den Weg anregt, so war diese Lektüre nicht umsonst. Wenn man in der Zen-Praxis vorangekommen ist, ist es aber auch durchaus möglich, daß man den «Wahrheiten», die man in den Büchern gefunden hat, nur noch die Bedeutung eines Roßfurzes beimißt. Auf jeden Fall sind die Erklärungen des «Weshalb und Wie» für den Zen nicht typisch, und sie gehören auch nicht zu dem, was mir sympathisch ist. Wenn man Tennis spielt und seinen Aufschlag verbessern will, ist es offensichtlich wirkungsvoller, ein Buch von Lendl zu lesen als ein theoretisches Buch. Ebenso ist es wirkungsvoller, ein Werk zu lesen (und mehrfach zu lesen), das aus der direkten Zen-Erfahrung entstanden ist. Aus den Erklärungen geht dann eine Tiefe hervor, die uns Mut macht, an uns zu arbeiten; die Erklärungen eines berühmten Gelehrten hingegen stellen nichts anderes vor als eine intellektuelle Erkenntnis, deshalb bringen sie uns auch nicht weiter. Ich möchte damit sagen, daß Sie selbst, wenn Sie auf eine ehrliche Art meditieren, bald einmal feststellen werden, welche Gurus im Westen die falschen Gurus sind. Es ist nicht schwer, sie zu entdecken. Ist es überhaupt notwendig, vor Leuten zu warnen, die von einer spontanen Erleuchtung sprechen, die vorgeben, man könne Satori mit Hilfe von halluzinogenen Drogen erlangen usw.? Sie können selbstverständlich erzählen, was sie wollen, doch das, was sie verkünden, hat nichts zu tun mit einer echten Verwirklichung. In der ganzen Geschichte des Zen gibt es keinen einzigen Menschen, der ohne einen langen und schweren asketischen Weg zum Erwachen gekommen ist, keinen einzigen Menschen, der dank einer bequemen Abkürzung die Erleuchtung erlangt hat.

Die Suche nach der Wahrheit ist allem Anschein nach nicht die Hauptbeschäftigung der Menschen, im Leben mancher Menschen fehlt sie sogar ganz. Überhaupt scheint mir der Mensch zu wenig zu suchen. Aus Trägheit, Gleichgültigkeit, Gemütlichkeit? Oft fehlt ihm ein spirituelles Ziel. Er verstrickt sich in nutzlose Dinge, er unternimmt vieles und macht viel Lärm um nichts, er rennt allen möglichen Aktivitäten nach, beginnt alles, verbraucht eine Unmenge von Energie, um schließlich nicht mehr als eine geistige Unruhe zu erzeugen, die sich als Sackgasse herausstellt. Der Mensch lebt nur mit seinem Kopf, mit dem einzigen Körperteil, der am Ende dieses Jahrhunderts noch funktioniert. Der Rest ist angeschlagen. Auch wenn eine Larve eine eigenständige Wirklichkeit ist, so bildet sie doch nicht die endgültige Form ihrer Verwirklichung.

Es gibt jedoch Mittel, mit denen man seine wahre Natur verwirklichen kann. Und diese Mittel sind nicht einer Elite vorbehalten, sondern jedem Menschen zugänglich. Denn alle Menschen besitzen diese wahre Natur. Die Erkenntnis ist etwas, das wir schon in uns haben, schon am Anfang des Lebens. Ich liebe die Deutung des Wortes «connaissance», des französischen Wortes für Erkenntnis: «naître avec», «mit-geboren werden». Die Erkenntnis ist in diesem Sinne etwas, das zu uns gehört. Allerdings bedeutet dies noch nicht, daß wir auch wach werden für diese Erkenntnis oder daß wir ein Bewußtsein für das Existieren dieser Erkenntnis gewinnen.

Die Zen-Praxis bringt uns in Kontakt mit unserer göttlichen Natur, die auch als wahre Natur oder als Buddha-Natur bezeichnet wird. Diese Praxis gilt als «steiler Weg». Die Zen-Praxis ist in der Spiritualität, was unter den Bergsteigern der Aufstieg durch die Nordflanke der Grandes Jorasses ist. Wenn man nicht von der festen Entschiedenheit, vorwärts zu kommen, geprägt ist, stellt sich kein Fortschritt ein. Ich habe auch den Eindruck, daß der Schmerz, der sich beim Zazen einstellen kann, für viele der Grund ist, die Praxis nicht mehr weiterzuführen. Tatsächlich ist das Zazen, zumindest am Anfang, oft schmerzhaft. Jeder Anfänger sieht sich mit dieser notwendigen Phase konfrontiert. Und es braucht Kraft, die Strecke um dieses unvermeidliche Kap der Schmerzen herum hinter sich zu bringen. Dann stellt sich ein gewisses Wohlbefinden ein, und zwar nicht nur während der vorgesehenen Übungen, im Rinzai-Zen zum Beispiel während des Sussokan (Konzentration auf die Atmung) oder während der Konzentration auf den Koan, sondern auch im nachhinein: nach der Praxis und nach den Übungen. Dies gibt Mut und reizt, weiterzufahren und durchzuhalten. Man darf nicht davon ausgehen, daß man die Erleuchtung schon nach einer halben Stunde Zazen erfährt oder nach einem Sesshin von einer Woche. Die Empfindung eines inneren Friedens und einer Gelöstheit verstärkt sich im Laufe der Monate und Jahre; sie ist die Frucht der eigenen Anstrengungen.

Als der Buddha nach sechs Jahren der Übung und der Askese erleuchtet wurde, sagte er: «Alle Menschen und alle Geschöpfe auf dieser Erde besitzen die Buddha-Natur!» Wenn alle Wesen die Buddha-Natur besitzen, ist niemand ausgeschlossen. Alle, ohne Ausnahme, sind potentielle Buddhas; d. h. alle, ohne Ausnahme, können zu ihrer authentischen Natur erwachen. Alle sind potentielle Kandidaten; sogar ein unverbesserlicher Säufer, sogar ein jähzorniger und brutaler Mann können Zugang zu ihrer inneren Realität finden. Gerade diese Eigenart, ein unverbesserlicher Säufer oder ein jähzorniger und brutaler Mann zu sein, hat in sich auch die Kraft zur Veränderung. Wenn man jemandem auf dem Weg zur Verwirklichung helfen will, so besteht der erste Schritt darin, seine Eigenart als solche zu respektieren.

Von all den Zen-Meistern, die sich einer strengen Disziplin gewidmet haben, würde sich wohl keiner damit brüsten, daß er einem seiner Schüler etwas beigebracht hätte, es sei denn das eine: den Sinn für die Anstrengung und für die Askese. «Wo es keine Anstrengung gibt, gibt es kein Erwachen; wo es große Anstrengungen gibt, gibt es ein großes Erwachen», heißt es im Zen. In der ganzen Lehrtradition der Zen-Meister hat keiner irgendwelche theologischen oder philosophischen Fragen angeschnitten oder diskutiert. Sie alle sind ins Herz der Fragen vorgedrungen, wie man nämlich die Wahrheit sehen kann. Ein Zen-Meister verliert keine Zeit mit unnützen Spekulationen. «Auf direkte Weise den Geist des Menschen zu zeigen», dies war bereits das Ziel der Belehrung Bodhidharmas, des ersten Zen-Meisters in China.

Meister Mumon wies eines Tages im Rahmen einer Ansprache darauf hin, der Buddhismus sei etwas, das stinke. Tatsächlich: Wer sich an den Zen bindet, setzt seiner Emanzipation Grenzen; wer sich an eine Lehre bindet, hindert sich daran, sich zu befreien. Der Zen, eine Lehre, die sich von der eigenen Lehre befreit hat, eine Lehre, die fähig ist, sich aufzuheben, zögert nicht zu verkünden: «Wenn der Buddha oder die Patriarchen für die Verwirklichung deines Wesens ein Hindernis bilden, dann töte den Buddha und töte die Patriarchen.» In einem Koan fragt ein Mönch seinen Meister: «Was ist der Buddha?» Und der Meister antwortet: «Ein Kotholz.» Mit anderen Worten: Dinge auf Zen-Art herauszuputzen verfälscht nur den Zen. Über den Zen redet man nicht, ihn studiert man nicht. Der Zen ist eine Lebensform, eine Lebenskunst. Die Wahrheit suchen bedeutet bereits, in die Wahrheit einzutreten.

Wenn man mich heute fragt, weshalb ich ins Shofuku-ji eingetreten bin, kann ich verschiedene Antworten geben. Ich denke: Es hatte damit zu tun, daß ich den Sinn des Lebens finden oder die fundamentalen Fragen lösen wollte wie: Wer bin ich, woher komme ich, was bedeutet der Tod? In Wirklichkeit aber wußte ich an dem Tag, als ich vor der Klostertreppe des Shofuku-ji stand, nicht, weshalb ich hier war. Es war einfach so: Eines Tages befand ich mich vor der Klosterpforte des Shofuku-ji, Punkt! Ich glaube, daß ich keine eigentlichen Gründe anführen kann, außer natürlich eine verstandesmäßige Überlegung. Aber den tiefen Grund, weshalb ich mich eines Tages auf den Weg gemacht habe, gibt es nicht wirklich. Ich hatte in einem bestimmten Moment den Eindruck, das und nichts anderes tun zu müssen. Und daß es auch nichts anderes zu tun gab. Aufgrund des Zusammenspiels von karmischen Gegebenheiten begab ich mich eher nach Japan als anderswohin, begegnete ich dieser Person und keiner anderen und «spielte» diese Person Zen und nicht Golf.

Zum Zeitpunkt, als ich Zen praktizierte, war der Zen für mich der einzig mögliche Weg. Heute behaupte ich natürlich nicht, daß der Zen der einzige wahre Weg ist. In Japan wie in Indien, in den beiden großen spirituellen «Vorratsschränken», gibt es zahlreiche Wege; der Zen wurde zu einem bestimmten Zeitpunkt meines Lebens mein Weg und ist es bis heute geblieben. Vielleicht vermitteln meine Bücher den Eindruck, daß nur der Zen etwas wert wäre und nur der Zen den Zugang zur obersten Stelle der Leiter anbieten würde, daß alles andere Mist wäre. Das möchte ich nicht, denn dem ist nicht so. Aber mir persönlich hat der Zen alles gebracht, er hat meine Sensibilität verfeinert. Und daß der Zen mir alles gebracht hat, hängt wiederum damit zusammen, daß ich mich ganz ins Zeug gelegt und in einer absolut ehrlichen Art geübt habe. Es ist selbstverständlich, daß nicht alle Menschen fähig sind, Mönche zu werden und sich über Jahre hinweg während vieler Stunden der Meditation zu widmen.

Deshalb als Zusammenfassung: Man kann auf jedem der zahlreichen traditionellen Wege zum Erwachen kommen, wenn sie von authentischen Lehrern vermittelt werden und wenn man sich, wie man sagt, mit Körper und Seele engagiert – ich selbst weiß allerdings auch heute noch nicht, was eine «Seele» ist, was dieses Wort bedeuten soll.

Ich bin immer noch unterwegs…

Glossar

Arhat: Derjenige, der «bereit» ist. Ein Ausdruck, der im sogenannten Kleinen Fahrzeug (Hinayana) gebraucht wird.

Ch'an: Vgl. Zen.

Dokusan: Vgl. Sanzen.

Geta: Eine Art Sandalen mit Sohlen aus Holz.

Han: Eine dicke Holztafel, die im Rhythmus «sieben – fünf – drei» geschlagen wird. Sie dient dazu, die verschiedenen Zeiten des Tagesrhythmus anzuzeigen.

Hara: Bauch oder Unterbauch, der Bereich, in dem sich der Tanden befindet (Energiepunkt dreieinhalb chinesische Zoll unterhalb des Nabels). Das Hara ist der Schwerpunkt des Menschen. Es ist der «Kessel», in dem man beim Üben Ki, die Energie, kochen läßt.

Hitsuzendo: «Zen-Weg des Pinsels», Zen-Kalligraphie.

Hondo: Haupthalle. Hier werden die Sutras rezitiert und finden die Ansprachen und verschiedene Feiern statt.

Jigido: Refektorium, Speiseraum.

Jikijitsu: Der «Verantwortliche des Zendo». Wörtlich verstanden, handelt es sich um die Person, der «der Tag obliegt» (die Verantwortung für den Tag), eine Formulierung, die entstand, weil der Vorsteher des Zendo jeden Tag wechselte. In der aktuellen Praxis der Rinzai-Richtung trägt der Vorsteher die Verantwortung für die Vorübungszeit und die eigentliche Übungszeit (meistens neunzig Tage). Es ist vorgesehen, daß er dem Shika bei der Leitung der Klostergemeinschaft zur Seite steht.

Jisha: Einer der drei Oberen, zuständig für den Dienst an Manjushri und an den Mönchen des Zendo. Persönlicher Gehilfe des Roshi.

Josaku: Entfernung des Keisaku aus dem Zendo, dauert ein bis drei Tage.

Ko-Sesshin: «Kleines Sesshin». Das Zazen findet nur am Morgen und am Abend statt. Während des Tages liegt der Akzent auf der körperlichen Arbeit (Samu).

Karma: Das Schicksal eines Menschen, das durch seine vergangenen, gegenwärtigen und zukünftigen Handlungen bestimmt wird. Der Mensch wird mit seinem Charakter, seinen Fähigkeiten, seinem Temperament und seinen Neigungen geboren. Je nachdem, was er aus diesem Potential macht, und zwar auf physischer wie auch auf spiritueller Ebene, beeinflußt er den Verlauf seines Lebens, seine Zukunft: von der Vergangenheit in die Gegenwart, von der Gegenwart in die Zukunft.

Keisaku: Ein flacher Stock, der gebraucht wird, um während bestimmter Zazen-Einheiten die energetischen Punkte zwischen den Schulterblättern und der Wirbelsäule anzuregen. Er symbolisiert auch die Disziplin im Zendo. – Soto-Zen: Kyosaku.

Kensho: «In seine wahre Natur sehen», eine tiefe Erfahrung, die im Rinzai-Zen als grundlegend betrachtet wird.

Kin-hin: Zazen im Gehen, normalerweise zwischen den einzelnen Zazen-Übungen.

Koan: Eine vom Meister aufgegebene Übung im Sinn einer Frage, die dem Geist gestellt wird, oberhalb der Denk-Ebene. Sie läuft gegen die Gesetze der Logik. Die beiden wichtigsten Koan-Sammlungen der Rinzai-Tradition sind *Mumonkan (Die Schranke ohne Tor)* und *Hekiganroku (Die Sammlung vom blauen Felsen)*.

Koromo: Das Mönchsgewand.

Lin-chi: Japanisch: Rinzai. Der Name des Gründers dieser Zen-Richtung.

Mozo: Sanskrit: Vikalpa. Scheingedanken. Es handelt sich um Bilder oder Visionen, die den Charakter von Truggebilden annehmen können. Sie stellen sich vor allem zu Beginn der Zazen-Praxis ein. – Synonym: Makyo.

Naïkan: Eine kontemplative Methode, die mit Visualisationen arbeitet, von Hakuin praktiziert.

Niwazume: Die erste Bitte um Zulassung zur Klostergemeinschaft. Im Shofuku-ji dauert diese Bitte zwei Tage. Wenn sie positiv beantwortet wird, wird der Novize anschließend in den Tangario (vgl. dort) geführt.

O-Sesshin: «Großes Sesshin». Der Akzent liegt ausschließlich beim Zazen.

Okayu: Suppe aus weißem Reis. Aus ihr besteht meistens das Frühstück, das im Shofuku-ji um fünf Uhr eingenommen wird.

Rinzai: Japanische Zen-Richtung, zu der auch das Centre Zen de la Falaise Verte gehört. Eisai (oder Yosai, 1141–1215) bringt offiziell als erster den Zen nach Japan. Er reist zweimal nach China, wo er, vor allem im Kloster Tien-t'ung, die Zen-Praktiken erlernt. Eisai bringt aus China aber nicht nur die Zen-Lehre, sondern ebenso die Samen des Teestrauchs, so daß er nicht nur als Begründer des Zen, sondern auch der Tee-Kultur gilt.

Rohatsu: Wörtlich: «8. Dezember». Ein speziell strenges Sesshin zur Erinnerung an die Erleuchtung Buddhas. Bei diesem Sesshin ist es unter anderem verboten, sich zum Schlafen hinzulegen.

Saiza: Mahlzeit in der Mitte des Tages. Im Shofuku-ji wird sie um zehn Uhr dreißig eingenommen.

Samadhi: Zustand tiefer Konzentration, bei dem der Gedankenfluß zum Stillstand kommt.

Samu: Körperliche Arbeit, sie wird in dem Sinne geübt, daß man sich auf die jeweilige Arbeit und den gegenwärtigen Moment konzentriert.

Sanzen: Persönliches Gespräch mit dem Meister. In der Rinzai-Tradition werden bei dieser Gelegenheit Koan und Mondo eingesetzt. Es zielt auf das Erwachen ab.

Sarei: «Gemeinschaftstee». Grüntee (oder Kräutertee), der vor oder nach bestimmten Zazen-Einheiten serviert wird.

Satori: Erwachen oder Erleuchtung. «Das Auge des Geistes öffnen.»

Seiza: Fersensitz, Diamantsitz.

Sesshin: «Tiefes Durchdringen des Geistes.» Eine normalerweise strenge Übungszeit des Zazen, meistens während sieben Tagen. Das Wort setzt sich aus zwei Zeichen zusammen: «Setsu» im Sinne von konzentrieren, sammeln, und «Shin» im Sinne von Geist beziehungsweise Herz. Ohne die entsprechende Strenge kann man nicht von einem Sesshin sprechen.

Shika: Der «Vorgesetzte für die Gäste» oder der erste Obere. Wörtlich handelt es sich um denjenigen, der «die Besucher kennt». Dabei geht es sowohl um die jungen Mönche, die ins Kloster kommen, als auch um die Priester, die zu Besuch kommen, und die Laien, die ihre finanzielle Unterstützung ins Kloster bringen. Diese Aufgabe ist heute sehr wichtig, und derjenige, der sie innehat, ist einer der ersten, der mit entscheidet, wenn es darum geht, den Roshi zu beraten.

Shinto: Die Nationalreligion Japans, sie ist älter als der Buddhismus, der im fünften Jahrhundert ins Land kam. – Die Göttin Amaterasu, eine Personifizierung der Sonne, steht an der Spitze der Shinto-Gottheiten.

Shodo: Kalligraphie. Wörtlich: «Schreibweg».

Shugyo: Asketische Übungen.

So-Sarei: Tee-Ritual der Klostergemeinschaft mit dem Meister.

Sosan: Obligatorisches Sanzen, es findet während eines Sesshin zwei- oder dreimal statt.

Soto: Chinesisch: Ts'ao-tung. Eine der drei Hauptrichtungen des Zen in Japan. Der Begründer des Soto-Zen ist der Chinese Tung-shan Liang-chieh (807–869). Als der Begründer der Soto-Richtung in Japan gilt Dogen (1200–1253), der das Kloster Eihei-ji gründete. Von der Anzahl der Tempel und der entsprechenden Anhänger her ist die Soto-Richtung bedeutender als die Rinzai-Richtung.

Sumi-e: Tuschmalerei.

Sussokan: Meditationstechnik der Rinzai-Richtung, bei der man sich ganz dem Atem zuwendet und die Atemzüge zählt.

Sutra: Ein Sanskrit-Ausdruck, der wörtlich bedeutet: «Faden, der die Prinzipien der Wirklichkeit durchdringt und zusammenhält». Gesänge, die die Philosophie des Zen zum Ausdruck bringen. Sie werden jeden Morgen in der Frühe gesungen und gelegentlich zu anderen Tageszeiten oder bei bestimmten Anlässen, etwa vor der Mahlzeit, oder bei Zeremonien (Beerdigungsriten, Gedächtnisfeier usw.). Es geht bei der Rezitation der Sutras um die Entwicklung der lautlichen Vibrationen und nicht um die inhaltliche Bedeutung der Worte.

Tabi: Socken mit einem speziellen Teil für die große Zehe.

Takuan: Zen-Meister (1573–1645) der Rinzai-Richtung. In Japan ist er berühmt, weil er seinen Namen für die besondere Klosterspezialität der Steckrüben hergegeben hat, die in etwa unseren sauren Gurken entsprechen.

Takuhatsu: Bettelgang. Eine der zehn Übungen der Mönche. Diese Übung ermöglicht es dem Spender, eine Tat der Freigebigkeit zu vollziehen.

Tanden: Vgl. Hara.

Tangario: Raum, in dem das Tangazume praktiziert wird.

Tangazume: Eine Art Prüfungs-Sesshin, das man allein durchführt, es dauert je nach Kloster verschieden lang, im Shofuku-ji fünf Tage.

Teisho: Rede, Ansprache oder Ermahnung des Meisters, sie dient der Ermutigung der Schüler. Ihr Inhalt dreht sich normalerweise um die Interpretation der klassischen Texte des Zen (Koan usw.). Die spezielle Bedeutung des Teisho liegt im mündlichen Charakter, d. h., es geht um die spirituelle Energie des Sprechenden.

Tenzo: Küche oder Verantwortlicher für die Küche.

Umeboshi: «Getrocknete Pflaume.» Zerrieben und in heißem Wasser aufgelöst, wird daraus ein reinigendes Getränk, das am Morgen serviert wird.

Unsui: Novize. Besteht aus den Zeichen «Un» für Wolke und «Sui» für Wasser und bezeichnet die Ungebundenheit und Freiheit.

Yakuseki: Mahlzeit am Ende des Tages. Im Shofuku-ji wird sie im Winter um fünfzehn Uhr dreißig und im Sommer um sechzehn Uhr eingenommen.

Yaza: «Ya» für Nacht und «Za» für sitzen. Zazen im Freien, meistens nach dem Lichterlöschen.

Zazen: Wörtlich: «Zen im Sitzen». Dieser Begriff sollte nicht im Sinne von Meditation, wie man sie im Westen versteht, gebraucht werden. Zazen wird im Sitzen vollzogen (auf einem Kissen), die Beine überkreuzt, und besteht darin, daß man den Atem kontrolliert, den Geist ordnet und in eine tiefe Einheit mit sich selber gelangt.

Zen: Sanskrit: Dhyana. In der Bedeutung von Sammlung, Konzentration, Kontemplation. Daraus wird im Chinesischen Ch'ana, dann Ch'an, im Koreanischen Chen und schließlich im Japanischen Zen. Wenn auch das Wort vom Sanskrit-Wort abgeleitet werden kann, bedeutet es nicht mehr dasselbe. Das Wesen des Zen ist die Verbindung von Dhyana und Prajna (japanisch: Hannya, im Sinne von: Weisheit, Enthüllung, Wahrnehmung, intuitive Erfassung). Die Zen-Praxis, die auf der Unteilbarkeit von Dhyana und Prajna basiert, enthüllt sich während des Zazen im Zustand des Samadhi. Es gibt in Japan drei Zen-Richtungen: Obaku, Rinzai und Soto.

Zendo: Gebäude, in dem das Zazen geübt wird, in dem die Mönche aber auch schlafen und leben. Als Raum steht dem Mönch die Fläche eines Tatami zur

Verfügung, d. h. etwa die Fläche von einem auf zwei Meter. Er darf den Tatami des Nachbarn nicht betreten.

Zuiza: freiwilliges Zazen während der Nacht im Zendo, wenn das Yaza auf Grund der Witterung nicht möglich ist.

Kontaktadresse

Personen, die mit dem Autor in Kontakt kommen möchten, wenden sich bitte an:

Taïkan Jyoji
Centre de la Falaise Verte
La Riaille
F-07800 St-Laurent-du-Pape
Tel. 0475 / 85 10 39
Fax 0475 / 85 39 49